WALTER JENS HANS KÜNG
KARL-JOSEF KUSCHEL

Theologie und Literatur – Zum Stand des Dialogs

WALTER JENS HANS KÜNG
KARL-JOSEF KUSCHEL
(Herausgeber)

Theologie und Literatur

Zum Stand des Dialogs

Mit Beiträgen von:

Wilfried Barner
Günter de Bruyn
Ingeborg Drewitz
Gertrud Fussenegger
Hubertus Halbfas
Peter Härtling
Klaus Jeziorkowski
Walther Killy
Paul Konrad Kurz
Kurt Marti
Dietmar Mieth
Adolf Muschg
Jürgen Schröder
Heinz Zahrnt
Eva Zeller
Theodore Ziolkowski

verlegt bei Kindler

Umschlaggestaltung: Werner Rebhuhn
Satzarbeiten: C. H. Beck'sche Buchdruckerei, Nördlingen
Druck- und Bindearbeiten: Spiegel Buch GmbH, Ulm
Printed in Germany
5 4 3 2
ISBN 3-463-40040-5

Vorwort

Distanz kühlt ab. Gut zwei Jahre nach unserem Tübinger Symposion »Theologie und Literatur. Möglichkeiten und Grenzen eines Dialogs im 20. Jahrhundert« werden mit diesem Buch die »Akten« – wie versprochen – offengelegt. Diese Distanz hat Nachteile, gewiß. Nicht alle unmittelbar ausgelöste Nachlese-Lust konnte befriedigt werden, nicht alle Beiträge konnten den allerneuesten »Forschungsstand« berücksichtigen. Doch auch die Vorteile sind nicht zu unterschätzen. Vieles, was in erster Euphorie oder erster Kritik gesagt wurde, kann nun ruhiger Betrachtung weichen. »Möglichkeiten und Grenzen« auch unseres Unternehmens sind nun deutlicher erkennbar.
Die Veröffentlichung dieses Bandes gibt den Initiatoren des Symposions Gelegenheit, ihr Unternehmen noch einmal selbstkritisch zu reflektieren. Dabei müssen wir an dieser Stelle nicht noch einmal auf Intention, Programmatik, Struktur und erste Ergebnisse zurückkommen. Die Begrüßungsrede (H. Küng) sowie Eröffnungsrede und Schlußwort (W. Jens), aber auch die in der Zwischenzeit von uns vorgelegten Publikationen (»Dichtung und Religion«, München 1984, und »Weil wir uns auf dieser Erde nicht ganz zuhause fühlen. Zwölf Schriftsteller über Religion und Literatur«, München 1984) zeigen, worum es uns in der Sache ging und geht.
Daß die Presseresonanz (s. Anhang) so groß war, hat uns erstaunt, mehr noch, daß bei aller Kritik im Detail das Echo überwiegend positiv war. Bemerkungen wie diese stehen für viele: es sei »zu wünschen, daß die Postmoderne zu vollenden sei durch eine über ihre Grenzen aufgeklärte Aufklärung, die Religion nicht verdränge, sondern in neuer Weise

integriere. In den literarischen Produkten nach Ansätzen dafür zu suchen ist ein sinnvolles Unternehmen. Den Geröllmassen von Gedankenschwulst und Seelenschmus, die über uns hereinbrechen werden, mit den kritischen Markierungen der Wissenschaft zu begegnen, für deren Qualität die Tübinger Matadoren garantieren, ist eine dringliche Notwendigkeit. Insofern könnte der Tübinger Dialog, falls er weitergeführt wird, nicht bloß ein Zeitsymptom, sondern ein Instrument der Steuerung sein« (R. Schostack).

Freilich gab es nicht nur Zustimmung, sondern auch Kritik. Dazu einiges Grundsätzliche:

1. War die Teilnahme der *Literaturwissenschaft* beim Dialogunternehmen zwischen Theologie und Literatur ein »Konstruktionsfehler«? Muß nicht zu Recht gefragt werden, warum »in diesen so notwendigen Dialog dann aber noch ein drittes Element eingeschaltet« wurde, »das der universitären Literaturwissenschaft und Germanistik, die ihrem berechtigten Selbstverständnis nach ja überlieferte Literatur zu sichten und zu interpretieren hat, mit dem schöpferischen Prozeß entstehender Dichtung aber bestenfalls in begleitender Kritik befaßt ist« (F. Weigend)? Sind nicht die Literaturwissenschaftler in der Tat »die falschen Bezugspersonen«: »Den Literaturwissenschaftlern entsprächen die Religionswissenschaften, die Dogmatiker aber, die Exegeten und Moraltheologen müßten mit den Schriftstellern ›vorliebnehmen‹« (H. J. Herbort)? So kann man fragen und sich darüber beklagen, daß eine »Fülle an Referaten aus der Geistesgeschichte dem unmittelbaren Dialog, der Auseinandersetzung mit den Gegenwartsautoren viel Zeit raubte« (F. Weigend).

Ungeachtet solcher Bedenken schien uns die Teilnahme der Literaturwissenschaft unverzichtbar. Nicht nur, weil es in der Tat »heilsam« war, »die Bühne von allen jenen überkommenen Versatzstücken leerzuräumen, die das aufeinanderhörende Gespräch zwischen Theologie und Dichtung immer noch hemmen« (F. Weigend), sondern vor allem, weil ohne die kritische Distanz vermittelnden Literaturgeschichtler ein solches Unternehmen leicht seine Originalität überschätzt.

Um die *Gesprächsverschränkung* der »Disziplinen« ging es uns vor allem, um die Demonstration, daß die Bedeutung der Religion für die Literatur ein lohnenswertes Reflexionsobjekt auch der Literaturwissenschaft ist. Ohne den Horizont und Distanz vermittelnden Beitrag der Literaturwissenschaft verliebt sich ein solches Unternehmen rasch in seine Aktualität, und die »Unmittelbarkeit« des Dialogs führt nicht selten in die Oberflächlichkeit. Gewiß, Literaturwissenschaft darf nicht steril betrieben werden, darf nicht zur »Fliegenbeinchen-Zählerei« (H. J. Herbort) verkommen. Aber wer wollte sich mit dieser Karikatur von Wissenschaft identifizieren? Im Dialog Theologie – Literatur hat die Literaturwissenschaft jedenfalls eine unverzichtbare *doppelte Funktion:* Sie schafft kritische Distanz zur Tagesaktualität, stellt erhellende Verweise und Sinnbezüge her, gibt, einerseits, dem aktuellen Unternehmen durch Verweis auf historische Modelle Profil und Tiefenschärfe und stellt, andererseits, kritische methodische Instrumentarien zur Verfügung, die verhindern, daß literarische Texte theologisch oder religiös falsch rezipiert, das heißt intentionswidrig vereinnahmt werden.

2. *»Literaturtheologie«* war auf dem Symposion selber ein umstrittenes Wort. Vielleicht ist es wirklich ein »Wortungeheuer«, wie der Lyriker Jürgen Rennert sagte, vielleicht ist es ein »schreckliches Kunstwort für eine unentschiedene Zwitterstellung« (R. Leicht). Vielleicht ist »das Wort schon« in der Tat »die halbe Misere« (J. Schröder). Darum jedenfalls ging es nicht: eine neue Mode zu kreieren, ein Wortmonstrum zu gebären, das weder Theologie noch Literatur in ihrem Eigenrecht ernst nimmt und billige Unentschiedenheit im Niemandsland signalisiert. »Literaturtheologie« im Sinne einer blassen Harmonisierung und oberflächlichen Versöhnung der gegensätzlichen Ausgangspunkte, Interessen und Loyalitäten lag nicht im Interesse unseres Unternehmens. Jede »harmonische Versöhnung als auch die ausgleichende Arbeitsteilung beider Disziplinen« muß in der Tat »höchst fragwürdig« (R. Leicht) sein. Sosehr aber die verschiedenen Beiträge des Symposions Anknüpfungspunkte

im Gespräch zwischen Theologie und Literatur herausarbeiteten, so nachdrücklich war in den Sitzungen stets auch von einer »bleibenden Entfremdung«, einer »gegenseitigen Herausforderung«, einer »coincidentia oppositorum« durch die Initiatoren die Rede, oder auch von einem »unterschiedenen Beieinander« (H. Zahrnt), einer »produktiven Kollision« (D. Mieth) oder einer »klugen und freundlichen Feindschaft« (J. Rennert). »Literaturtheologie«: Das Wort ist verzichtbar, die Sache nicht. Und belehrt von dem Wort Paul Tillichs, daß »die Grenze der einzig fruchtbare Ort der Erkenntnis« sei, haben wir die Sache im Spannungsfeld von Theologie, Literatur und Literaturwissenschaft stets so bestimmt: Theologen müssen sich von Literaturwissenschaftlern und Schriftstellern immer wieder warnen lassen, literarische Texte religiös oder christlich zu vereinnahmen, statt sie als Herausforderung für ihr eigenes Denken zu begreifen. Literaturwissenschaftler müssen sich sensibilisieren lassen, der Wirkungsgeschichte des Religiösen im Raum der modernen Literatur stärkere Beachtung zu schenken. Schriftsteller können sich von Ästhetik und Theologie kritisch inspirieren lassen, wie religiöse Sprache und religiöse Themen auf der Höhe heutigen Problembewußtseins »verarbeitet« werden können.

3. Bemerkenswert zwiespältig wurde die *Rolle der Theologie* bei unserem Symposion eingeschätzt. Da wurde einerseits bemängelt, daß »die Theologie nicht recht vertreten und bei Stimme« gewesen sei, ja daß es eine »Sehnsucht nach standfesten orthodoxen Theologen« gegeben habe (J. Schröder). Da wurde bedauert, daß »bei den Theologen die orthodoxen Dogmatiker« und »bei den Literaten die aufrechten Atheisten« gefehlt hätten, ja daß sich die einstige Magd-Herr-Struktur im Verhältnis von Kunst und Theologie heute geradezu umgekehrt habe: »Jetzt antichambriert die Theologie« (R. Schostack). Hätte man sich die Theologen wirklich »fester« vorstellen können, wie ein Literaturwissenschaftler (Albrecht Schöne) sagte?

Merkwürdiges Bedürfnis nach klaren Fronten: Gläubige–Atheisten. Merkwürdig auch, daß dann, als Theologen Literaten wirklich herauszufordern begannen, die gleichen Kritiker sich ebenso rasch gegen »Belehrungen« durch die Theologen verwahrten und es als »peinsam« betrachteten, als der Theologe die Schriftsteller aufforderte, sich zu fragen, »ob ihr Reden vom Menschen, vom Ethos, von Religion Bestand hätte vor den Werken eines Pascal, Kierkegaard, Karl Barth«.

Nein, man sollte die erklärte Lernbereitschaft und »Belehrungsbedürftigkeit« der Theologen durch die Literatur nicht als Schwäche interpretieren. Man sollte die Dialogbereitschaft nicht als Selbstpreisgabe unglaubwürdig und die »Orthodoxie« (ob gläubig oder atheistisch) zum Kriterium von Authentizität machen. Dieses Symposion hatte nicht theologische Probleme zum Gegenstand, sondern behandelte die Frage, wie sich *im Medium der Literatur* für unsere Zeit signifikante und theologisch relevante Probleme spiegeln. Um die Erkenntnisfunktion der Literatur und Literaturwissenschaft für die Theologie ging es uns. Theologen haben während des Symposions in erster Linie religiöse Spurensuche im Medium der Literatur betrieben und auf *diese* Herausforderung in der Tat entschieden und lernbereit zugleich geantwortet. Die *ganze Antwort* der Theologie freilich steht aus, und es ist eine Fortsetzung denkbar, die das Schwergewicht auf die theologische Reflexion legt.

Unser Symposion wäre nicht durchführbar gewesen, wenn wir nicht großzügige finanzielle Unterstützung erhalten hätten: von der Thyssen-Stiftung, als deren Vertreter Herr Jürgen Regge in Tübingen war, von der Universität Tübingen und vor allem der Vereinigung der Freunde der Universität Tübingen, die durch Herrn Vizepräsident Dr. Heinz Ruckteschler vertreten wurde. Ihnen allen gilt unser herzlicher Dank. Daß das Symposion auf unkonventionelle Weise mit einer Mörike-Exkursion eröffnet werden konnte, verdanken wir nicht zuletzt dem Präsidenten der Universität Tübingen, Dr. h. c. Adolf Theis, der unser Unternehmen von Anfang an unterstützt hat. Zu danken haben wir im Zusammenhang dieser Exkursion in besonderer Weise Professor Bernhard Zeller, dem langjährigen Leiter des Marbacher Literaturar-

chivs, der uns persönlich in die Geheimnisse seines berühmten Hauses eingeführt hat. Zu danken haben wir den Mitarbeiterinnen und Mitarbeitern des Seminars für Allgemeine Rhetorik und des Instituts für ökumenische Forschung, ohne deren Einsatz das Symposion nicht organisierbar gewesen wäre, vor allem Herrn Wiss. Ass. Peter Weit, Dr. Anne Jensen, Dr. Urs Baumann und Dipl.-Theol. Ulrich Kern. Zu danken haben wir auch den beiden Protokollanten des Symposions, die sich der mühseligen Arbeit der Zusammenfassung der Diskussionsbeiträge mit großem Geschick unterzogen haben: Frau Regina Ammicht-Quinn und Herrn Thomas P. Quinn.
Die solidarische Kritik an unserem Unternehmen hat uns ermutigt, eine Fortsetzung ins Auge zu fassen. Das zweite Symposion zu Theologie und Literatur soll im Sommer 1988 stattfinden.

Tübingen, im Februar 1986

Walter Jens Hans Küng Karl-Josef Kuschel

Inhaltsverzeichnis

GERTRUD FUSSENEGGER

Etwas wie ein Gebet

Wir haben
dich
hinausgekündigt
mit Argumenten unwiderlegbar

Lachend
sind wir dann
in unseren Fenstern gelegen
als man deinen Hausrat
Stück für Stück
hinaustrug
Stück für Stück
haben wir aus unseren Fenstern
angespuckt

Dann
haben wir uns über deine Wohnung
hergemacht
Kammerjäger
Desinfektöre
haben deine Fußspur
weggeschrubbt
jede Ritze
nach dir ausgekratzt
ein Halleluja gesungen
deiner Entfernung

Dann war die Wohnung
lange versiegelt
wie die Wohnung in der
Raskolnikov die Pfandleiherin
erschlagen hat

Jetzt heißt es
stecke der Schlüssel wieder
manchmal

Manchmal
heißt es
geht einer hinüber
in seinen Rocktaschen stecken
kleine peut-êtres

Er spielt mit ihnen
wie man
mit gläsernen Murmeln
spielt

DU
hörst sie klirren
über den Sternen.*

* bisher unveröffentlicht. Entstanden während des Symposions

Programmatisches

PETER HÄRTLING

Der Pfarrer Mörike

Ich könnte Sie, gleich zu Beginn, mit einigen Gedichten von der Frömmigkeit Eduard Mörikes überzeugen. Sie würden gerührt sein, doch ich machte Ihnen ein falsches Bild von dem Theologen, dem Vikar, Pfarrverweser und Pfarrer Mörike. Es ist uns vertraut, und es bringt mich auf, seit ich mich schreibend mit ihm beschäftigt habe: dieses Bild eines lieben, sanften, aus einer Idylle in die andere stolpernden Pfarrherrn, der seine Gärten mit Hingabe pflegt, gern Kinderlehre hält und dem in jeder freien Minute ein schöner Vers einfällt. Eine Figur für biedermeierliche Scherenschnitte.
Vielleicht wollte er so gesehen werden, wollte er nicht preisgeben, worunter er litt, was ihn beunruhigte, an seiner Seele riß. Selbst die über seinen Zustand Bescheid wußten, seine Familie, seine Freunde, retuschierten, erzählten um, schützten ihn vor sich selber. Und ihre Enge schloß sich um ihn wie eine zweite, den Atem schnürende Haut. Scheinbar gab er ihnen nach, fügte sich, doch seine Fluchtspur, ein irrwitziger Mäander durch eine ordentliche Gegend, spricht gegen die Pflichten, die sie ihm auferlegten, gegen die Erwartungen, mit denen sie ihn zu binden versuchten, gegen alle die Verabredungen einer kleinbürgerlichen Umgebung, die längst fragwürdig geworden waren und die zu befragen kaum einer wagte. In jenen Jahrzehnten der Restauration und des Vormärz verwechselte man vorsätzlich Gemüt und Gemütlichkeit, und schon darum nahmen die Verstörungen zu.
Mörike hat sich so gut wie nie öffentlich eingemischt. Er war keine politische Natur. Allenfalls dann, wenn es um seine Familie, seine Brüder ging, wagte er sich vor, nicht ängstli-

cher und nicht mutiger als andere, doch empfindlicher. Und jede Irritation drückte sich in einer heftigen Fluchtbewegung aus. Er veräußerlichte, was er nicht mehr aushielt, gab geradezu hemmungslos der in Unrast umschlagenden Beunruhigung nach. So entstand dieser schmerzliche Mäander, den ich nun, seinen Lebensdaten entlang, nachziehen werde, sicher nur ein vordergründiges Muster – aber ich soll mich ja mit dem Pfarrer Mörike beschäftigen, wenn es je einer gewesen ist, und der wechselte die Pfarrstellen mitunter rascher als mancher die Hemden.

Die ganze Kalamität beginnt mit dem Tod des Vaters. Er war Arzt gewesen. Nun fällt die große Familie aus der finanziellen Sicherheit, aus dem selbstverständlich gewordenen Ansehen. Die Mutter pocht, so geschickt wie verzweifelt, auf den Familiensinn, und Eduard, der eben zehn geworden ist, lädt sie die Zukunft auf, mit ihm möchte sie zurückgewinnen, was sie durch den Tod ihres Mannes verlor. Sie behält ihn auch nicht bei sich wie die Töchter, sondern gibt ihn in die erzieherische Obhut eines einflußreichen Verwandten in Stuttgart, des Juristen Georgii. Der Junge soll den Bruch nicht zu spüren bekommen, im Milieu bleiben. Das zahlt sich aus. Als Eduard das Landexamen nicht besteht, hängenbleibt, macht der Onkel seinen Einfluß geltend, weist auf die Bedürftigkeit der Familie hin, auf deren Wohlanständigkeit, und der Junge kann dennoch nach Urach aufs Seminar.

Hätte er sich da schon einer Verplanung widersetzen sollen, war die notorische Faulheit, die ihm noch auf dem Stift Strafen eintrug, Ausdruck eines noch ungenauen Widerwillens? Daß er nicht Pfarrer sein wollte, sprach er erst später deutlich aus.

Über die Zeit des Studiums hilft er sich mit Freunden. Er zieht Menschen an, lockt sie in seine Spielräume, fesselt sie mit seiner Phantasie, flüchtet mit ihnen nach Orplid. Auf diese Insel wird er sich bald nicht mehr retten können. Das Studium endet. Die Freunde gehen auseinander, beginnen ihre Arbeit. Er allerdings wiederum mit einem auffälligen Störzeichen. Im Kandidatenexamen predigt er über Matthäus 5, 44 und 45 – »Ich aber sage euch: Liebt eure Feinde und bittet für die, die euch verfolgen, damit ihr Kinder seid eures Vaters im Himmel. Denn er läßt die Sonne aufgehen über Böse und Gute und läßt regnen über Gerechte und Ungerechte« – und bekommt nur ein Zeugnis dritter Klasse. Es läge nahe, über die Wahl gerade dieser beiden Verse aus den Seligpreisungen nachzudenken, aber ich will ihn nicht mit Unterstellungen und Sie nicht mit Platitüden verdrießen, sondern endlich zu dem kommen, wozu es mich drängt, nämlich in einem langen, immer atemloser werdenden Satz den Rösselsprüngen des Vikars und Pfarrers Mörike folgen:

Er muß nicht lange auf eine Berufung warten, Anfang Dezember 1826 stellt er sich als Vikar in Oberboihingen vor, offenkundig übellaunig und unzufrieden mit allem, denn er läßt seine Oberen wissen, daß ihm die Arbeit zu beschwerlich sei, er möchte versetzt werden, was auch, nach sieben Tagen, passiert, und er findet sich in Möhringen wieder, wo er dem Pfarrer weniger zur Hand geht, als sich einer Menagerie mit mehr als einem Dutzend Vögeln widmet, über den Winter und Frühling, bis der Pfarrer feststellt, daß er keinen Vikar mehr brauche, ihn wegkomplimentiert und Mörike nach Kirchentellinsfurt bestellt wird, dessen Pfarrhaus er aber nie zu Gesicht bekommt, da der Pfarrer in Köngen, Renz, ihn anfordert und er sich dort im Mai 1827 meldet – »Nun aber bin ich vielleicht besser besorgt als jemals«, findet er –, eine Zeitlang sich auch dem Tageslauf im Pfarrhaus anbequemt, ehe er sich bei dem Stuttgarter Onkel, der für ihn um einen Urlaub nachsuchen soll, über seine »Griesbeschwerden« beklagt, eine einleuchtende Bezeichnung für diese üble Mischung aus Griesgrämigkeit und Melancholie, diese psychosomatische Heimsuchung, er hat Erfolg, wird beurlaubt, wandert im Dezember hinüber zur Mutter, den Schwestern nach Nürtingen, läßt sich pflegen, bemitleiden, schreibt Gedichte, schreibt Briefe an die Freunde, kommt im Februar 1828 um eine Verlängerung des Urlaubs bis Ostern ein, wünscht sich anstatt des Vikardienstes sowieso lieber eine »geistlose Sekretairstelle, etwas beim Consistorium oder meinethalben gar ein Kanzlistenpult«, schafft es, daß er das ganze Jahr ohne Stelle und in Frieden gelassen wird, kümmert sich um die Familie, den unglücklichen, bis ins Kriminelle verstrickten Bruder Karl, fällt den Freunden und sich mehr und mehr zur Last, bewirbt sich schließlich im Februar 1829 um ein Vikariat in Pflummern, wird Pfarrverweser, gerät nach der ersten Predigt in Zweifel, ob er für diesen Beruf tauge, fragt jedoch zugleich beim Consistorium an, ob es ihn nicht als Pfarrer anstellen wolle, bekommt einen abschlägigen Bescheid, sieht zu, wie die Kirche in Pflummern abgerissen wird, und genießt danach den Vorteil, nicht mehr predigen zu müssen, erfährt von den Oberen, daß er nach Plattenhardt versetzt worden sei, als Pfarrverweser für den verstorbenen Pfarrer Rau, dessen Familie er vorsorglich besucht und dabei erfährt, daß sie noch für längere Zeit das Wohnrecht im Pfarrhaus habe, ein Sachverhalt, der ihn eher freut, da ihm unter den drei Pfarrtöchtern Luise auf den ersten Blick gefallen hat, und so kommt ihm der Umzug zustatten, auch seine Briefe heitern sich auf, und im August 1828 verlobt er sich mit Luise, die zwei Monate später mit der Familie nach Grötzingen zieht, ihn aber keineswegs allein an dem ihm für eine Zeit lieben Ort zurückläßt, da er im Dezember auf eigenen Wunsch nach Owen versetzt wird, wo er sich entschieden dem »Maler Nolten« widmet, erneut kränkelt, sich im Mai 1830 für eine Kur freistellen läßt, im Juni, demütiger als sonst, bloß um eine Pfarrgehilfenstelle einreicht, kurz darauf als Pfarrverweser nach Eltingen geschickt wird, ständig unterwegs ist, sich mit Luise trifft, bei der Mutter wohnt, Freunde trifft, Pläne schmiedet, wochenweise entsetzlich verzagt sich in Nürtingen verkriecht, sich nur in Eltingen aufhält, um seine Versetzung zu betreiben, wozu sich das bemerkenswert nachgiebige Konsistorium auch bereit erklärt, so daß er Mitte Januar 1832 in Ochsenwang antreten kann, dem kleinen Ort am Albtrauf, der ihm wie ein Adlerhorst erscheint, dessen Klima ihm aber, wie er unverzüglich feststellt, zusetzt, dem rauhen Klima verdanke er ein hartnäckiges Halsleiden, weshalb er sich bereits im Juli um die freigewordene Pfarrei Sülzbach bei Weinsberg bewirbt, die Oberen auf dieses Gesuch aber gar nicht reagie-

ren, ihn sitzenlassen, er sich fügt, geduldig Kinderlehre hält, seiner Braut schreibt und ihre Vorwürfe erträgt und sich erst im Februar 1833 wieder traut, um Versetzung nachzukommen, nach Tamm möchte er oder nach Gebersheim, findet aber kein Gehör, wartet bis zum Juli, hört, daß in Kalmbach eine Pfarrstelle frei werde, wendet sich ans Konsistorium, das dieses Mal seinem Wunsch entspricht, den er schon nicht mehr hat, denn inzwischen möchte er Kalmbach mit Weilheim tauschen, und auch das wird ihm gestattet, der seine Arbeit in Weilheim aufnimmt, doch nicht für lang, drei Monate später predigt er, wenn überhaupt, schon in Owen, nachdem er seine Verlobung mit Luise gelöst hat – »Aber *ein* Licht an deinem Himmel, / Das du schon lange kennst, Luise, / Laß mich bleiben, ein helles, treues« –, und in Owen hält es ihn knapp vier Wochen, die Rösselspringerei wird zur Manie, die Orte, die er wechselt, liegen nicht weit auseinander, er könnte seinem vorauseilenden Geist beinahe zurufen, wie nun von Owen nach Ötlingen bei Kirchheim, wo er am 21. April einzieht, und es fragt sich, ob er auf die Kanzel will, denn schon am 26. April erkundigt er sich bei seinen vermutlich mehr und mehr konsternierten Vorgesetzten in Stuttgart, ob er die Pfarre in Cleversulzbach übernehmen könne, und hat Erfolg, vielleicht, weil deren Geduld so kurz geworden ist wie sein Atem, und endlich wird er fest als Pfarrer angestellt, holt sich die Mutter, die ihm den Haushalt führen soll, Klara, die jüngste Schwester, die ihn von nun an bis zu seinem Tod begleiten wird, und für eine Weile den unseligen Bruder Karl ins Haus, richtet sich ein, will bleiben, es ist der 3. Juli 1834, doch ein Jahr später wird er krank, eine Nervenschwäche treibt ihm alle Energie aus, er muß sich auf der Kanzel vertreten lassen, bittet um einen Vikar, der im Oktober erscheint, und acht Jahre lang wird er kränkeln, unterwegs sein, sich mit Verlegern herumschlagen, Pläne schmieden, ausbrechen wollen, Vertretern und Vikaren die Kanzel überlassen, bis er, zwei Jahre nach dem Tod der Mutter, um vorzeitige Pensionierung nachsucht, die ihm der König, entgegen allen Regeln, gewährt.
Hier setze ich einen Punkt, obwohl keiner hergehört. Nur

hält mein langer Satz seiner Unrast nicht mehr stand, gerät durcheinander. Es ist nun nicht mehr von dem Pfarrer Mörike die Rede, sondern von dem Schriftsteller, Lehrer, späten Ehemann und Vater, von einem, der am Rande der Armut siedelt, aus der Ehe ausbricht und dessen mäandrische Ungeduld im Alter eher zunimmt. Ein neurotischer Flüchter auf engstem Raum. Die nächsten Stationen seien wie eine Litanei, deren Sinn vielleicht er nicht einmal kannte, aufgezählt: Wermutshausen, Schwäbisch Hall, Bad Mergentheim, Stuttgart, Lorch, Nürtingen, Stuttgart, Lorch, Fellbach, Stuttgart. Allein in Stuttgart zog er zwölfmal um.
Nein, ein zuverlässiger Pfarrer, eine Stütze seiner Gemeinde war er nie. Es fällt auf, wie wenig er predigte, mehr noch, daß er sich scheute, auf die Kanzel zu steigen. Seine Gedichte, seine Briefe lesend, habe ich seine Skrupel begriffen. Ihm war das Wort tatsächlich heilig. Was er zu leben nicht fähig war, konnte er schreiben. Dem jungen Mörike flogen die wunderbaren, Gegenwelt schaffenden Zeilen zu, der Ältere mußte sie sich abringen, und er bekam zu spüren, wie empfindlich Sprache gegen Erschöpfung ist. Die Arbeit an der zweiten Fassung des »Maler Nolten« wurde zur Schinderei; die Wörter hatten keine Flügel mehr. Und vorher, als sie noch leicht waren, als er sie wie Musik hörte, waren sie ihm zu schade für den sonntäglichen Sermon. Sein Glaube, über den er sich ohnehin nur zurückhaltend äußerte, bedurfte keiner Rhetorik. Und die Zweifel und Verzweiflungen, mit denen er lebte, schloß er in sich ein. Mitunter wird sein »Gebet« als Ausweis einer lieben und naiven Frömmigkeit angeführt. So läßt es sich verstehen; so kann ich es nicht verstehen. Das Gedicht ist im übrigen nicht in einem Zuge entstanden. Die beiden Strophen trennen Jahre. Die erste schrieb er vermutlich im Januar 1846, die zweite schon 1832:

Herr! schicke was du willt,
Ein Liebes oder Leides;
Ich bin vergnügt, daß beides
Aus Deinen Händen quillt.

Wollest mit Freuden
Und wollest mit Leiden
Mich nicht überschütten.
Doch in der Mitten
Liegt holdes Bescheiden.

Betet hier einer wirklich bescheiden? Fügt er sich in Demut? Ist mit der Mitte jenes Mittelmaß gemeint, das ihm manche Exegeten aus unerlaubter Brüderlichkeit zuschreiben? Ich lese die Verse anders, widersprüchlicher. Und ich lese den Flüchtling mit. Gottes Fülle, die er unvorsichtig rühmt, dieses ungebärdige Quellen, wünscht er in der zweiten Strophe gebändigt. Überschüttet werden will er von diesem Leid und Freude ausgießenden Segen doch nicht. Wem rät er zu holdem Bescheiden? Sich oder Gott? Im Grunde keinem. Was sich da sanftmütig verbrämt, ist nichts als Fatalismus. Und mit der Mitte ist wiederum nichts anderes gemeint, als ein ersehnter Ruhepunkt auf der nicht enden wollenden Flucht. Wer, denke ich, dieses Gebet so versteht, trifft auf den Mörike, der als Pfarrer den Satz aus den Seligpreisungen nie gedankenlos sprach: »Selig sind, die da Leid tragen; denn sie sollen getröstet werden.« Er nahm ihn ernst, blieb untröstlich und hielt, schreibend, den Widerspruch aus.

HANS KÜNG

Theologie und Literatur: Gegenseitige Herausforderung

Erst ein Jahr ist es her, 1983, daß das Institut für ökumenische Forschung an unserer Universität ein Internationales Ökumenisches Symposion durchführen konnte zum Thema des Paradigmenwechsels in der Geschichte der Theologie. Theologen aus aller Welt analysierten damals die Umbrüche und Krisen, die Kontinuitäten und Diskontinuitäten im Verlauf der Geschichte des Christentums. Das Ziel war zeitdiagnostisch: Was sind die Faktoren, die unsere Situation bestimmen, mit welcher Welt haben wir es zu tun, innerhalb deren wir heute Theologie zu treiben versuchen? Kurz: stehen auch wir heute, in der gegenwärtigen Phase der Christentumsgeschichte vor einem oder inmitten eines neuen Paradigmenwechsels?

Als wir uns entschlossen, 1984 ein Symposion zum Thema Theologie und Literatur durchzuführen, war uns klar, daß wir von den Ergebnissen jenes Symposions nicht absehen konnten, daß ein Zusammenhang besteht zwischen beiden Projekten: von der Analyse zur Anschauung, könnte man sagen. Die Frage heißt nun, welche *Rolle die Literatur* zur Erhellung der Bedingungen spielt, unter denen wir heute Religion erleben und Theologie treiben. Man braucht auch nur ein wenig in die Literatur des 20. Jahrhunderts zu blikken, um zu erkennen, daß wir allesamt mitten in einem neuen Paradigmenwechsel von einem neuzeitlich-aufgeklärt-modernen zu einem (wie immer zu bezeichnenden und zu umschreibenden) post-modernen Paradigma stehen, wo Mensch und Gesellschaft, Welt und Gott in einer ganz anderen »Gesamtkonstellation von Überzeugungen, Werten und Verfahrensweisen« (so die Paradigma-Definition des ameri-

kanischen Wissenschaftstheoretikers Th. S. Kuhn) gesehen werden. Ob der Religion in diesem Paradigma eine neue Chance eröffnet wird? Wir wollen gerade die moderne Literatur daraufhin befragen.
Denn es scheint uns die Literatur zu sein, auch die bildende Kunst, die die Krise des »aufgeklärt-modernen« Paradigmas aufgedeckt haben, früher, intensiver, tiefgreifender als andere. Analogien zwischen einer »Theologie der Krise«, die Karl Barth nach dem kulturellen Zusammenbruch des Ersten Weltkrieges entwickelte, und einer Literatur der Krise, wie sie sich in den Texten des Expressionismus wiederfindet, sind unübersehbar. Die Literatur hat uns sehen gelehrt, welch gesamtkulturellen Einbruch, Umbruch, Zusammenbruch die beiden Weltkriege bedeuten. Die innere Krise des Paradigmas der Moderne ist denn auch offenkundig: Menschen fühlen sich heute weniger befreit als bedroht von jenen »Mächten der Moderne«: von einer keine Grenzen und Verantwortung kennenden Wissenschaft; von einer alles beherrschenden Großtechnologie und Technokratie und von einer die Umwelt zerstörenden Industrie.
Doch wichtiger scheint mir die Frage: Zeichnet sich vor diesem Hintergrund vielleicht auch schon ein neuer Paradigmakandidat ab? Wenn ich vom *»post-modernen« Paradigma* rede, meine ich selbstverständlich keine romantisierende Rückkehr ins Mittelalter, wenn von post-aufklärerisch die Rede ist, kein Rückgängigmachen der Aufklärung, all ihrer politischen und moralischen Errungenschaften. Nein, was mit dem Programmwort »Aufklärung« verbunden ist, soll vollendet werden durch eine über ihre eigene Leistungsfähigkeit und Grenzen aufgeklärte Aufklärung, welche Religion nicht ignoriert, verdrängt oder gar unterdrückt, sondern in neuer Weise integriert.
Uns, die wir dieses Symposion einberufen haben, geht es freilich nicht nur allgemein um das Phänomen Religion in der Literatur, sondern durchaus zugespitzt um das Verhältnis Theologie – Literatur, beziehungsweise Theologen – Literaten. Uns treibt die Frage um: Wie muß sich Theologie (und Kirche) im Spiegel der Literatur wahrnehmen? Welche

Rolle wird die Religion im allgemeinen und die Theologie im besonderen spielen bei der Bewältigung der tiefgreifenden, langwirkenden Veränderungen, die unsere Welt durchmacht? Theologie sucht gerade in dem so sensiblen Raum der Literatur nach Möglichkeiten, ihre eigenen Defizite und Deformationen zu diagnostizieren, aber auch *neue Formen des Umgangs mit Religion* zu entdecken. Theologie sucht danach, ob die autonome, keiner Autorität und Herrschaft (außer der ästhetischen) verpflichtete Literatur Möglichkeiten einer neuen Integration von Religion und modernem Bewußtsein eröffnet. Theologie sucht gerade in der Literatur nach Ansätzen, so zu reden, daß sie an den Menschen dieser Zeit nicht vorbeiredet, und sie will die Literatur ihrerseits herausfordern, das, was die Theologie im Lichte Gottes über den Menschen zu sagen hat, als Herausforderung zur eigenen Gestaltung neu zu begreifen.

Um eine *gegenseitige Herausforderung* von Theologie und Literatur also soll es auf unserem Symposion gehen. Unübersehbar ist ja, daß die Auseinandersetzung mit religiösen Erfahrungen und Problemen in zeitgenössischer Literatur auch dann weiterging, als die traditionelle »christliche Literatur« untergegangen war. Ja, es ist aufregend zu beobachten, daß diese Auseinandersetzung oft bei solchen Autoren stattfindet, wo man sie am wenigsten vermutet.

Die *literartheologische Forschung,* die gerade an unserer Universität intensiv getrieben wird, hat denn auch in den letzten fünfzehn Jahren erstaunliche Ergebnisse zutage gefördert. Sie hat eindrucksvoll nachweisen können, wie sehr in intentional nicht als christlich verfaßten Texten Spuren des authentisch Christlichen zu entdecken sind, wie sehr in solchen Texten Elemente einer »verborgenen Theologie«, seien sie auch noch so gebrochen präsent, aufspürbar sind. Wichtige Gesprächsfelder sind so eröffnet worden.

Diesen *Umbruch* im Raum der Literatur wie der Literaturtheologie darzustellen und einer weiteren Öffentlichkeit ins Bewußtsein zu heben, ist Ziel dieses Symposions. Zum ersten Mal im deutschen Sprachraum werden die vier an diesem Dialog beteiligten Gruppen in dieser Form zusammengebracht: Schriftsteller, Literaturwissenschaftler, Theologen und Literaturtheologen, diejenigen Grenzgänger, die in den letzten Jahren die Gesprächsfäden immer wieder neu geknüpft haben. Wie selten ist hier die Chance einer unmittelbaren Auseinandersetzung gegeben: sowohl mit Primärtexten, die auf unserem Symposion von den Autoren selbst vorgetragen werden, als auch mit ästhetischen und theologischen Sachproblemen, die vor allem in geschlossenen Arbeitssitzungen behandelt werden sollen.

Noch einmal: um eine *gegenseitige Herausforderung* geht es. Konkret heißt das: *Theologen* zuerst müssen ihr Eigenes einbringen, gewiß; aber sie müssen auch immer wieder gewarnt werden von literaturwissenschaftlichen Methodikern wie literarischen Praktikern, literarische Texte religiös oder christlich gegen die Intentionen der Autoren zu vereinnahmen. *Literaturwissenschaftler* dann müssen nach den Methoden ihrer Disziplin vorangehen, ganz sicher, und doch könnten sie noch stärker als bisher sensibilisiert werden, der Wirkungsgeschichte des Religiösen im Raum der Literatur Beachtung zu schenken. *Schriftsteller* schließlich müssen ihrem eigenen ästhetischen Gewissen folgen: keine Frage, doch zugleich sich noch eindringlicher bewußt machen, wie ethisch-religiöse Themen auf der Höhe heutigen ästhetischen wie theologischen Problembewußtseins sprachlich verarbeitet werden müßten. Ein kühnes Ziel, ein ehrgeiziges Ziel, ich weiß. Doch Ansätze sind erkennbar, die uns zu diesem Unternehmen ermutigt haben.

Viel wäre erreicht – wenn Sie mir diese *kleine Vision* gestatten –, viel wäre erreicht, wenn es gelänge, daß zunächst einmal *Theologie* die Literatur weniger zur Illustration und Selbstbestätigung festgeschriebener, unveränderlicher Inhalte benutzte. Wenn Theologie ein wenig bescheidener aufträte hinsichtlich ihres Wahrheitsanspruchs. Wenn sie aufhörte, Literatur homiletisch, katechetisch oder pädagogisch zu verzwecken. Wenn sie entdecken würde, wieviel an Krisenwahrnehmung, authentischer Subjektivität, die nicht einfach überspielt werden kann, aber auch an neuer Gestaltung, neuer Formgebung, neuer Bewältigung, neuer Hoffnung in

Literatur zu finden ist. Unendlich viel wäre erreicht, wenn Theologie aufhörte, obsolet gewordene binnentheologische Probleme zu traktieren, falsche innerkirchliche Schlachten zu schlagen und sich die Wahrnehmungsfähigkeit, die Sprachkraft und den Gestaltungswillen der Literatur ein Stück weit zu eigen machte: um der Bewältigung der wahren Probleme des Menschen willen, an die sich Theologie wie Literatur im Wort, mittels der Sprache, richten. Es wäre nicht die schlechteste Frage, die Theologen sich stellen könnten, ob ihr Denken und Reden Bestand hätte vor dem Werk eines Thomas Mann, eines Hermann Hesse, eines Robert Musil oder Bert Brecht.

Viel wäre auch umgekehrt erreicht, wenn sich unter *Schriftstellern* – gerade unter ihnen – so etwas wie eine opinio communis darüber herausbildete, daß nicht nur Humanwissenschaften unverzichtbar sind zur Erhellung der Grundsituation des Menschen, sondern auch die Theologie: eine bestimmte Art von Theologie selbstverständlich, die ihr Eigenes so zu sagen hätte, daß sie sich unverzichtbar macht. Auch die christliche Theologie der letzten Jahrzehnte ist sensibler geworden, hat sich in Frage stellen lassen, hat Kritik aufgearbeitet und hat im Gespräch mit den Humanwissenschaften und partiell auch mit Kunst und Literatur, mit dem Judentum und den Weltreligionen neue Synthesen angestrebt. Wer könnte das übersehen? Wer könnte bestreiten, daß die große Theologie unseres Jahrhunderts nicht zu verwechseln ist mit der oft so mediokren, provinziellen und engstirnigen Schultheologie katholischer oder protestantischer Provenienz, die meist vorausgesetzt wird, wenn Schriftsteller gegen Theologie polemisieren. Viel wäre erreicht, wenn theologische Entwürfe Schriftsteller zur eigenen autonomen Gestaltung inspirieren könnten, so daß ein echter, tiefgreifender Transformationsprozeß entstünde. Nein, manche Schlacht zwischen Theologie und modernem Bewußtsein ist wirklich geschlagen worden und braucht nicht wiederholt zu werden, wenn Theologen heute in neuer Weise von Gott reden. Gelänge dies, gelänge es, ein Stück weit den kulturellen Graben zu überbrücken, der uns oft noch trennt, dann wäre mir nicht bang, daß das Ethos und die das Ethos begründende und konkretisierende Religion in einem postmodernen Paradigma eine wichtige Funktion erhalten wird: als Weise der Aufklärung des Menschen über sich selbst, seiner Illusionen von sich selbst, aber auch seiner Möglichkeiten und Hoffnungen für sich selbst. Literatur und Theologie also in einer gemeinsamen Koalition um des Menschen willen gegen jegliche Vergötzung der »Mächte der Moderne« und für eine postmaterialistische Weltsicht und Lebensweise. Nein, es wäre die schlechteste Frage nicht, die Schriftsteller sich stellen könnten, ob ihr Reden vom Menschen, vom Ethos, von Religion Bestand hätte vor dem Werk eines Nikolaus von Kues, eines Pascal, eines Kierkegaard, aber auch eines Karl Barth und Paul Tillich.

WALTER JENS

Theologie und Literatur: Möglichkeiten und Grenzen eines Dialogs im 20. Jahrhundert

Theologie und Literatur: So unausschöpflich, von einem einzelnen kaum zu bewältigen, ist dieses Thema, daß, wer immer es anpackt, gut daran tut, zunächst einmal nach einem verläßlichen Ciceronen Ausschau zu halten, einem Sachkundigen aus den oberen Rängen, der das Problem, wenn nicht abschließend, so doch umfassend, eigenwillig und widerspruchsreich, interessant also auf jeden Fall, analysiert hat: Grund genug, mich, im ersten Dritt-Teil meiner Überlegungen, ehe es ans Allgemeine und Grundsätzliche geht, in die Schule jenes Sören Kierkegaard zu begeben, dem wir zumindest die originellste Formulierung *des* – nein, *seines* Problems verdanken: »Wie, Christ und Poet, meinst du den Glauben und die Kunst, Ästhetik und Religion, miteinander verbinden zu können?«

Und damit, Sören Kierkegaard folgend, mit einem Sprung vom theologischen Tübingen, der Heimat David Friedrich Strauß' und Ferdinand Christian Baurs, ins liberalere Kopenhagen, vom Ende des zwanzigsten zurück in die Mitte des neunzehnten Jahrhunderts – und mittels eines Saltos, eines verwegenen, *ex negativo* geradenwegs zum Thema führenden Zitats unseres Ciceronen, zur Sache!

»Wäre es mir möglich«, läßt Kierkegaard, in der Rolle eines dänischen Bilderstürmers, wissen, »wäre es mir möglich, den Pinsel einzutauchen, den Meißel zu erheben, um Christus in Farben darzustellen oder um seine Gestalt auszuhauen? ... Ich antwortete: Nein, es wäre mir unbedingt unmöglich ... Mir ist die Ruhe unbegreiflich, mit der ein Mörder sitzen und das Messer schleifen kann, womit er einen andern Menschen töten will ... Aber mir ist ebenso unbegreiflich, woher ein Künstler die Ruhe bekam, jahrein, jahraus fleißig bei der

Arbeit zu sitzen und Christus zu malen, ohne zu fragen, ob Christus sich gemalt wünsche. Ich begreife nicht, daß der Künstler Christi Unwillen nicht merkte, nicht plötzlich alles über den Haufen warf, Pinsel und Farben (wie Judas die dreißig Silberlinge), weit, weit weg, weil er plötzlich verstand, daß ... er, der hier in der Welt in Armut und Niedrigkeit lebte ... nicht wünschte, daß nach seinem Tode ein Mann ... vielleicht seine Seligkeit damit verliere, daß er ihn malt. Ich begreife das nicht, mir wäre der Pinsel in derselben Sekunde, wo ich beginnen wollte, aus der Hand gefallen; ich wäre vielleicht nie wieder Mensch geworden ... Der Künstler aber bewundert sich; und alle bewundern den Künstler (und betrachten) das Bild als Kunstkenner: ob es ein Meisterwerk ist ..., ob Blut so aussieht, ob der leidende Ausdruck künstlerisch wahr ist ... Was wirkliches Leiden war, ... das setzt der Künstler in Geld und Bewunderung um ... (Nein,) dies ist kein Vorschlag, den Künstler oder irgendein Kunstwerk anzutasten, keineswegs! Aber da ist ein Rätsel, das ich mich verpflichtet fühle anzugeben: Daß, was ich sage, christlich ist, davon bin ich in meinem innersten Herzen überzeugt«: Geschrieben zu Kopenhagen, um die Zeit der Revolution von 1848; verfaßt unter dem Pseudonym Anti-Climacus; vorgetragen in Form einer Kampfansage an die Kunstauffassung jener *Christenheit,* die, dank ihrer ästhetisierenden Verherrlichung des erhabenen Menschen Jesus, einer ehrwürdigen historischen Figur, die dem *Christentum* inhärente Verpflichtung für jedermann: Nachfolger und nicht Bewunderer des Herrn zu sein, aus dem Blick verloren habe.

Christliche Kunst – so Kierkegaard – sei der genuine Ausdruck eines neuen Heidentums: Spiel, Ästhetentum und erbauliches Teegespräch in Atelier und Salon (»ob das Farbenspiel und die Schlagschatten richtig seien«); unverbindliches Gerede der frommen Gourmets und Bewunderer, die, statt Zeugen Jesu Christi und Apostel unter dem Kreuz zu sein, in der Pose von Predigern und Schauspielern über die Idealität der Christenheit und die moralische Größe ihres Gründers theoretisierten und dabei nicht merkten, daß sie,

Ästheten ohne Ethos und Parleure ohne Existenzbezug, sich in Wahrheit nicht Jesus Christus, sondern dem Teufel – und diesem »Nichts von Heidentum«! – verschrieben hätten; Betrüger vor Gott allesamt, die Künstler, Schriftsteller, Redner und, alleweil vorneweg, die Prediger im trauten Beieinander der »nicht wahren« Christen vereint!

Magier der Kultur, Histrionen, Universalkünstler aus dem Bilderbuch der Romantik, die, im Ballsaal, auf dem Theater und in der Kirche, ihre Künste vorführten: alle werden von Kierkegaard, dem Generalankläger, der Gerichtstag über das Ästhetische als das widerchristliche Prinzip hält, in sarkastischer Rede an den Pranger gestellt – abgeurteilt unter der Devise »In die Hölle mit euch, Pfarrer und Komödianten«: »Wenn ein Tränen vergießender geistlicher Redner«, heißt es in den *Tagebüchern,* »lange Zeit am Predigen gehindert gewesen ist – so erzählt seine Familie gerührt, er sehne sich nach seiner Kanzel. Ja, besten Dank, ebenso sehnt sich auch ein Schauspieler nach den Brettern, und ein alter Komödienbesucher nach dem Theater. Wenn man ein klein bißchen Phantasie hat, ein wenig Begabung ... so kann es wohl ein Bedürfnis sein, wie eine Wollust, daß man auftritt, hingerissen wird und hinreißt, daß man die Verwechslung veranlaßt, man sei selbst ein solcher, daß man die Spannung der Gemeinde empfindet, daß man die Tränen der weiblichen Jugend entgegennimmt und so weiter – o ja, das ist recht schmackhaft.«

Niemals, so darf behauptet werden, hat ein einzelner mit einer den Kierkegaardschen Invektiven vergleichbaren Schärfe die Möglichkeit angemessener, also existenziell verpflichteter Darstellung des jesuanischen Christentums in Frage gestellt: So viele Verdammungsurteile über die Laszivitäten der Maler, Poeten, Stückeschreiber und Musikanten es, über die Jahrhunderte hinweg, gegeben hat, so viele kleine und große Tertullians oder Johann Melchior Goezes, so umfangreiche, von erlauchten Namen strotzende *indices librorum prohibitorum,* so erbitterte Zwiste, von der Zeit des Eusebius bis zu den Tagen der Gegenreformation, über die Bedeutung frommer Bilder, deren – begrüßenswerte – Erin-

nerungs- und Lehrfähigkeit und deren – zu beklagende – kultische Verehrung: Niemals hat einer, der mit der Vollmacht des Kenners redete (und nicht nur mit der Befugnis des selbstherrlichen Zensors) das Spektakel sogenannter christlicher Künste derart konsequent, wie Kierkegaard es tat, als unernst, amoralisch und irreligiös etikettiert.
Aber dieser gleiche Kierkegaard, der die Komödianten und Pfarrer, mitsamt ihrem auf religiöse Vernissagen eingeschworenen Troß aus der Kopenhagener Schickeria, das Fürchten lehren möchte – der gleiche Kierkegaard war selbst viel zu sehr Künstler (und hat deshalb ein Anrecht darauf, bei jeder Disputation, die das Problem »Kunst und Religion«, »Literatur und Theologie« behandelt, als Kronzeuge vernommen zu werden) – der gleiche Kierkegaard hatte, Ästhet, der er war und blieb, sich viel zu sehr auf artistische Spekulationen eingelassen: auf Täuschungs- und raffinierte Bezugs-Spiele mit Hilfe immer neuer Pseudonyme, Masken und Inkognitos – als daß er nicht alles daransetzen mußte, die Literatur, kaum daß er sie verketzert hatte, wieder in ihre Rechte zu setzen – will heißen, ihr zumindest den Charakter einer religiösen Propädeutik zu belassen: einer Unterweisung, der zwar die Zeugnisrede wahrer Prophetie, nicht aber der vermittelt-indirekte Diskurs über die Diskrepanz zwischen Christen*tum* und Christen*heit* versagt sei.
Wenn schon nicht Zeuge und Nachfolger Jesu, könne der religiöse Schriftsteller doch immerhin einer aus der Gilde sokratischer Geburtshelfer sein, die sich »in Rapport mit den Menschen« begäben, um sie, mit Hilfe einer behutsamen ästhetischen Unterweisung, über ihr Nichtwissen aufzuklären – in höherem Auftrag wohlgemerkt –, als »Spione Gottes«, für die Täuschung und Maskenspiel ein Mittel sei, den einzelnen gleichsam in die Wahrheit »hineinzulisten«.
Verteufelung und behutsamer Preis der Kunst halten bei Kierkegaard einander die Waage: Da das Unheil eines nur theoretisch, nur intellektuell, nur ästhetisch verstandenen Christentums einmal in der Welt sei, hätte (so der Rechtfertigungsversuch) der religiöse Gedankenkünstler eine Dichterexistenz vorzuleben, der ein »Zusatz von etwas Dämoni-

schem« (sprich: Krypto-Religiösem) zugesellt sei; einer poetischen Tendenz auf Gott hin, die den Schriftsteller in Gegensatz zu jener »Spießbürgergilde« der christlich Meinenden brächte, die eben dabei sei, so Kierkegaard, »von jenem letzten geistlichen Orden, der im Protestantismus aufgekommen ist, den Erwerbs- und Amtsbrüdern«, seliggesprochen zu werden.

Und dagegen nun der Poet: auch er ein Nichtnachfolger – aber immerhin doch einer, der darum wisse und die Erinnerung an ein aus den Blicken geratenes, aber unverzichtbares Christentum wachhält: »Es gibt Dinge« – ›Ein Wort über mich selbst‹ in den *Tagebüchern* –, »die ständig in Erinnerung gebracht werden müssen, sonst verliert man den Maßstab. Es ist wie des wilden Vogels Flug über den Häuptern der zahmen, wenn man an solche Bestimmungen des christlichen Lebens erinnert, die das Äußerste fordern. – Aber eben, weil ich dergestalt ein Dichter bin, der die Aufgabe hat, den Preis hochzuschrauben und womöglich jedem einzelnen zuzuflüstern, wie hoch die Forderung sein könnte, eben deshalb muß ich besonders darauf achten, keine Anhänger zu finden.«

Der Künstler – in erster Linie der Literat –, das ist für Kierkegaard zugleich das interessante Wundertier inmitten einer radikal säkularisierten Epoche und, in der Gebrochenheit spielerischer Annäherung, ein einsamer, durch seine Isolation in ein geheimes Bezugsverhältnis zu Jesus Christus gebrachter Artist – das, ungeachtet aller Bewunderung, wegen seines Andersseins preisgegebene Opfer.

Der Künstler: ein Possenreißer und Hans Narr, der sich, den Gezeichneten inmitten der Flaneure und Pharisäer, als Komplizen Jesu versteht. Hüben die Verdammung des Künstlers als Inbegriff des theoretischen Menschen und drüben seine Apotheose als Paladin und Stellvertreter des Gekreuzigten: *beides* steht bei Kierkegaard unmittelbar nebeneinander, *beides* wird in Form des unbarmherzigsten Selbstgerichts zur Sprache gebracht, das – sieht man von Kafka ab – je ein Schriftsteller inszeniert, dialektisch gewichtet und, unter dem Aspekt »Möglichkeiten, den poetischen Spionen

Gottes die Würde von Reformatoren zurückzugeben«, in der Rolle des Anklägers, der zugleich Verteidiger ist, analysiert hat – und das auf eine Weise, die theologischen Scharfsinn mit Witz und Sarkasmus vereint: Wiewohl ein schlechter Christ, läßt Anti-Climacus seine Kopenhagener wissen, ist der Literat immer noch ein besserer Pfarrer als alle amtierenden Konfratres zusammen.
Schlechte Zeiten für aufrechte Christen! »Was«, fragt Kierkegaard, »ist da zu tun? Ja, da müssen wir einen ... taktischen Vormarsch ins Werk setzen. Zuerst (zuerst!) eine Abteilung Dichter; fast niedersinkend unter den Forderungen der Idealität: mit der Glut einer gewissen unglücklichen Liebe die Idealität darstellend. Danach können die jetzigen Pfarrer ins zweite Glied rücken. Die religiösen Dichter müssen eben die Darstellungskraft haben, welche aus dem Strom hinaushilft. Wenn das getan ist, wenn eine Generation aufgewachsen ist, die von Kind auf den leidenschaftlichen Eindruck eines existenziellen Ausdrucks der Idealität empfangen hat, so kommen ... die eigentlichen Wahrheitszeugen wieder.«
In der Tat, keiner, nochmals, hat die religiöse Kunst so emphatisch in Frage gestellt, keiner aber hat sie, andererseits, durch die Verpflichtung auf ihr geistliches Amt in glaubensferner Zeit so aufgewertet wie Sören Kierkegaard: ein Schriftsteller, der, als Anti-Climacus (das heißt: »ein Christ im außerordentlichen Grad«) am Ende – auch dies ohne Beispiel in der Literatur! – seine Meditationen über die Dialektik der Poesie so weit treibt, daß er den Poeten – sich selbst! – mit Hilfe von Chiffren beschreibt, die sich zu gleicher Zeit auf Jesus beziehen: Genie in der Kleinstadt, unerkannt von den Seinen. Ein Einsamer, dessen Pseudonyme verbergen, wer er eigentlich sei. Ein Märtyrer, der sich, in der Zwielichtigkeit seines Dichtertums, der Sache eines geheimen, ihm unendlich fernen und gleichwohl brüderlich verbundenen *alter ego* aufopfert. Ein Literat, der darauf pocht, daß er und seinesgleichen »Fäden« seien, durch die Gott das Dasein festhalte; ein Spießgesell in Knechtsgestalt, eingehüllt ins Inkognito eines niederen Menschen: Er wisse,

lautet Kierkegaards, die Geheimverbindung in unverhüllter Rede preisgebender Glaubenssatz – er wisse, daß es Menschen gäbe, deren Bestimmung es sei, »geopfert zu werden, in irgendeiner Art und Weise geopfert zu werden, um die Idee herauszustellen – und daß er durch sein besonderes Kreuz ein solcher sei«.

Ist das Blasphemie, solche Rede – ein In-Spuren-Gehen, dessen Beschreibung jedes vernünftige Maß selbst dann überschreitet, wenn man bedenkt, daß Kierkegaard mit dem Verweis auf die ihm gegebene Knechtsgestalt »eines Sendboten Gottes« und »Chronisten in besonderer Mission« nicht nur, um seiner Rechtfertigung willen, auf Christus verweisen, sondern zugleich, im Akt rigoroser Selbstdenunziation, die Zweideutigkeit seines Dichtergeschäfts, das Tätigsein an der Grenze von Gnade und Sünde, Demut und Selbstgefälligkeit, darstellen wollte? (»Dichterischer Reflecteur des Christlichen« zu sein hieß eben auch, weder dem Religiösen noch dem Artistischen gerecht werden zu können und damit, so oder so: durch ein Zuwenig an artistischem Charisma oder an christlicher Zeugenschaft schuldig zu werden.)

Wie immer man Kierkegaards bis zur Manie getriebenes Ineinssetzen von jesuanischem und eigenem Weltverhalten beurteilen mag: unbezweifelbar ist, daß durch den Verweis des Virtuosen, Zauberkünstlers, Maskenträgers Kierkegaard auf den »dummen Hans« von Nazareth der niedrige Jesus eine Plastizität gewinnt, die ihn – läßt sich höheres Lob denken? – zum Partner des Angeklagten in Dostojewskis »Großinquisitor«-Geschichte aus den »Brüdern Karamasow« macht.

Wenn der Gekreuzigte in der Literatur jemals zu einer Gestalt aus Fleisch und Blut geworden ist, deren Beschreibung sich, was Präzision und Ergriffenheit zeugnisgebender Rede angeht, mit den Darstellungen der Evangelisten vergleichen läßt, dann in den Werken zweier Schriftsteller, Dostojewskis und Kierkegaards, die beide nicht zufällig von dem Gedanken besessen waren, eine Christus-Biographie zu publizieren, und das nicht nur, wie im »Idioten«, wo der arme Fürst Myschkin als Spiegelbild Jesu erscheint, in verschlüsselter

Manier – nicht nur, wie in der »Einübung im Christentum«, auf essayistische Weise, sondern im unmittelbaren Zugriff der Poesie, unverschlüsselt und im eigenen Namen: »Es wäre vielleicht am richtigsten«, heißt es, sehr nüchtern, im Kopenhagener *Tagebuch,* »einmal ein Buch zu schreiben mit dem Titel: Christi Leben dargestellt von S. Kierkegaard, Johannes de cruce, einem Augenzeugen. Ein Pseudonym ließe sich hier vielleicht nicht einmal so gut gebrauchen.«

Nun, sie ist nicht geschrieben worden, die dänische Umkehrung des Straußschen »Leben Jesu« – sie so wenig wie Dostojewskis Chronik. (Nur Pascal hat sich, als einziger unter den Großen der Literatur, an einer Vita des Gekreuzigten versucht – einer Paraphrase, deren Belanglosigkeit Einsicht in die Unmöglichkeit des Unterfangens bezeugt.)

Und trotzdem, mag die Darstellung des Augenzeugen Johannes de cruce nicht existieren und der Plan, der übrigens noch einmal Kierkegaards Inkonsequenz in der Frage »Kann die Kunst verantwortlich von Jesus reden?« beweist (keine Rede, hier, vom Meißel-Wegwerfen und Pinsel-aus-der-Hand-Legen!) ... mag, wollte ich sagen, der Plan des Jesus-Buchs Projekt unter Projekten geblieben sein – eingegangen in die Geschichte der Literatur ist der Gekreuzigte Kierkegaards dennoch: Jesus in seiner Niederkeit, der dumme Hans aus Dänemark, eine ergreifende Figur, an der, neben Jean Pauls ›totem Christus, der vom Weltgebäude herab‹ redet und dem stummen Zuhörer aus Dostojewskis »Großinquisitor«, jeder literarische Versuch gemessen werden muß, Jesus von Nazareth zu einer fiktiven Person zu machen, die auf einer und derselben Ebene wie Hamlet, Oedipus oder Paulus angesiedelt ist – und Kierkegaards dummer Hans *ist* eine fiktive Figur: ein dem Gespött der Welt ausgelieferter »Möglichkeitsmensch« (im Musilschen Sinn), den ihr Schöpfer aus der Geschichte, die Jesus zu einem Honoratioren und erfolgreichen Mann gemacht hat, herausnehmen und, als »Gleichzeitigen«, in die Gegenwart einreihen möchte – als eine Gestalt, über die nichts Gewisses bekannt ist, eine Risiko-Figur, die mit hohem Einsatz spielt und kläglich scheitern mag, einen Karfreitags-Mann, dessen Tod endgültig sein könnte.

Wie, fragt nach Dostojewski auch Kierkegaard, würde sich die Welt verhalten, wenn Christus wiederkäme – und zwar, im Unterschied zur Großinquisitor-Vision, als Unbekannter mit hohem Anspruch und bescheidener Reputation: Jesus, ein Mann, dessen Ärgernis kein wohlbekanntes »Ende gut – alles gut« aufhöbe? Den Niederen ein zweites Mal unter die Spötter, Philosophen und Pharisäer, diesmal in ihren Häusern auf der jütischen Heide, einziehen zu lassen und ihn mit jenen Honoratioren zu konfrontieren, die sich nur deshalb als gute Christen aufführen, weil der mittlerweile Erhöhte dem Erniedrigten Glanz gab und Karfreitag sich über Ostern und Himmelfahrt gemächlich vergessen läßt; den *armen* Jesus Auferstehung feiern zu lassen und dabei zu beobachten, was die Notabeln mit diesem befremdlichen Menschen anfangen würden: *das* war Kierkegaards Ziel, *das,* nach Dostojewski, der zweite Versuch, das Model »Auferstehung auf die Erde, Einkehr bei der Kirche hinieden« bis in seine letzte Konsequenz zu durchdenken – wobei die Pointe, hier und dort, höchst unterschiedlich gesetzt wird: Empört sich, bei Dostojewski, die Welt, durch die Kirche vertreten, gegen Jesus, weil er für sie der wahrhaftig Auferstandene und Heimgekehrte ist, so wendet sich die gleiche Welt, bei Kierkegaard, von Jesus ab, weil sie *den* nicht anzuerkennen vermag, der, uneins mit ihr, auf keine historischen Meriten verweisen kann: »Also wollen wir über ihn reden«, heißt es in der »Einübung im Christentum«, »wie gleichzeitig Lebende über einen gleichzeitig Lebenden reden. Ich weiß wohl, was ich tue; und glaub' es mir nur, die angelernte, abgerichtete, dusselige weltgeschichtliche Gewohnheit, kraft deren man ständig so mit einer gewissen Ehrerbietung von Christus redet, da man ja aus der Geschichte soso zu wissen bekommen hat und soviel soso darüber gehört, daß er etwa soso gewesen sein soll, so ein großes Etwas – diese Ehrerbietung ist keinen sauren Hering wert, sie ist Gedankenlosigkeit, Scheinheiligkeit, und insofern Gotteslästerung; denn es ist Gotteslästerung, gedan-

kenlose Ehrerbietung zu haben für den, an den man glauben soll ...«
Dann lieber der Ärger! Dann lieber die Wut über die kecke Sprache eines bürgerlichen Nichts, das entweder Zorn provoziert, weil einer sich anmaßt, Gottes Kind zu sein, oder Empörung darüber erregt, daß ein Gott-Mensch zu so einer läppischen Dürftigkeit erniedrigt sein sollte.
Unter diesen Aspekten lautet das Fazit, das Kierkegaard, wiewohl von ihm nicht autorisiert, *mutatis mutandis* auch in Dostojewskis Namen zieht: »Die Christenheit hat das Christentum abgeschafft« – beziehungsweise der Großinquisitor den Gekreuzigten –, »folglich muß man, wenn man etwas ausrichten will, versuchen, das Christentum wieder in die Christenheit einzuführen.«
Sören Kierkegaard, der Verächter und Verteidiger, Ankläger und Kronanwalt religiöser Literatur – ein Schriftsteller, der, den vermeintlich wahren Christen »Anti-Climacus« widerlegend und den ästhetischen Spekulanten Climacus bestätigend, den Jesus der Evangelisten in das Jahrhundert der Mynster und Martensen heimgeholt hat: er, unser Cicerone, ist – bis heute – *der* Literat, der das Problem »Literatur und Theologie« als Praktiker und Theoretiker am exaktesten analysiert hat; mit ihm, vor allen anderen, haben sich Literatur- und Religionswissenschaft auseinanderzusetzen, wenn es darum geht, Dialoge zu führen, die, in Kierkegaards Spuren, freilich immer nur zu einer *concordia discors,* niemals zu dissonanzloser Übereinstimmung in jedem Punkt führen werden. Dafür bürgt schon die Furcht auf seiten der um ihre Autonomie besorgten Kunst, von einer Theologie usurpiert zu werden, die dort Antworten weiß, wo die Literatur bestenfalls Fragen aufwirft: Fragen, wie Sören Kierkegaard sie gestellt hat – problematische Fragen bisweilen (auch dies will gesagt sein) –, Fragen, die den vergeblich um eine dialektische Aufhebung des Spannungsverhältnisses von Kunst und Religion bemühten »Extraordinarius in christlicher Mission« hier gnostisch-manichäistische Spekulationen entwickeln (Christus und die verdorbene Welt), da exzentrische Verzeichnungen riskieren (Weihnachten, Ostern, Himmelfahrt:

für Kierkegaard ein Nichts gegen den *einen* Karfreitag) und dort, in Sachen Kunst, befremdliche Fehlurteile fällen ließen – Literatur, hieß es, sei nicht in der Lage, Zeugnis zu geben: als ob nicht eben dies, von Kierkegaard bis zur Widerstandspoesie unter modernen Diktaturen, die eigentliche, von den Mächtigen zu Recht gefürchtete Stärke der Dichtung sei!

Und trotzdem: *hommage* an Kierkegaard, unseren Wegführer, der, als reflexionsmächtiger Archipoet der religiösen Literatur, nahezu sämtliche Fragen vorformuliert hat, die auch – immer noch! - die unseren sind.

Wie weit er voraus war, Sören Kierkegaard, das beweisen, exemplarisch, Verlautbarungen kirchlicher Kreise, die, anno 1984 formuliert, im himmlischen Kopenhagen ein markerschütterndes Gelächter hervorrufen würden: In seiner Attacke gegen den »kritisch alles hinterfragenden Verstand« als das (von ihm ausgemachte) Zentrum der modernen Kunst forderte am Aschermittwoch dieses Jahres Joseph Kardinal Höffner die Artisten auf, endlich wieder das »Erhebende und Beglückende« zu beschreiben und, statt sich dem »Pessimistischen, Dunklen und Kernlosen« zuzuwenden, das »Ganze, Umfassende und Geordnete« darzustellen: »Drängt die Kunst«, so Höffner, »sich nicht selbst an den Rand, wird sie nicht zum Wirrwarr kernloser Schalen, wenn sie sich . . . im Ausmalen des Dunkeln erschöpft, statt dem Menschen die letzten Fragen nach dem Sinn des Ganzen deuten zu helfen?«

Als ob es, bei Kierkegaard und Climacus und Anti-Climacus, eine religiöse Kunst geben könne, die *kein* Ärgernis sei; als ob das unselige Verlangen unterschiedlicher Zentralkomitees nach dem Ganzen und Umfassenden, dem Geordneten und Beglückenden nicht längst durch eine postkierkegaardianische Literatur ad absurdum geführt worden sei, deren Vertreter, inmitten der »Ja«-Sager aller Couleur, die sokratische Würde des »Nein«, des »So nicht« und »Anders wär's besser« bewahrten: Poeten allesamt, die das Metier Kassandras, der Warnerin in letzter Stunde, für ehrenhafter als die Tätigkeit der Rühmer und Preiser ver-

meintlich geordneter Totalitäten halten – im Zeichen des drohenden weltweiten Holocaust ganz gewiß ehrenwerter!
Hüben die seelsorgerlich argumentierende Amtskirche, die allzuoft noch im Sinne des Rundschreibens Pius XII. »Mediator dei et hominum« vom November 1947), argumentiert (»Die schönen Künste stehen erst dann im Einklang mit der Religion, wenn sie wie vornehme Mägde in den Dienst des göttlichen Kultus treten«), und drüben die Literatur, die, auf ihre Autonomie pochend und sich jeder Fremdbestimmung mit Entschiedenheit widersetzend, auch – und gerade! – in der Beschwörung des »Anderen«, »Fremden« und »Dunklen«, einen Beitrag zur Humanisierung der Fratzenhaftes hinter schönem Schein verbergenden Welt leistet: verordnete Theologie und unbotmäßige Kunst – eine Kunst, die, in Kants Sinn, der Religion (sofern sie für sie von Belang ist) nicht die Schleppe nach-, sondern die Fackel vorausträgt: Viel Übereinstimmendes scheint es da, zumindest auf den ersten Blick, nicht zu geben ... *wie* wenig, das zeigt, exemplarisch, die Tatsache, daß der von den Theologen apostrophierte Christus, der da, nach spätantiker Formel, *vere deus et vere homo* sei, ebensowenig Eingang in den Raum der Poesie und bildenden Kunst gefunden hat wie jenes Idealbild einer Kirche, die zugleich *ecclesia triumphans,* Gemeinschaft der Heiligen, Geretteten, Gläubigen für alle Ewigkeit, wie *ecclesia sub cruce* sei.
Paul Claudel in allen Ehren; aber er stünde, allein für sich, auf vereinsamtem (wiewohl hohen Respekts werten) Posten, wenn die Poeten, Bildhauer und Maler, versammelt zu einem gewaltigen imaginären Konzil, das alle großen Künstler einlüde, die seit der Mitte des letzten Jahrhunderts gearbeitet haben ... wenn die Artisten, beginnend mit Kierkegaard und endend mit den noch Lebenden, aus ihren Schriften über den Nazarener und seine Kirche vorläsen. Welch ein Spektakel wäre das, wenn der Autor des »Idioten« seinen Fürsten Myschkin die im Tonfall äußerster Erregung gesprochene Invektive gegen die katholische Kirche vortragen ließe: »Der römische Katholizismus ist schlimmer als der Atheismus; das ist meine Meinung! Ja! Das ist meine Meinung!

Der Atheismus predigt nur die Negation, der Katholizismus aber geht darüber hinaus: er verkündet einen entstellten Christus, einen von ihm selbst verleumdeten und entweihten, einen entgegengesetzten Christus! Er predigt den Antichrist, das schwöre ich Ihnen, seien Sie überzeugt, daß es so ist ... Der römische Katholizismus glaubt, daß die Kirche ohne staatliche Weltmacht hier auf Erden nicht werde bestehen können, und schreit: Non possumus! Meiner Ansicht nach ist der römische Katholizismus nicht einmal ein Glaube, sondern nichts weiter als die Fortsetzung des römischen Reichsgedankens, und diesem Gedanken hat sich alles in ihm unterzuordnen, vom Glauben angefangen. Der Papst hat sich der Erde, des irdischen Thrones, bemächtigt und hat das Schwert ergriffen: seitdem geht alles so weiter, nur daß sie zum Schwert noch Lüge, Hinterlist, Betrug, Fanatismus, Aberglauben und Verbrechen hinzugefügt haben ... und alles, alles haben sie gegen Geld eingetauscht, gegen banale weltliche Macht. Und das sollte nicht die Lehre des Antichrist sein?«

Ja, so würde er reden, Dostojewski, bestrebt, Rußlands Jesus vor einer Indienstnahme durch weltlich-westliche Machtinteressen zu verteidigen – und kaum hätte er geendet, dann stünde auch schon Kierkegaard auf und haute, auf dänisch, in die gleiche Kerbe – nur daß es diesmal, wiederum in Jesu Namen, um eine Attacke gegen die *evangelische* Staatskirche ginge und der Gegensatz »wahre Kirche des Ostens contra Teufelsgemeinschaft des Westens« sich durch die Antithese »Christentum gegen Christenheit« variiert sähe – ansonsten: der gleiche Tonfall! (»Der Staat bestellt landesväterlich tausend examinierte evangelische Beamte – und das Christentum kommt um im Geschwätz.«)

Einer nach dem anderen würde auftreten, im Verlauf des großen Konzils, und eine Kirche anklagen – utriusque confessionis –, in der allein noch der outcast, der Schnapspriester oder der befremdliche Herr Landpfarrer, der Häretiker oder der Clown verläßlich für jenen »Bruder Jesus« Zeugnis ablegten, den Erniedrigten unter dem Kreuz, der, in bewegender Ausschließlichkeit, Literatur und Kunst der Neuzeit beherrscht: Jesus ohne Kopf, Jesus mit der Gasmaske vor dem Gesicht; Jesus, der den Stahlhelm hat tragen müssen und, wie ein totes Kind, im Schoß Mariens ruht; Jesus, inmitten der Juden von Auschwitz; Jesus, hingerichtet wegen Anstiftung zum Frieden, Jesus in der Nacht von Bethlehem, die auf die Nacht von Golgatha verweist: Nicht unter den Himmeln, sondern unten, beim Kreuz und Fleisch, setzt, in Kierkegaards Weise, eine Literatur an, die Poesie der Moderne, der es darum zu tun ist, den historischen Jesus wieder ins Blickfeld zu rücken und ihn, den Leidenden, mit einer Welt zu konfrontieren, für die, nach Auschwitz, der Pantokrator zum Anachronismus geworden ist (undarstellbar deshalb auch von der Kunst), während der Bruder im Leid, der *Christus patiens,* den Betroffenen zu immer neuer Variation der Thesen Dietrich Bonhoeffers provoziert, die da lauten: »Gott läßt sich aus der Welt herausdrängen ans Kreuz, Gott ist ohnmächtig und schwach in der Welt ... und nur so ist er bei uns und hilft uns. Es ist ... ganz deutlich, daß Christus nicht hilft kraft seiner Allmacht, sondern kraft seiner Schwachheit. Hier liegt der entscheidende Unterschied zu allen Religionen. Die Religiosität des Menschen weist ihn in seiner Not an die Macht Gottes in der Welt, Gott ist der deus ex machina. Die Bibel weist den Menschen an die Ohnmacht und das Leiden Gottes; nur der leidende Gott kann helfen. Insofern kann man sagen, daß die ... Entwicklung zur Mündigkeit der Welt, durch die mit einer falschen Gottesvorstellung aufgeräumt wird, den Blick freimacht für den Gott der Bibel, der durch seine Ohnmacht in der Welt Macht und Raum gewinnt. Hier wird ... die weltliche Interpretation einzusetzen haben«: Sätze, geschrieben am 16. Juli 1944 in der Haftanstalt; antizipiert von der großen jesuphorischen Literatur des neunzehnten Jahrhunderts und bestätigt durch die Dichtung unserer Tage, in der, anders als in den kosmischen Religionsvisionen der Romantik, strikteste Beschränkung aufs Verbürgte, Erfahrbare und darum in verläßlicher Weise zu Transponierende als Kunstgebot gilt: Golgatha, das Kreuz, ein Sterben, das nicht Sühneopfer, geschweige denn Satisfaktion des erzürnten Gottes, sondern Leiden ist, das Ferne nah sein läßt, Identifizierung und damit Dialoge zwischen den Vielen und jenem Einen ermöglicht, der die Ohnmacht der Ohnmächtigen teilt, mit dem sich rechten läßt, weil er, im Hier und Jetzt, in der Welt ist; nicht in einen Kultraum gebannt – also nicht vor Gott, sondern unter Menschen Zeugnis ablegend und derart zur Kommunion in einer zeitübergreifenden Leidensgemeinschaft einladend – einer Gemeinschaft, die, stellvertretend für viele, von einem Schriftsteller, Paul Celan, beschrieben worden ist, dessen Dichtung, aus dem Abstand betrachtet, den Charakter einer in gleichnishafter Rede vorweggenommenen und bis heute ungeschriebenen Theologie nach Auschwitz besitzt.

Nah sind wir, Herr,
nahe und greifbar.

Gegriffen schon, Herr,
ineinander verkrallt, als wär
der Leib eines jeden von uns
dein Leib, Herr.

Bete, Herr,
bete zu uns,
wir sind nah.

Windschief gingen wir hin,
gingen wir hin, uns zu bücken
nach Mulde und Maar.

Zur Tränke gingen wir, Herr.

Es war Blut, es war,
was du vergossen, Herr.

Es glänzte.

Es warf uns dein Bild in die Augen, Herr.
Augen und Mund stehn so offen und leer, Herr.
Wir haben getrunken, Herr.
Das Blut und das Bild, das im Blut war, Herr.

Bete, Herr.
Wir sind nah.

Tenebrae heißt das Gedicht: Dunkelheit, Todesnacht, liturgischer Gesang in der Karwoche; aber es könnte genausogut *Kommunion* heißen: Kommunion unter Todgeweihten, dem als Herrn angesprochenen Gekreuzigten und den ineinander Verkrallten, nacheinander in der Todesstunde Greifenden, deren Leiber sich in den Massengräbern mit dem Leib Christi vereinen.
Kommunion, das heißt: Der Angebetete wird zum Beter, der Todesort zur Stätte, wo einer, um Abschied zu nehmen, Abendmahl feiert; das Blut wird zum Leidensblut, das die mit dem Gekreuzigten im Sterben Vereinten trinken; das Doppelbild der Todgeweihten, mit den weit geöffneten Augen und dem aufgesperrten Mund, wird zum Symbol einer Welt, in der die Tränke sich in ein Totenmaar, eine riesige blutige Mulde, verwandelt hat.
Tenebrae: Anruf von Menschen, die auf der Flucht, dem Verderben schon anheimgegeben (»windschief gingen wir hin«: *hin*gehen im doppelten Wortsinn), dem Tod in die Arme liefen – der Erschießung im ausgeworfenen Grab, dem blutigen Tod an einem Ort, der Auschwitz und Golgatha, Majdanek und Jerusalem in eins ist: wo gefoltert und das Abendmahl ausgeteilt, gestorben und Kommunion gefeiert wird.
»Leib«, »Herr«, »beten«, »Tränke«, »Blut«, »vergossen«: biblische Chiffren, scheinbar petrifizierte Formeln der Leidensgeschichte vor allem, erhalten, in kongruente Geschehnisse übertragen und derart verfremdet, neue Plastizität. Das um und um Gewendete, in dogmatischer Rede Nachgebetete, zu einer Begrifflichkeit Heruntergekommene, die nur noch auf sich selber weist ... all das gewinnt plötzlich Bannkraft und Magie einer vielfältige Bezüge aufdeckenden Sprache – einer neuen religiösen Verlautbarung als Ausdruck einer Theologie, die Gott und Mensch, im Dialog derer, die füreinander da und aufeinander angewiesen sind, als im Leiden Gleichberechtigte gemeinsam kommunizieren läßt.

Die vielbeschworene weltliche Rede von Gott: *so,* im Idealfall, könnte sie aussehen – so eine Diktion, in der Priesterliches und Dichterisches sich miteinander verbinden und derart Umrisse einer religiös durchtränkten, aber gleichwohl ganz und gar diesseitigen Sprache erscheinen, wie sie Karl Rahner vorgeschwebt haben mag, als er in seinem Essay »Priester und Dichter« einen Poeten herbeisehnte, der eines Tages »das erlöse«, was »die letzte Gefangenschaft aller Wirklichkeiten« ausmache, die »nicht ausgesagt« seien: »die Stummheit ihrer Verwiesenheit auf Gott.«
Und trotzdem, zu früh frohlocken sollte sie nicht, die Theologie, Literatur vom Range des Celanschen »Tenebrae«-Gedicht vereinnahmen schon gar nicht – im Gegenteil, es stünde ihr besser an, die religiöse Poesie, Essayistik, bildende Kunst eher mit Reserve und Abstand wahrender Skepsis als mit einem vorschnellen »nihil obstat« zu verfolgen: Die Formel *vere homo vere deus,* das will noch einmal mit Nachdruck betont sein, bleibt Theologen-Dogma, das in der Literatur bis heute nicht realisiert worden ist.
Gewiß, da gibt es ein Ostergedicht von Johannes Bobrowski: Evokation der Auferstehung, in deren Zeichen sich Nacht in Tag, Finsternis in wirbelnde Helle verwandelt: ». . . Glocken, Schläge, der Stimmen Hahnengeschrei und Umarmung der Lüfte, schallender Lüfte, auf weißer Mauer Türme, die hohen Türme des Lichts, ich hab deine Augen, ich hab deine Wange, ich hab deinen Mund, es ist erstanden der Herr, so ruft, Augen, ruf, Wange, ruf, Mund, ruf Hosianna.«
Gewiß, da gibt es dieses *eine* österliche Jubellied, in dem die Leidens- sich in der Erlösungskommunion aufhebt, aber der Hymnus auf den österlichen Austausch unter aller Kreatur, aufs Grenzen und Trennungen sprengende Geschehen im Zeichen des *resurrexit:* er bleibt die Ausnahme, die die Regel bestätigt: schon deshalb, weil Bobrowski nicht in direkter Ansprache den Erlöser selbst, sondern, indirekt und vermittelt, die erlöste Schöpfung darstellt.
vere homo – und dahinter ein Ausrufezeichen; *vere deus* – von einem Fragezeichen gefolgt: weiter ist Literatur bis zum heutigen Tag nicht gegangen, aus gutem Grund – und ich

zweifle daran, ob sie, ohne ihre Autonomie aufzugeben und versifizierte Predigt oder literarische Verkündigung zu werden, jemals weiter gehen darf.
Predigen ist eins – dies hat einer, der beide Seiten kennt, der Pfarrer und Schriftsteller Kurt Marti, in einem Essay über die Opposition von Verkündigung und poetischer Benennung gezeigt –, Dichten ein anderes: Poesie ist weder kerygmatische Benennung noch artistisch transponierte Heilslehre, der Dichter kein »Schrittmacher der Gnade« oder wortgewaltiger »Hüter des Sakraments«. Er ist ein Handwerker, der allzu kühnen Selbstbezeichnungen romantischer Herkunft endgültig Valet gesagt hat. Eine ars poetica, die, in Schellings Sinn, *Urbilder* des Geistes sichtbar macht, eine Literatur, der Offenbarungscharakter zukommt, eine Kunst, die, so Wilhelm von Humboldt, als »das am meisten angenommene Symbol der Gottheit« zu gelten hat – eine solche Kunst und Literatur, die ihren Schöpfer einen Ersatz-Priester und Magier in der Schreibstube sein läßt (einen inspirierten Orpheus, der einer aus dem Kirchenraum geflohenen Gemeinde in feierlich-strenger Benennung des Numinosen die höheren Weihen zuteilt): eine solche Vorstellung war bereits obsolet – in der Literatur um die Mitte des 19. Jahrhunderts ein für allemal ad absurdum geführt –, als Stefan George sie in einem gewaltsam durchgesetzten *rinascimento* noch einmal zu beleben versuchte.
Der Dichter als *vates* und Priester aus eigener Vollmacht: Das war ein kurzer Traum, und nicht einmal ein schöner – war Kompensation von Glaubensverlust und Sinnleere in säkularisierter Zeit. Nein, ein Quasi-Priester, der um das »Ganze« und »Geordnete« weiß, ist der Schriftsteller heute so wenig, wie er ein Ministrant ist – ein Ministrant, der an der Stelle des verstummten Priesters das Predigtamt übernimmt.
Der Poet, dem es darum zu tun ist, in Kierkegaards Sinn das Leben eines »ernsten Christen« zu führen, muß, im Gegenteil, Tag für Tag, schmerzlich erfahren, wie wenig von dem, was er glaubt, in dogmatischer Stimmigkeit zu »literarisieren« ist: in wie bescheidenem Maße gerade Zentral-Defini-

tionen der Kirche, einerlei, ob es sich um die chalkedonische Formel oder die confessio Augustana handelt, mit Hilfe der poetischen Sprache nachzeichenbar sind.

Gut, der Schriftsteller kann, wie wir sehen, inständiger als Dogmatiken, Predigten, Theologien zusammen, den Menschen Jesus Christus beschreiben, seine Angst, Verzweiflung, Hoffnung, Schuld, den Weg zum Kreuz und das einsame Sterben. Den Kierkegaardschen Karfreitagsmann, Camus' »Heiland auf dem Dachboden«, den Armen unter den Armen, kann er beschwören, und er kann, da Jesus sich, zumindest in der Literatur, allzu direkter, weil indezenter Darstellung von Größe, Alter, Gesicht und Lebensgewohnheit verweigert, durch Korrelate denjenigen zitieren, der Vorspiegelung von Vertrautheit verbietet: Er kann also Jesus – glaubhafter und künstlerisch überzeugender als durch intime Annäherung – in einem Clown, einem Zwergen, einem verkommenen Sakramentsverwalter, einem armen Papst oder einem Natursymbol spiegeln. Es verriet – ein Beispiel aus der bildenden Kunst – ebensoviel artistischen Sachverstand wie religiösen Takt, als Vincent van Gogh – bestrebt, Jesus zu malen, wie er Lazarus erweckte – keine Figur, sondern ... die Sonne malte – van Gogh, der, genauer als viele Schriftsteller, wußte, daß das Mysterium am ehesten von der Peripherie her, mit Hilfe objektiver Korrelate und Bild-Elemente, die aufs Zentrum verweisen, indem sie es aussparen, künstlerisch gebannt werden kann: »Wenn ich hierbleibe«, Brief an Bruder Theo, »werde ich nicht versuchen, einen Christus im Olivengarten zu malen; vielmehr die Olivenernte, so wie man sie noch sieht, und wenn ich darin die wahren Verhältnisse der Gestalt auffinde, so kann man an jenes denken.« Das sind Schlüsselsätze aus einem geheimen Lehrbuch der religiösen Kunst – zitiert übrigens in der Einleitung zum Band »Christus in der Kunst des zwanzigsten Jahrhunderts« von Günter Rombold und Horst Schwebel, das neben Karl-Josef Kuschels Lesebuch »Der andere Jesus« Anschauungsunterricht gibt, wie kongruent die Christus-Darstellungen in Literatur, Malerei und Plastik heute sind: Immer wieder der *Jesus patiens,* immer wieder der Ge-

schundene im Gespräch mit jenen – den Kindern, den in den Tod getriebenen Soldaten, den Juden –, die wie er zu den Erniedrigten und Beleidigten zählen.
Der *Auferstandene* aber: Jesus in der Glorie, sitzend zur Rechten des Vaters, *er* bleibt ausgespart oder – Beispiel: ein Pantokrator von Graham Sutherland – wird, in akademisch-epigonaler Darstellungsweise, verfehlt. Der halbherzige Tribut, in Form einer routinierten Wiederholung überkommener Muster, zeigt an, daß heute allenfalls ein kleiner, kaum wahrnehmbarer, nur durch sparsamste Zeichen angedeuteter Schimmer, ein Nebensatz oder ein geheimes, sorgfältig verschlüsseltes Symbol, Jesu »Anderssein« gegenüber den Mitleidenden, Mithoffenden in den Blick rücken kann – eine blitzartig aufleuchtende Evokation, daß dem, der nicht in der Glorie, sondern an den Rändern des Humanen erscheint, in Wahrheit das Zentrum gebühre – ein Zentrum, in das ihn hineinzustellen für den Künstler bedeuten würde, den, der als total präsent dargestellt werden will, ins Gefängnis des ihm traditionell zustehenden Kultraums zu sperren.
Denke bei dem, was man noch sieht, an jenes: Das van Goghsche Axiom will sagen: Nur vom Rand aus, von der Welt her, vom Sichtbar-Profanen, dem Alltäglichen des Hier und Jetzt, nur vom Natürlichen der Wirklichkeit, vom Relativen und Wandelbaren, nur vom Endlichen aus kann, durch die Vermittlung der Kunst, aufs – vielleicht – Unendliche, nur vom Vorläufigen aufs Definitive, vom Besonderen auf jenes Absolute verwiesen werden, das sich im Partikulären manifestiert.
Aber selbst diese Definition – das Unendliche wird durch das Endliche nach der *analogia crucis* vermittelt: in den Blick rückt eine Welt, deren Signifikanz für den Christen in der Erkenntnis liegt, daß sie gewürdigt wurde, einmal und damit unwiderrufbar auf den Erniedrigten verpflichtet worden zu sein ... selbst diese Definition wird einer Literatur nicht gerecht, die sich an das zu halten hat, *was man noch sieht* und die vom Endlichen ausgehen muß, um durch dessen konsequente radikal-profane Darstellung zu zeigen:

Dies ist – vielleicht – nicht alles; dies evoziert jenes Andere und Absolute, das in gleicher Weise vom Relativen aus in Frage gestellt wird, wie sich das Relative im Hinblick auf ein mögliches Absolutes gezwungen sieht, seine Defizienz zu enthüllen.

Spekulationen? Vielleicht. Aber gewiß nicht nur Spekulationen – vielmehr ein abstraktes Umschreiben der These, daß jeder, der sich heute mit dem Problem »Literatur und Theologie« beschäftigt, von dem Grundaxiom ausgehen muß, daß Literatur auf die Welt angewiesen bleibt, in der das Kreuz steht. Aussagen über ein nicht realitätsvermitteltes, sondern durch den Glauben gesetztes Absolutes hingegen sind ihr versagt: Gott ist für sie so wenig darstellbar wie die Trinität.

Mögen »Kreuz« und »Fleisch« vom Poeten, der »unten« seine Werkstatt aufgeschlagen hat und nicht im Wolkenkuckucksheim unter den Himmeln ... mögen »Kreuz« und »Fleisch« durch verweisende Symbole – *Tenebrae:* dort ist es gelungen – in realitätserhellende Zeichen transsubstantiiert werden können: Gott bleibt undarstellbar – das gilt für die bildende Kunst, die, dem Mann mit dem Bart Valet sagend, zu ihrem elfhundert Jahre gültigen Verzicht, Gottvater darzustellen, zurückgekehrt ist (zum Vorteil der Theologie und der Kunst in gleicher Weise) – und das gilt auch für die Literatur, die mit dialektischer Theologie zuallerletzt etwas gemein hat: Nichts mit dem »Ansatz von oben«, nichts mit der Inthronisation des Calvin-Satzes »finitum non capax infiniti« (das Endliche faßt das Unendliche nicht: eine Todeserklärung für alle Künste!), nichts mit der Beschwörung des Unableitbaren jenseits aller Geschichte, nichts mit dem Beginn beim Letzten (während Literatur sich allenfalls ans Vorletzte hält), nichts mit der grandiosen Beschwörung des Absoluten und der Ablehnung aller Vermittlungen, nichts mit dem Ruf »Von Ewigkeit zu Ewigkeit. Amen«. Nein, mit alledem hat Poesie in der Tat nicht das geringste gemein: Sie kann allenfalls staunen, mit welcher Selbstgewißheit der Narrator Karl Barth in stupender Anhäufung schier nicht enden wollender Antithesen (Gott ist – Gott ist aber auch)

dem Schriftsteller ins Handwerk pfuscht: »Gott ist schön. Wir können nicht verkennen, daß Gott in der Weise herrlich ist, daß er Freude ausstrahlt und daß er also Alles, was er ist, nicht ohne Schönheit ist.« In der Tat, da kann ein schlichter Dichtersmann (und eine Dichterin erst recht) nur fragen: »Teufel auch, Barth! Woher wissen Sie das: Gott ist schön?«
Könnte es nicht am Ende sein, daß die von seiten einer »aktiven, kombattanten, scharf geladenen, nicht ästhetischen ... Religion« in Frage gestellte Kultur, die Ästhetik voran, sich, da sie von der Erde vertrieben wurde: verketzert und als humanistisches Larifari apostrophiert, unter den Himmeln neu einrichten muß? Ist es, fragen wir, wirklich ein Zufall, daß gerade Karl Barth mit der Kunst, die er zugleich mißachtet und okkupiert, beim besten Willen nicht recht ins reine kommt: daß er hier lutherisch poltert (»Rilke«, heißt es in der *Kirchlichen Dogmatik,* »hat ähnliche fromme Unverschämtheiten auf dem Gewissen wie Angelus Silesius«), während er da ins sentimentale Schwärmen gerät: »Wie es mit der Musik dort steht, wo Sie sich jetzt befinden«, heißt es in einem imaginären Schreiben an Mozart, »ahne ich nur in Umrissen. Ich habe die Vermutung, die ich in dieser Hinsicht hege, einmal auf die Formel gebracht: ich sei nicht schlechthin sicher, ob die Engel, wenn sie im Lobe Gottes begriffen sind, gerade Bach spielen – ich sei aber sicher, daß sie, wenn sie unter sich sind, Mozart spielen und daß ihnen dann doch auch der liebe Gott besonders gern zuhört.«
Das, denke ich, so humorig es auch gemeint sein mag, hat der Komponist des Don Giovanni denn doch nicht verdient; *das* zeigt mit gebotener Deutlichkeit an, wie unermeßlich groß die Kluft zwischen der Kunst und einer Theologie ist, die in der Religion den »gefährlichsten Gegner des Menschen diesseits des Todes« sieht und deshalb Kultur als Element des Verschleierns, Beschönigens, Verharmlosens verurteilen muß, grundsätzlich und radikal, ohne Kierkegaardsche Dialektik ... doch, siehe, die Kunst läßt solche Mißhandlung nicht ungerächt sein und etabliert sich – mitsamt ihrem Apologeten Schleiermacher übrigens, den Barth,

nachdem er ihm hienieden den Garaus gemacht hat, bei einem himmlischen Mozart-Konzert mit Freuden antreffen möchte – und etabliert sich unter den Sternen.
So ganz, scheint es, geht es ohne sie offenbar doch nicht – und, in der Tat, es geht *wirklich* nicht ohne sie, wenn Theologie erfahren möchte, wie sich nicht nur der Christ, sondern, im weiteren Sinn, der *homo religiosus,* der Mensch mit seinem »Ewigkeitsbezug« in der profanen, mündigen, gottlosen, aber auf den verborgenen Gott angewiesenen Welt ausnimmt: in seiner Angst und Endlichkeit, seiner Schuld und Tragik, seiner Sünde und Skepsis. Nur in der Kunst, der Literatur voran, wird in nichtreligiöser Rede mit Hilfe einer *theologia concretissima* mitten im Profanen das »Andere« sichtbar; scheint Verborgenes auf, das dem Menschen Authentizität gibt; deutet sich, wie immer verrätselt, die Totalität des Menschsein an; gerät, im Augenblick des Gelingens, ein »Unbedingtes« hinter dem Vermittelten, ein »letzter Grund«, ein metaphysischer, Sinn gebender Faktor ins Blickfeld, der den beschriebenen Fakten ihren Stellenwert gibt: ihre Signifikanz im Plan eines zeichenhaft evozierten Gesamt.
Nicht, um in zweihundert Jahren gelesen zu werden, sondern auf daß man in zweihundert Jahren überhaupt noch lesen könne, schreiben, im Zeichen des drohenden totalen Holocaust, heute Schriftsteller, die ihre gesellschaftliche – und religiöse! – Verantwortung realisieren.
Kurzum, da mag es einer drehen, wie er will: an der Tatsache, daß die Frage der Fragen, die Frage nach dem Sinn unseres Tuns als dem, »was uns im Letzten angeht«, seit dem Jahrhundertbeginn und erst recht nach den Kriegen mehr und mehr ins Zentrum der Literatur getreten ist, kann ebensowenig gezweifelt werden wie an dem Faktum, daß die Poesie, spätestens seit dem Frühexpressionismus, gerüstet ist, diese letzte Frage mit Hilfe einer Sprache zu entwickeln, die zeichenhaft, »offen«, unnaturalistisch, syntaxsprengend, evokativ ist: also fähig, den bürgerlich-eindimensionalen Kosmos zu sprengen und das Weltbild einer Literatur, in der – bezeichnend genug – von Jesus wenig und von Pastoren

viel die Rede war, durch jene neue »befreiende und erlösende Sprache«, die sich Dietrich Bonhoeffer im Gefängnis erträumte, zu transzendieren.
»Sonderbar«, sagte der Alte (Dubslav von Stechlin), während er in den Frühlingstag hinausblickte, »dieser Lorenzen is eigentlich gar kein richtiger Pastor. Er spricht nicht von Erlösung und auch nicht von Unsterblichkeit, und is beinah, als ob ihm so was für alltags wie zu schade sei. Vielleicht is es aber auch noch was anderes, und er weiß am Ende selber nicht viel davon. Anfangs hab' ich mich darüber gewundert, weil ich mir immer sagte: Ja, solch Talar- und Beffchenmann, der muß es doch schließlich wissen; er hat so seine drei Jahre studiert und eine Probepredigt gehalten, und ein Konsistorialrat oder wohl gar ein Generalsuperintendent hat ihn eingesegnet und ihm und noch ein paar anderen gesagt: ›Nun gehet hin und lehret alle Heiden.‹ Und wenn man das so hört, ja, dann verlangt man denn auch, daß einer weiß, wie's mit einem steht.«
Seltsam zu denken, vor einem Jahrhundert erst geschrieben – und doch äonenweit von uns entfernt: Ausdruck einer – durch große Poesie auf ihren bürgerlich-eindimensionalen Begriff gebrachten – Zeit, in der Religion der Pflege des höheren Ichs diente und Pastoren, von Lorenzen bis Tränen-Trieschke, neben Landräten, Reserveoffizieren und Fabrikbesitzern, als Exponenten der in Honoratioren und vaterlandslose Gesellen unterteilten Gesellschaft galten. Die Essentialien wahrer Religiosität aber blieben, wie in Kopenhagen, so auch in der Mark Brandenburg, darunter verborgen.
Und damit konfrontiert nun die Literatur unserer Zeit, mit ihrer postrevolutionären, den Einbruch des Irrationalen und Transzendenten darstellungsfähigen Sprache! Damit konfrontiert die Vieldimensionalität poetischer Formen und Strukturen, die dazu taugen, jene große Umkehr zu beschreiben, an deren Ende der Gekreuzigte selber zum Beter wird und, vice versa, eine Menschheit Gestalt gewinnt, die nicht nur Verantwortung vor Gott, sondern auch für Gott hat. Die Universitätsbibliothek Tübingen hütet ein Buch,

Wilhelm Weischedels »Das Wesen der Verantwortung«, in dem es heißt: »Religiöse Verantwortung ist der Titel für Verantwortung vor Gott.« Daneben, am Rand, die in deutscher Schrift notierte Bleistift-Bemerkung: »auch für Gott?« Geschrieben von – Eduard Spranger!)

Fast scheint es, als sei Literatur, dank ihrer Spracherweiterung, des lyrischen Paradoxons, der absurden, Sinn enthüllenden, nicht Sinn verbergenden Rede, der Kunst des parabolischen Verrätselns und einer Montage-Kunst, die, in verwegener Subjektivität, aber gleichwohl verantwortlich, Stile, Motive, Formen aller Zeiten zitiert .. fast scheint es, als sei die Literatur erst jetzt in der Lage, der Theologie, mit ihrer Bindung ans Objektive, das vermeintlich einer abgesicherten, entweder traditionsgesättigten oder durch den Umgangsjargon gedeckten Sprache bedürfe, die Melodie vorzuspielen – jene von Pathos und Präzision, Nüchternheit und Entzückung bestimmte Diktion, die Pastoren-Rede in Frage stellt, theologische Begriffe aufrauht, dogmatische Definitionen verfremdet und der Theologie, auf dem Weg über konsequente Subjektivierung des ihr Vorgegebenen, neue Verbindlichkeit, neue Überzeugungskraft durch ein Sich-Einlassen auf die Weltlichkeit einer Welt gibt, deren Erweiterung ins Transzendente nicht mit Hilfe der verkürzend wirkenden *analogia entis,* auch nicht auf dem Wege einer ins Weltflüchtig-Spekulative geratenen *analogia fidei,* sondern dank der Verweisungskraft der *analogia crucis* sachlich und sprachlich überzeugend realisiert werden kann: »Nichts bleibt«, heißt es in Elisabeth Langgässers zorniger Invektive gegen die bürgerliche Religionsauffassung der christlich Meinenden, »nichts bleibt außer dem ›Eckstein Christus‹, dem Erlöser der Menscheit, die sich aus Gesunden und Kranken zusammensetzt, aus Gerechten und Ungerechten, vor allem aber aus Ungerechten: aus Huren, Ehebrechern, Pharisäern, Fallsüchtigen, Wasserköpfen, Idioten, Aussätzigen, und vielen, vielen anderen, die weder aus der Kraft des Blutes noch durch die Befolgung gesellschaftlicher Anstandsregeln erlöst werden können, sondern einzig und allein durch Jenen, der ›ein Wurm

und kein Mensch‹ genannt wurde, ›eine Torheit und ein Ärgernis‹.«
Das hieße also am Ende: Es sei wieder einmal die Stunde gekommen, wo der Komödiant den Herrn Pfarrer in die Kunst der Transposition von Begriffen in poetisch-überzeugende, durch die *viva vox* getragene Sprache einweisen müßte? Gewiß nicht. Der Graben zwischen den Disziplinen, dabei hat es zu bleiben, ist schon deshalb unüberbrückbar, weil die poetische Lizenz: Subjektivität walten zu lassen, dem Theologen nur in bescheidenen – freilich bis heute, zum Nachteil der Überzeugungskraft, nicht ausgemessenen - Grenzen gestattet ist.
»Denn wir sind nicht klugen Fabeln gefolgt, als wir euch kundgetan haben die Kraft und das Kommen unseres Herrn Jesus Christus«: Dabei – 2. Petrus 1, 16 – mögen sie bleiben, nochmals, die Theologen, und die Poeten – auch sie auf die Integrität ihres Herrschaftsbereiches bedacht (es gibt schließlich nicht nur eine Arkantheologie, sondern, erst recht, eine Arkandichtung) . . . die Poeten werden sie darum nicht tadeln, und das um so weniger, weil sie sehr genau wissen, daß sie, wiewohl Christen, als Literaten in Glaubensfragen nie mehr als ein »vielleicht« und »es könnte sein« und »möglich wäre es schon« sagen können – ein poetisches, alle Leitartikel-Gewißheit, alle rigide Setzung, alle Dogmenstrenge konterkarierendes »Vielleicht«, wie Ernst Bloch es artikulierte, als er, von mir befragt, wie er es mit der Auferstehung hielte, antwortete: »Auferstehung des Fleisches? Da würde ich mich auf ein kleines *peut-être* zurückziehen.«
Ein kleines *peut-être;* Fragen, aber keine Antworten; Entwurf von Modellen, in denen Komplexe wie Paradies, Schöpfung, Sündenfall und Erlösung auf gleichnishafte Weise durchgespielt werden; Verweis auf die *mögliche,* nicht Inthronisation der *gewissen* Wahrheit: Das sind Spielarten einer Literatur, die, da sie (wie verschlüsselt auch immer) theologische Existenzialien in profaner Rede auf den Begriff bringt, unter religiösen Kategorien befragt werden muß – ungeachtet der Tatsache, daß es, von Hölderlin, Novalis und Jean Paul über Kierkegaard und Dostojewski bis hin zu Paul

Celan wahrscheinlich kein einziges *nicht*-häretisches (zumindest nicht verkürztes) Christusbild gibt. Ein Glück nur, daß sich die Glaubensbehörden an der Kunst allein dann interessiert zeigten, wenn es um Fragen der Sittlichkeit ging: Gravierendere Probleme, wie die Funktion des Häßlichen und ästhetisches Ärgernis Erregenden, interessierten sie im allgemeinen so wenig wie ketzerische Verstöße gegen das jüdische Bilderverbot. Das einzelne Kunstwerk zumal blieb, ungeachtet aller Provokationen à la Grünewald, Jean Paul oder Büchner, im Gegensatz zu wissenschaftlicher Verlautbarung, theologisch nahezu unbeachtet und unreflektiert ... vielleicht, in der Neuzeit zumindest, dem an der Grenze von Skepsis und geheimer Zustimmungsbereitschaft angesiedelten poetischen *peut-être* zuliebe, jenem *Vielleicht,* das Johannes Bobrowski – Christ und Poet: ein Schriftsteller also, in dessen Werk das *peut-être* schon ein beinahe Ja ist – mit Versen umschrieben hat, deren Zartheit und schwebende Anmut die Spannweite einer Literatur verdeutlicht, die wir – gewiß nicht nur, aber doch, unter anderem, auch – als religiöse Poesie verstehen; Poesie der Sorge, der Hoffnung und des Vielleicht in düsterer Zeit:

Wär da ein Gott
und im Fleisch,
und könnte mich rufen, ich würd
umhergehn, ich würd
warten ein wenig.

Text und Kritik

PETER HÄRTLING

Für Ottla

Ich könnte, Herr Gerichtspräsident, meinen Bericht hier beenden, könnte, um Sie zu belehren, darauf hinweisen, daß auch der Warschauer Arzt Janusz Korczak, ein berühmter Gelehrter, mit seinen Waisenkindern umgebracht wurde wie die unbekannte Schwester Franz Kafkas, ich könnte wehklagen, die Namen von Schlächtern und Schergen aufzählen, doch ich möchte Sie treffen, darum erfinde ich Stefan Woyta, mit dem ich die Erzählung, um Ottlas willen, fortführe.

Als Ottla 1942 in Auschwitz ermordet wurde, war sie einundfünfzig Jahre alt, Vera dreizehn und Helenka zwanzig. Woyta lernte ich 1972 als Sechzigjährigen kennen, einen Mann auf der Höhe des Erfolgs, in seiner Stadt als Gemeinderat respektiert, einflußreich, wenn nicht mächtig, ein Bauunternehmer, dessen Aufstieg nach dem Krieg den Bürgern geläufig war, gleichsam ein Beispiel für Phantasie und Durchsetzungskraft: einer, der ohne alles kam und alles erreichte.

Woyta zählte zu einer Stammtischrunde, die ich als gelegentlicher Gast aus der Distanz beobachtete. Er fiel mir gleich auf. Ein kräftiger, untersetzter Mann, in dessen fleischigem Gesicht sich eindrucksvoll Schläue und Freundlichkeit verquickten. Manchmal erschien er in einem abgetragenen Arbeitsanzug; manchmal war er sorgfältig gekleidet. Tauchte er auf, dominierte er. Er drängte sich jedoch nicht vor. Seine Autorität wurde von den andern angenommen.

Sie werden, Herr Gerichtspräsident, solche Männer schätzen, ihre Festigkeit und Ausgeglichenheit, ihren von Erfahrungen gesättigten Konservatismus, der sich ans Gegebene hält, dem Neuen mißtraut und sich von der Macht angezogen fühlt. Unter solchen Blicken ordnet sich die Welt.

Einen seiner Stammtischfreunde pflegte Woyta grundsätzlich zu brüskieren: den Leiter der Sonderschule, Schirmer, einen jugendbewegten Fünfzigjährigen, der sich mit nie nachlassender Energie für »seine Kinder« ereiferte, anschaulich und wütend elende Lebensläufe vorauszeichnete und jedesmal sich selbst und die andern am Tisch zu Mitschuldigen erklärte.

Bei einer dieser Auseinandersetzungen, die ungewöhnlich heftig verlief, hielt sich Schirmer nicht an die Absprachen und riß Woyta aus seiner Rolle.

Woyta hatte, wie so oft, Schirmer unterbrochen und abgekanzelt: Jetzt komm mal zu dir. Es wäre gescheiter, du ließest die Kinder so blöd sein, wie sie sind, dann kämen sie nicht auf falsche Gedanken.

Und du hättest ein paar Kulis mehr.

Du sagst es, hart und treffend. Mit deiner Menschlichkeit bescheißt du die ja bloß.

Und deine Unmenschlichkeit verschafft ihnen wenigstens Arbeit.

Ganz richtig, Schirmer, was kann ich dir noch beibringen?

Nichts. Du hast seit Auschwitz nichts dazugelernt, Woyta.

Der Zorn hatte Schirmer unbedacht werden lassen. Er verstieß gegen die Regeln. Die Runde erstarrte, auch Schirmer, und das Schweigen, in das sie versanken, war ein Schweigen von mehr als zwei Jahrzehnten.

Ich hatte mein Stichwort, und von nun an verfolgte mich der »andere« Woyta.

Vorsichtig erkundigte ich mich nach ihm. Wann man ihn zum ersten Mal in der Stadt gesehen habe. Ob er sich anders genannt habe. Die meisten wußten nur, daß er, ohne Familie, mit einem Flüchtlingstransport gekommen und einige Zeit als Bauarbeiter in dem Betrieb beschäftigt gewesen sei, den er später gekauft und um das Vielfache vergrößert habe. Er habe in eine alte, ortsansässige Familie eingeheiratet und noch an Einfluß gewonnen. Ein ehrenwerter Mann. Ein angesehener Bürger. Einer von den wichtigen Gemeinderäten. Ohne ihn sei das öffentliche Leben in dieser Stadt kaum denkbar.

Und vorher? Ehe der Aufstieg begann?

Darum habe man sich nicht gekümmert. Ein Flüchtling, wie viele, wahrscheinlich aus dem Sudetenland. Er sei ja auch nicht mit einem Schlag so bekannt gewesen wie heute.

Ich entschloß mich, Schirmer zu besuchen, obwohl ich wenig Hoffnung hatte, von ihm, nach dem Eklat, viel zu erfahren. Er hatte sich die Zunge verbrannt und mußte mit Woytas Rache rechnen.

Schirmers kleine Junggesellenwohnung verdutzte mich: Es gab nicht die Andeutung von Unordnung, alles war nach einer peniblen Geometrie geschichtet, gestapelt, gestellt, die Fensterscheiben blitzten wie in Werbefilmen, und als ich mich setzte, die Hände auf die blanken hölzernen Lehnen legte, hatte ich das Gefühl, schwitzend und schmutzig diese akkurate Welt zu lädieren.

Schirmer hatte mich nur zögernd eingelassen.

Befangen saßen wir einander gegenüber.

Er sprang wieder auf, fragte, ob er mir ein Glas Wein anbieten dürfe, brachte zuerst Untersetzer, stellte die Gläser darauf und schenkte den Wein aus einer Flasche, deren Hals mit einem Tropfenfänger, einem gräßlichen Kragen aus Schaumgummi, versehen war.

Ich versuchte, seine leidenschaftlichen Plädoyers für die Freiheit der Kinder und das heilsame Chaos mit dem sich in dieser Enge austobenden Ordnungswahn zusammenzubringen. Schirmers Schizophrenie teilte offenbar seine Umgebung: Was er in der Schule förderte, trieb er sich daheim wieder aus.

Ich bekomme selten Besuch, entschuldigte er sich.

Auch von Schülern nicht?

Um Himmels willen!

Wir stotterten halbe Sätze, nippten an dem Wein.

Dann kam er, mich überraschend, zur Sache: Sie kommen wegen Woyta, nicht war?

Ich nickte.

Als ich das ungehörige Wort aussprach, saßen Sie nämlich am Nebentisch und hörten aufmerksam zu.
Ja.
Auschwitz. Er sprach den Namen leise, mit scharf zischenden Konsonanten aus, ließ mich aber nicht zu Wort kommen, sondern fuhr, an mir vorbeiblickend, fort: Woyta gehörte drei Jahre lang zur Wachmannschaft, eine kleine Charge, verstehen Sie, einer von denen, die nicht hinterm Schreibtisch saßen, sondern Tag für Tag –
Er sah mir zum ersten Mal in die Augen.
Woyta wurde gesucht. Ich weiß es. Doch unter einem anderen Namen. Als man in Frankfurt gegen einige prozessierte, verschwand er für ein halbes Jahr, um, wie er behauptete, auf einer Großbaustelle im Iran nach dem Rechten zu sehn.
Kamen Sie darauf, daß er –?
Nein. Sie werden staunen. Er hat es uns, stockbesoffen, selbst erzählt.
Dem Stammtisch? Und keiner hat –?
Hören Sie, ich habe Ihnen nichts mehr zu sagen, und es ist besser, Sie gehen jetzt. Sie haben erfahren, was Sie wissen wollten. Was Sie damit anfangen, ist mir egal. Woyta ist einer von uns. Wir kennen ihn, schätzen ihn. Vielleicht hat er auf seine Weise gebüßt. Vielleicht hat er alles vergessen. Es sind dreißig Jahre her.
Er erhob sich und forderte mich noch einmal auf, seine Wohnung zu verlassen.
Sie sagten, Herr Schirmer, Woyta sei einer von Ihnen?
Ja, das sagte ich.
Und wenn einer der wenigen Überlebenden ihn entdeckte, wäre er es dann auch noch?
Er ging zur Tür, öffnete sie und wischte mit dem Jackenärmel über die Klinke, eine Geste, der er sich nicht mehr bewußt war.
Warum fragen Sie das gerade mich? sagte er.
Den Fortgang der Geschichte werden Sie, Herr Gerichtspräsident, ahnen. Ich versuchte, mit Woyta bekannt zu werden. Das war nicht schwierig. Freilich mußte ich mich mehr, als

mir lieb war, am gesellschaftlichen Leben der Stadt beteiligen. Auf irgendeiner Party kamen wir ins Gespräch.
Vom Sehen kenne er mich ja, besitze auch einige meiner Bücher, und natürlich stellte er die Frage, ob ich mit meiner Familie davon leben könne. Sein Interesse war nicht geheuchelt. Er las, wußte über Neuerscheinungen Bescheid, was nicht ganz in das Bild paßte, das ich mir von ihm gemacht hatte, mir jedoch half, die Verbindung mit ihm zu halten. Er lud uns zu sich ein, war ein generöser, unterhaltsamer Gastgeber. Seine anscheinend kränkelnde Frau und seine beiden erwachsenen Söhne kamen kaum zu Wort.
Nun konnte ich ihn einladen. Sorgsam bereitete ich mich vor, legte die Verabredung auf den Anfang der Schulferien. Meine Frau reiste mit den Kindern voraus an die See.
Woyta war überrascht, mich allein anzutreffen, aber ich hatte ausdrücklich auch nur ihn eingeladen.
Er brachte, als Gastgeschenk, vier Flaschen Burgunder, gab sich aufgeschlossen und neugierig, nahm, noch im Entree, das Gespräch über Literatur wieder auf, sah sich in meinem Zimmer um, musterte die Bilder.
Von da an machte ich mich strafbar.
Das Bild der Geschwister hatte er nur flüchtig betrachtet.
Ich wies ihn noch einmal darauf hin.
Sind es Porträts? fragte er.
Ja, es ist Franz Kafka mit seiner Schwester Ottla.
Kafka! Natürlich! Ich hätte ihn erkennen müssen.
Ottla auch, sagte ich.
Wieso sie? Vielleicht habe ich irgendwo gelesen, daß Kafka eine Schwester namens Ottla hatte, vielleicht, aber mehr weiß ich nicht.
Sie wurde in Auschwitz ermordet, Herr Woyta.
Manchmal, Herr Gerichtspräsident, verwenden Schriftsteller, nicht die besten, um übergroßen Schrecken zu verdeutlichen, das biblische Bild von Lots Weib, das zur Salzsäule erstarrte, als es auf das verheerte Sodom schaute. Woyta erstarrte zur Salzsäule. Er wurde gezwungen, auf den Leichenberg zurückzublicken, der sich unerwartet in seinem Gedächtnis wieder auftürmte.

Ich beobachtete seinen Schrecken ohne jede Erregung. Der Anfang, die Überrumpelung waren mir gelungen. Alles andere würde sich – vorausgesetzt, er wehrte sich nicht – von selbst ergeben. Während ich ihn im Blick behielt, diesen massigen Mann, der seiner Selbstsicherheit beraubt war, hilflos auf ein Bild stierte, dachte ich an die Todesangst seiner Opfer, die, zurückkehrend, ihn zu ersticken drohte. Ich dachte: Zum ersten Mal und zu spät teilt er ihre Furcht.
Er fuhr zusammen, als ich sagte: Setzen Sie sich doch, Herr Woyta.
Sie haben mit Schirmer gesprochen, sagte er.
Ja, erwiderte ich, und Sie werden nun kein Wort mehr sagen, Sie werden nur noch zuhören und zusehen. Ich will keine Verteidigung von Ihnen hören, auch kein Geständnis.
Das ist verrückt! Sie können mich zu nichts zwingen!
So fatal es sich für Sie anhört, Herr Woyta, ich habe Sie in der Hand.
Er beugte sich nach vorn, senkte den Kopf.
Ich fing an, von Ottla zu erzählen, las einige ihrer Briefe vor und danach Anna Maria Jokls Bericht über ihre letzten Begegnungen.
Ottla kam mit einem Kindertransport in Auschwitz an, einem von vielen, und es ist denkbar, daß Sie diesen Zug nicht empfangen, nicht einmal auf der Rampe gestanden haben neben Höß und Mengele. Dennoch wünsche ich mir, daß Sie Ottla wiedererkennen, daß aus dem nach Asche riechenden Nebel allmählich eine Gestalt tritt, wie damals, älter als auf dem Bild, doch das Gesicht jung und so heiter und unanfechtbar, daß Sie in ohnmächtiger Wut die Fäuste ballen oder mit der Reitgerte gegen den Stiefel schlagen. Die Kinder drängen sich um die Frau. Sie sehen, daß sie mit ihnen spricht. Aber Sie können sie nicht hören. Es ist wie in einem Alptraum, der einen taub macht. Womöglich singt sie. Die ganze Gruppe wird für den Tod bestimmt, keiner wird ausgelassen. Sie stemmen sich gegen die Herausforderung dieser Gestalt. Und Sie sind erleichtert, als einer aus der Begleitmannschaft Ottla voranstößt, ihre Wehrlosigkeit offenbar wird. Ottla und die Kinder haben nicht mehr lange ge-

lebt. Für Sie, Herr Woyta, war Ottla nur einer von zahllosen Passanten zwischen Selektionsrampe und Todesbaracke. Für mich nicht, seitdem ich sie aus den Berichten näher kenne, die Briefe ihres Bruders an sie und Bruchstücke ihrer eigenen Briefe gelesen habe. Ich habe sie liebgewonnen. Sie gleicht einigen Frauen, die die immer nur flüchtig bewohnten Räume meiner Kindheit wärmten, der Babitschka und der Tante Manja in Brünn. Ich kann sie mir vorstellen, ich kann sie sehen, hören und, schließe ich die Augen, ihre Nähe spüren: eine Art leiblicher Güte.

Sie werden mich nicht begreifen, denn Sie waren imstande, drei oder vier Jahre Ihres Lebens als Menschenschlächter zu verbringen. Ich weiß nicht, wie Sie Ihren Sadismus, Ihre Mordlust danach unterdrückt haben. Welches Wunder Sie zum Demokraten und zum Christen machte. Welchem Gott Sie Ihre Rettung verdanken, welchen Menschen Ihren Aufstieg. Haben Sie einen schlechten Schlaf? Sehnen Sie sich nicht wenigstens hin und wieder nach einem Richter, der Ihnen Schuld und Strafe zuspricht, oder ist Ihre Selbstgefälligkeit so ungebrochen wie damals in Auschwitz, als Sie mit einer Handbewegung über Leben und Tod geboten?

Er hob den Kopf; seine Lippen bewegten sich.

Sie sollen nichts sagen. Kommen Sie, ich möchte Ihnen etwas zeigen.

Ich führte ihn die Treppe hinunter, in den Keller unseres Hauses, in einen behaglich eingerichteten Raum, in dem wir mitunter Gäste unterbringen. Vor eine aufgerollte Projektionswand hatte ich einen Sessel gerückt, in dem Platz zu nehmen ich Woyta bat. Links und rechts von der Leinwand hatte ich zwei starke Lautsprecher aufgestellt.

Ich mußte ihn täuschen, und es fiel mir nicht leicht. Es bedürfe noch einiger Vorbereitungen, log ich, stellte ihm ein Glas und eine Sprudelflasche neben den Stuhl, verließ das Zimmer und schloß es ab. Ich tat es so behutsam, daß er den Schlüssel wahrscheinlich nicht hörte.

In einem kleinen Nebenraum befand sich alles, was ich brauchte. Ein Tonbandgerät, das mit den Lautsprechern verbunden war, und außerdem, auf einem Sockel, ein Projek-

tionsgerät, mit dem ich durch ein kleines Loch, das ich in den letzten Tagen mit Mühe durch die Wand geschlagen und wieder verfugt hatte, die Bilder auf die Leinwand werfen konnte.
Ich will die Tortur, der ich Woyta aussetzte, nicht im einzelnen ausführen, sondern nur die Mittel erklären: Über Jahre habe ich dokumentierende Fotografien aus den Konzentrationslagern gesammelt, dazu Bücher und Protokolle, das Tagebuch des Auschwitz-Kommandanten Höß, die Zeugenaussagen des Prozesses in Frankfurt, Berichte von Überlebenden. Die schrecklichsten Ausschnitte habe ich auf Band sprechen lassen, dazu Statistiken, soweit sie von der mörderischen Bürokratie nicht vor der Niederlage vernichtet worden sind.
Ich schaltete den automatischen Projektor ein, und auf der Leinwand war das erste Bild zu sehen: die nackten, ausgemergelten Leichen zweier Halbwüchsiger. Unzählige Bilder würden dem folgen: von Hungernden, Gefolterten, Ermordeten, von Erschießungen, von Leichenstapeln.
Durch die Wand drang ein kurzer Aufschrei, als hätte sich jemand verbrannt oder an einem Nagel gerissen. Ich wollte ihn nicht hören, also stellte ich das Tonband ein und ließ die Ungeheuerlichkeiten laut werden, immer lauter.
Dann ging ich hinauf, versuchte zu lesen.
Jede Stunde stellte ich die Geräte auf ihren Anfang. Dies tat ich, Herr Gerichtspräsident, zwei Nächte und einen Tag, achtete nicht auf sein Klopfen, seine Rufe, sondern dachte nur an Ottla und an die Kinder, dachte an Sie, Herr Gerichtspräsident: der Sie so häufig der Vergeßlichkeit die Legitimation ausgesprochen haben.
Mit Skrupeln öffnete ich die Tür. Woyta taumelte mir entgegen. Er besaß keine Kraft mehr, auf mich einzudringen, mich zu schlagen. Ich führte ihn die Treppe hoch und blickte in ein Gesicht, das dem des Erfolgreichen nicht mehr ähnelte: aufgerissen und eingefallen, vom Schrecken verwüstet, die Augen blind von Vergangenheit.
Ich fragte Woyta, ob ich ihn nach Hause fahren solle. Doch

er lehnte ab, stolperte durch den Garten und verschwand hinter der Hecke.

Sie werden mir, Herr Gerichtspräsident, nach dieser Schilderung Nötigung und Freiheitsberaubung vorwerfen können, und Sie werden wissen wollen, was aus Woyta geworden ist. Er ist spurlos verschwunden. Ich habe ihn aus meiner Phantasie entlassen, in der wohl vergeblichen Hoffnung, daß Ihre Phantasie ihn aufnehme und endlich das Urteil spreche.*

Diskussionsbericht

Härtlings Erzählung wurde zunächst auf zweifache Weise rezipiert. In einer ersten, spontanen Reaktion wurde der Text als Ausschnitt aus der – deutschen – Wirklichkeit aufgefaßt. Schrecklicher als der Weg der Opfer sei der Umstand, daß es Menschen gab, die sie auf diesen Weg geschickt haben (Fussenegger). Von hier aus biete die Erzählung einen Zugang zur religiösen Fragestellung in Form der Theodizeefrage.
In der zweiten, nicht mehr unmittelbar spontanen, sondern ästhetisch-kritisch distanzierten Reaktion auf den Text wurde gerade das zum Problem, was in der ersten Reaktion als selbstverständlich vorausgesetzt wurde: der Realitätsbezug der Erzählung und damit seine ästhetische und ethisch-theologische Haltung.
Die »Katharsis«, von der in der Erzählung die Rede ist, sei in der Realität nicht denkbar. Sie sei ein bloßes Phantasieprodukt, mit dem der Autor »sich einen Wunsch erfüllt«, sich eine »vergebliche Hoffnung« »gegönnt« habe. Ist ein solcher Gebrauch der Phantasie aber legitim? (Muschg). Oder wird dadurch die Rache zur privaten Rache und verliert jeden politischen Anspruch? (Rinser). Privat und damit unpolitisch sei die Rache nicht, erwiderte Härtling, wohl

* *Quelle:* P. Härtling, Der wiederholte Unfall. Erzählungen (Stuttgart 1980), S. 23–32.

aber subjektiv; die fiktive Strafe – die eigentlich keine Strafe sei – zeige die »Klemme«, in der sich in dieser Situation jede Rache befinde.

Diese »Klemme« wirke sich möglicherweise aber noch anders aus, wurde kritisch angemerkt; die Erzählung sei nicht nur »subjektiv«, sondern auf ein bestimmtes, »prominentes« Subjekt bezogen: Ottla Kafka. Sei dieses »prominente Personal« der Erzählung aber nicht ein erneuter Beitrag zum Vergessen der »schrecklichen Anonymität«? (Jeziorkowski). Gerade Ottla, erwiderte Härtling, stehe für ihn für die ungezählten Namenlosen. Deshalb sei die Erzählung auch »Für Ottla« und nicht »Von Ottla« betitelt.

Die ethisch-theologische Haltung der Erzählung wurde mit dem Stichwort »Vergeltung« angefragt und in Frage gestellt. Nicht nur sei eine solche »Katharsis« in der Realität nicht zu denken, sie sei auch keinesfalls auf diesem Weg zu erreichen (Muschg). Im Text werde »Terror mit Terror vergolten« (Killy), und diese Vergeltungshaltung stelle letztlich die Frage nach der Instanz, die wahrhaft richten und Recht sprechen könne (Killy). Als möglicher, wenn auch im Text nicht realisierter Ausweg aus der bedrückenden Situation der Unerlöstheit aller Beteiligten wurde »Gnade« vorgeschlagen (Imbach).

Gerade die Vermittlung der beiden kritisierten Bereiche – des ästhetischen mit dem ethischen – ließ eine neue Dimension der Interpretation hervortreten. Phantasie dürfe nicht gesehen werden als Ersatz für Realität, sondern als das Instrument des Schriftstellers, mit dem er sich auf Realität bezieht. Phantasie wird so zur wahren Gegenkraft, die »entbunden« werden muß, um die in der Erzählung aneinandergeketteten Personen zu befreien (Jens). Eine Phantasie, die die ethische Kategorie »Gewissen« nicht aus-, sondern einschließt, bekomme eine fast »gnadenhafte« Funktion: sie könne erlösen. Auch und gerade die Darstellung des Terrors in der Phantasie – beispielsweise im Märchen – könne erlösende Wirkung haben (Leicht).

Härtling benutzte eine Metapher, um die Struktur seiner Erzählung – die im Symposion vorgetragene Rahmenhandlung und die zentrale Ottla-Geschichte – zu beschreiben; eine Metapher, die rückblickend eine Perspektive anbietet, aus der man »Für Ottla« zu sehen versuchen könnte: »Ein Votivbild mit dreckigem Rahmen«.

(R. Ammicht-Quinn, Th. P. Quinn)

GÜNTER DE BRUYN

Frauendienst

Die Kindertrauung, wie Pastor Liesegang (vielleicht aus Unmut, weil er daran ganz unbeteiligt ist) das nennt, findet am Sonntag nach der Messe statt; vor dieser bietet sich für jeden, der es nötig hat, Gelegenheit zur Beichte – auch für Franz, der zwar nicht beichten will, doch muß. Das Sakrament der Ehe wird nur wirksam, sagt der Priester, der Bereska heißt, wenn Franz es würdig, also sündenfrei empfängt; und da die Macht der Kirche, so fremd sie ihm im Krieg geworden ist, im Unterschied zu jeder weltlichen, noch immer was für ihn bedeutet, wagt er es nicht zu sagen: danke, für ihn bestehe kein Bedarf.

Er hat sich in den Nazijahren der Meinung seines Vaters: Wer jetzt den Glauben an die Kirche nicht verliert, hat keinen zu verlieren! angeschlossen, ist so der Pflichten eines Katholiken ganz entwöhnt und sieht dem Beichtakt mit noch größerem Unbehagen als dem Trauungsakt entgegen. Während er dort nur würdig gehen, stehen, sitzen muß und laut (doch nicht zu laut) ein Ja zu sagen hat, muß er hier frei und auf Kommando sozusagen von sich selber reden, was ihm vor Freunden schon, viel mehr vor diesem Oberschlesier, den er nur flüchtig und nicht von der angenehmsten Seite kennt, unmöglich scheint. Die eine Woche, die er zur Vorbereitung darauf hat, reicht nicht mal aus, sein Mißbehagen näher zu bestimmen. Angst vor Geständnis von Verbrechen fällt in Ermanglung dieser aus; viel eher könnte der Gedanke, dem Priester unnütz Zeit zu rauben, Anlaß zur Erfindung solcher sein. Denn viel zu bieten hat Franz nicht. Auch wenn er nicht das eigne Rechtsempfinden, sondern kirchliches zum Maßstab macht, kommt doch vermutlich weniger

heraus als bei anderen Junggesellen seines Alters. Unsicherheit in Ritenfragen plagt ihn auch. Zwar hat das Kind gelernt, wie man im Beichtstuhl sich benimmt, was man beim Eintritt und beim Abgang sagt, doch hat der ungeübte Neunzehnjährige es längst vergessen. Duzt man, falls man geduzt wird, den Beichtvater auch? Muß man vielleicht, wie man oft liest, Hochwürden zu ihm sagen?
Die Sache kommt Franz schließlich nur wie eine würdelose Unterwerfung vor. Wut auf die Braut, die das verschuldet hat, mischt sich mit Trotz. Am Hochzeitsmorgen weiß er, wie er der Schmach begegnen muß; er wird, ohne die Regeln zu verletzen, seine Meinung sagen und mit dem Priester locker reden, gleich zu gleich. Er nimmt sich also vor, erstens, die kleinen, aus Mangel an Gelegenheit tatsächlich sehr geringen Sünden, die die Kirche Unkeuschheiten nennt und für den Hauptbestandteil aller Beichten hält, nur auf Verlangen (und in einem Ton, der zeigt, daß er sie selbst verzeihlich findet) zuzugeben und, zweitens, als die schwerste seiner Sünden zu bezeichnen, was für Bereska, wie er annimmt, keine ist. Er habe, wird er sagen, unter der zur Hölle jetzt gefahrenen Obrigkeit stets, wenn auch widerwillig, seine Pflicht getan und fürchte, daß er diese Schuld mit seiner Kirche teile.
Für Leser, die, weil sie noch nie gebeichtet haben, sich schlecht in Franzens Lage finden können, sei hier der oft herangezogene Vergleich von Arzt und Priester angestrengt. So fraglich der auch ist, stimmt er in einem Punkte wirklich: daß nämlich beider Zeit für ihre Kunden knapp bemessen und lange Wartezeit für diese nötig ist. An überfüllten Warteräumen, langen Beichtstuhlschlangen läßt sich natürlich auch was Positives sehen: sie zeigen nicht nur das Vertrauen an, das dieser Mediziner, dieser Gottesmann beim Publikum genießt, sie nehmen auch dem eignen, nun geteilten Leid das Ungeheure und Besondere – und sie schaffen für die Vorbereitung einer möglichst kurzgefaßten Formulierung der Gebrechen oder Sünden Zeit.
In Arndtsdorf, wo ein Küchenschemel das Beichtgestühl ersetzen muß, fehlt auch die Warteschlange: dafür gibt es, vorn

rechts, die Wartebank. Von ihr bis zu dem dunkelroten Vlies, das, neben dem Altar, den Eingang zu der Sakristei verhängt, sind es nur vier, fünf Schritt, doch werden die zur Qual, wenn eine schon zum Gottesdienst (der Trauung wegen besonders zahlreich heut) versammelte Gemeinde stumm dem Auftritt folgt. Man weiß, daß aus der Zeit, die man dort drin verbringt, die Leute ihre Schlüsse ziehn, und fürchtet überdies, die Sündenzahl um eine zu vermehren, indem man trödelt und so Anlaß zu verspätetem Beginn der Messe gibt.

Die Sakristei ist nicht so dunkel, wie es Franz beim Eintritt scheint. Zwar sind die Fenster dieses erst im 19. Jahrhundert an den mittelalterlichen Bau gefügten Raums, da Scheiben fehlen, zugenagelt, doch lassen Bretterritzen, trotz der dichten Friedhofsbäume draußen, Sonnenstrahlen ein. Franz, der auf einem Kissen kniet, kann also, wenn er aufschaut, über sich den Kopf des Priesters sehen (im Profil, ihm etwas zugeneigt), und er könnte an der Mimik, gäbe es dergleichen, auch erkennen, welchen Eindruck sein mit Schuldbekenntnissen verbundener Zweifel an der Kirche, den er gleich zu Anfang mitteilt, macht. Vorläufig aber bleibt das Geistlichengesicht noch unbewegt, und nur die Lippen rühren sich ein wenig, wenn Bereska, ohne eine Pause zuzulassen, »Und was weiter?« fragt.

Franz, der nichts weiter sagen will, der suggestiven Aufforderung zum Reden aber folgt, gibt zu Punkt eins, dem Streitpunkt, wie er hofft, noch einen Kommentar, das fünfte Gebot betreffend, wird aber, da der stockend ausfällt, bald von einer Frage anderen Inhalts, der schnell weitere folgen, unterbrochen. Dabei kommen, wie befürchtet, auch Intimitäten dran. Die mögen für den Priester, der das Beichtkind eine Stunde später trauen soll, zwar wichtig sein, für unser Thema (das im nächsten Satz schon folgt) aber haben sie nur sehr bedingt Bedeutung. Unter Berufung auf das Beichtgeheimnis lassen wir sie also aus und kommen gleich (das Ganze geht sehr schnell) zu der die Fragerei beschließenden (und Franz verwirrenden) Marienfrage.

Die stellt Bereska (der dadurch mit Erfolg der Kriegs- und

Konkordats- und Judenproblematik aus dem Wege geht) zwar lauen oder abgefallenen Katholiken immer, doch hat er diesmal noch besonderen Grund dazu. Da seinem Beichtkind nämlich, wie er weiß, die Reine Magd als Kunstwerk was bedeutet, ahnt er sehr richtig, daß sie ihm auch sonst und überhaupt am Herzen liegt.
Sie ist dabei, wenn er die Frage stellt. Hölzern, bestaubt, die Nase leicht lädiert, mit beiden Händen ihren Mantel über zwergenhafte Mönche haltend, ist sie auf Kirchenbankruinen abgestellt. Den Ehrenplatz, den ihr die Zisterzienser früher gaben, hat sie vor vier Jahrhunderten schon eingebüßt. Jetzt, da die Sakristei, die einer Rumpelkammer gleicht, den Flüchtlingen aus Oberschlesien im Zweimonatsabstand Platz zum Beichten bietet und die alte Feldsteinquaderkirche wieder »Meerstern, ich dich grüße« und »Regina coeli« hört, könnte die Verbannungszeit für sie zu Ende sein; doch macht der Hausherr, Pastor Liesegang, nicht mit. Franz, der als erster, mit kulturhistorischer Begründung, für die wurmzerfressene Immaculata bat, wurde mit dem Hinweis auf den Unterschied von sakral und museal schnell abgespeist. Ausführlicher wurde dann der Pastor, als Bereska kam.
Da zeigte sich, daß Liesegang, den man tagtäglich nur als Landmann sieht, auch Mann der reinen Lehre ist. Und diese, sagte er, bezieht sich auf die Schrift und sonst auf nichts. Verehrung der Maria aber kommt in ihr nicht vor. Weder als Himmelskönigin noch Miterlöserin erscheint sie da, und auch von einer Mittlerin, die anzuflehn noch lohnt, wenn unser Herr im Zorn uns nicht mehr hören will, ist seines Wissens nie die Rede. Dagegen steht ganz deutlich dort geschrieben, siehe Lukas 11, was Jesus von der Lobpreisung seiner Mutter hält. Und wenn er dann, Johannes 2, in Kana auf der Hochzeit ausruft: Weib, was habe ich mit dir zu schaffen! gehört schon sehr viel Ignoranz, um nicht zu sagen Heidentum dazu, den Hinweis auf die kommende Verirrung nicht zu achten. Nein, das Gefäß zum Inhalt, die Magd des Herrn zur Herrin machen, mag der Pastor nicht. Gastrecht gewährt er seinen Christenbrüdern gern, doch dürfen die das

Haus ihm nicht entstellen wollen. Maria lieben um des Christkinds willen, ja! Doch wo bei dieser, die so schön den Mantel breitet, ist denn das Kind? Wer garantiert ihm, daß es sich hier wirklich um die Jungfrau handelt? Der alten, der Apostelkirche, der vor Ephesus, rief Liesegang, war der Marienkult so gut wie unbekannt; kommt doch bei Paulus beispielsweise nicht einmal ihr Name vor. Erst später brach dann aus dem trüben Bodensatz des Götzendienstes der Kult der Muttergöttin ein, und Isis und Artemis wurden nun Maria anverwandelt. Vielleicht so, fragte er, wie bei dieser hier, in Holz?
Falls Liesegang erwartet hatte, daß sein jüngerer Kollege von dem anderen Zweig der Christenheit mit ihm darüber diskutierte, wurde er enttäuscht. Der strich sich lächelnd nur die hohe Stirn, die bis zur Mitte seines Schädels reicht, versprach (in einem Deutsch, das fast wie Polnisch klang), die hölzerne Maria mal zu säubern, und ging mit der Bemerkung, daß Glaube etwas anderes als Wissen, nämlich Gnade, wäre, ab. Er sieht die Dinge nicht so schriftbezogen und so intellektuell wie Liesegang; er weiß, daß Argumente hier nicht klären, sondern nur verwirren können, und legt deshalb mehr Wert auf das Gefühl. Den Zauber, den die Gottesmutter ausübt, kennt er gut; der hilft ihm bei der Missionierung mehr als Vater, Sohn und Heiliger Geist zusammen, und deshalb setzt er ihn auch gern bei Beichten ein. Franz, der noch immer darauf wartet, über seinen Zweifel an dem rechten Weg der Kirche in den vergangenen zwölf schlechten Jahren was zu hören, was er dann bestreiten kann, wird also nun gefragt, ob er die Schönheit und Erhabenheit Mariens denn nicht mehr empfinden könne – worauf er erst ein Ja und dann ein Aber sagt und dann für eine Weile nichts.
Die Eile, die hier nötig ist, sowie die nur durch Räuspern aus dem Kirchenraum durchbrochene Stille, die jedes Wort, so scheint ihm jetzt, zu einem öffentlichen werden läßt, genügten schon, ihn stumm zu machen, doch kommt noch anderes hinzu: Die Fülle dessen nämlich, was zu sagen wäre, überwältigt ihn; den plötzlich ausgelösten Erinnerungen ist sein Denk- und Sprechvermögen nicht gewachsen; er kann nicht

ordnen und nicht formulieren, was er weiß und fühlt. Denn um den Meerstern, von dem in seinen ersten Lebensstunden schon gesungen wurde, scheint sich ihm alles, was ihm je bedeutsam wurde, zu gruppieren, von der Rose ohne Dornen scheint, was je er unternahm und unterließ, bestimmt zu sein.
Nach jahrelangem Lager- und Kasernenleben, wo sein Gefühl mit Angst und Ekel, sein Verstand mit Überlebensstrategie vollauf beschäftigt war und Uniformität in Kleidung, Sprache, Tagesablauf und Gebaren ihn zu einem Niemand schrumpfen ließ, führt dieses Beichtverhör ihn plötzlich zu sich selbst. Die fieberähnliche Bewußtseinsstörung, die seit seinem zwölften Lebensjahr durch Zwänge der Gemeinschaft und durch Todesfurcht entstanden war, heilt aus, der Neunzehnjährige kommt zu sich, er erwacht, und er beginnt von dieser Stunde an, sich langsam eine Ich-Vergangenheit zu schaffen. Bereskas Frage reißt in ihm ein Fenster auf, an dem er jahrelang noch stehen wird, weil es ihm einen Blick zurück ermöglicht: einen Blick in Liebe, nicht im Zorn.
Die Bemühung, das Gedankenknäuel der Selbsterkenntnis aufzulösen, setzt mit der Berichtigung eines kleinen Irrtums ein. Den Meerstern hatte er sich immer als ein der Meeresflora oder -fauna zugehöriges Gebilde vorgestellt, korallen- oder bernsteinähnlich, schön wie eine Blüte, aber dauerhaft; jetzt setzt er ihn sich endlich richtig, nämlich astronomisch um, macht ihn, wie die Erfinder der Metapher wollten, zum Gestirn, das über dem bewegten Meer des Lebens steht und Irrende geleitet – in Richtung Gott im allgemeinen wohl, in seinem Fall zum Schönen, Sanften, Friedlichen, also zum Femininen hin. Der Stern, der ihm an seiner Wiege schon geleuchtet hatte und der zu Hause, in der Kirche, in der Schule in immer anderer Gestalt erschien, ermunterte ihn nicht nur zu dem Frauendienst, den er im Vorschulalter schon begann, er goß auch einen Glanz von Idealität um alle Weiblichkeit, der dieser, falls sie ihn bemerkte, am Anfang einer Beziehung zwar gefiel, doch später, weil er Nähe, die erwartet wurde, ausschloß, lästig wurde.
Der Philosoph in Franz, der alle Daseinsvielfalt aus nur ei-

nem Punkt erklären will, ist von der Theorie, daß er in jedem Mädchen nur Maria suchte, so entzückt, daß ihm in der Minute seiner Stummheit Zweifel, ob hier Ursache und Wirkung in richtiger Beziehung zueinander stehen, gar nicht kommen. Er sinnt nur weiter den Indizien, die für seine These sprechen, nach und findet sie so zahlreich und verschiedenartig, daß sie sich in der Eile zu einer Antwort gar nicht ordnen lassen. Ja, der Marienkult bedeutet noch etwas für ihn, die Grenzen aber, die Religiöses vom Profanen trennen, sind hier nicht nur fließend, sondern aufgelöst. Die Himmelsjungfrau, die der Knabe Franz verehrte, war ihm, so wird ihm klar, auch Abbild der für ihn noch nicht vorhandenen Erdenfrau – der insgeheim, sich selbst nicht eingestanden, auch die Gebete und Gedichte und Gesänge galten, die er mit Inbrunst betete und sang. Die Gottesmutter süße, die er noch jetzt, ist er allein, im Liede preist, war die für ihn Bestimmte, der er noch nicht begegnet war. Und wenn er sich das Rosental, das Veilchenfeld, das alle Herzen wonnig schwellt, in Erinnerung ruft oder still für sich: Du Perle, Gold und Edelstein, Du Milch, Du reines Elfenbein, Du Honigseim im Herzen und im Munde! deklamiert und dabei (mit Gottfried) einen Schauder fühlt, der Himmlisches und Irdisches verbindet, wird ihm damit bestätigt, daß seine Leitstern-Theorie doch stimmt.
Warum denn sonst fällt ihm noch ein Jahrzehnt danach bei jeder U-Bahn-Fahrt die erste Liebe, eine junge Mutter, ein, die ihm von Grenzallee bis Friedrichstraße gegenübersaß und ihm ein Lächeln schenkte, als sie merkte, daß die Bewunderung des Knaben ihr galt und nicht ihrem Kind? Und warum konnten Mädchen jeden Alters, die einen Mittelscheitel trugen und ihr Haar lang und natürlich fallen ließen, seiner Verehrung sicher sein? Und warum war er von jedem züchtig fallenden Gewand, das nur die seitlich vorgeschobene Hüfte und das Knie des Spielbeins ahnen ließ, so sehr entzückt, daß Glaube, Hoffnung, Liebe ihn ganz selig machten – in entscheidenden Momenten aber stumm? Und warum ließen ihn, wenn er sich eifrig unter politischen und philosophischen Realien umtat, doch die Personalien (schwar-

ze, blonde oder braune) niemals los? Und warum schrieb die einzige der Angebeteten, die wirklich wichtig für ihn wurde, weil sie die Wort- und Tatenlosigkeit vier Jahre lang ertrug, in ihrem Abschiedsbrief: sie sei kein höheres Wesen, sie könne also seinem Anspruch nicht genügen und wende sich deshalb dem Anderen, dem Niederen vielleicht, dem also ihr Gemäßeren zu?

Bereska, der schon zweimal wissen wollte, was das Aber nach dem Ja bedeuten soll, zeigt Ungeduld. Er zieht die überhohe Stirn in Falten, atmet tief, scheut nicht davor zurück, schnell einen Blick auf seine Armbanduhr zu werfen, und bietet dann dem Beichtkind Formulierungshilfen an, die aber in die falsche Richtung zielen. Die Unbeflecktheit, glaubt er, macht Franz Schwierigkeiten, und er rät ihm, wie die überwindbar sind: Man muß nur lernen, *den* Bereich des Seins, den Wissenschaft erforschen kann, als stark begrenzt zu sehen, dann dringt auch das Gefühl (nicht der Verstand) in das Dahinterliegende, das Wunderbare vor, und die Geburt aus einer Jungfrau wird begreiflich.

Franz, den die Keuschheitsproblematik der Madonna nie beschäftigt hat, der aber leicht begreift, daß Männer eine Frau, die sie verehren wollen oder sollen, eifersüchtig jedem andren Mann (auch wenn er Josef heißt) entziehn, kommt dadurch auf den eignen Fall zurück. Ihm hätte die Erfahrung mit den Mädchen, die nicht nur angebetet werden wollten, leicht den Stern verblassen lassen können, wäre nicht die Nacht so schwarz gewesen, die ihn jahrelang umgab. Die Männerwelt aus Stumpfsinn, Gleichschritt, Zoten und Gestank ließ alles Schöne in so unerreichbar weite Ferne rükken, daß die Distanz zwischen den Frauen und der Krone aller Frauen fast verschwand. Wer jahrelang den Waffenrock als Ehrenkleid ertragen muß, dem können Röcke oder Kleider heilig werden, und eine Krankenschwester, eine Küchenfrau wird zu Unserer Lieben Frau.

Zu Gott dagegen, der bekanntlich Eisen wachsen ließ, um Schwerter draus zu machen, war die Verbindung schwerer herstellbar. Er, der auf den Koppelschlössern mit uns, bei den stärkeren Bataillonen, war, dessen Diener (nicht nur im

Geist) in unsren Reihen mitmarschierten und der es zuließ, daß man im Katechismus sein Verbot der Menschentötung, kleingedruckt, veränderte in: Töten ist erlaubt, wenn es das Vaterland, ganz gleich wie es geartet ist, befiehlt; Gott, die Autorität, wurde in der Welt der vielen Autoritäten fremd; er rückte nicht gerade in die Reihe der zwangsverehrten Führer, Feldmarschälle, U-Boot-Helden, aber doch in eine dem Gefühl entzogene Unerreichbarkeit.
Warum, so könnte Franz jetzt fragen, ist der liebe Gott ein Mann? doch kommt er nicht dazu, weil nebenan im Kirchenraum ein Bänkeknarren und ein Flüstern anhebt, das den beiden in der Sakristei beweist: die Zeit ist da, die Braut, mit Kranz und Schleier angetan, ist eingetroffen und wartet auf den Bräutigam.
Der wird nun eilig von den Sünden losgesprochen und kann gehen. Der Weg vom Vorhang bis zu seinem Ehrenplatz wird ihm, nicht nur der steifen Knie wegen, schwer. Erst als die Braut, kaum daß er sitzt, verstohlen Staub von seinen schwarzen Hosenbeinen wischt, wird ihm bewußt, daß sie als einzige von allen Mädchen, die er kannte, in sein mariologisches System nicht paßt.*

Diskussionsbericht

Der nicht nur unveröffentlichte, sondern auch über weite Strecken ungeschriebene Roman, wie ihn Günter de Bruyn vorstellte, trägt den Titel »Pazifisten«. Die Frage, der der Roman nachspürt, lautet: Wie ist ein Mensch, der heute eine konsequent pazifistische Haltung einnimmt, über Jahrzehnte hinweg dahin gekommen?
Günter de Bruyns »Frauendienst« war derjenige Text der Lesung, der – wenn auch aus verschiedensten Gründen – einhellig positiv aufgenommen wurde.
Um der Diskussion über den Text gerecht zu werden, dürfte es nicht überflüssig sein, zunächst auf den zentralen Stellen-

* *Quelle: Aus einem noch unveröffentlichten Roman*

wert von Selbstfindung und *Selbsterkenntnis* in de Bruyns Kapitel hinzuweisen. Das Johannes-R.-Becher-Zitat: »Was ist das: Dieses Zu-sich-selber-Kommen des Menschen?« beschreibe sogar die Pointe des Textes (Uhle-Wettler). In der ersten Phase des Gesprächs stand die Reaktion der Hörer stärker im Vordergrund als eine Textinterpretation. Selbsterkenntnis wurde zunächst nicht als Motiv im Text gefunden, sondern – als Selbsterkenntnis im religiösen und theologischen Bereich – im Angesicht des Textes geübt. De Bruyns Kapitel wurde als »christlich« (Fussenegger), »ur- und archaisch-katholisch«, wenn auch »nostalgisch« (Greinacher) und als »ökumenisch« (Schröer) bezeichnet: Apostrophierungen, die viel weniger über irgendeine religiöse Intention des Autors sagten und viel mehr Zeugnis ablegten für die Präzision, mit der eigene (womöglich urkatholische) Erfahrungen im Text gezeichnet worden waren.
Dieser unmittelbaren nostalgischen Erfahrungsnähe widersprach dann auch der Versuch, nicht Selbsterkenntnis, sondern zunächst *Texterkenntnis* anzustreben. Auf dieser Ebene wurde deutlich, daß es weder eine konfessionelle noch eine ökumenische Geschichte ist, die vorliegt, schon gar keine »ekklesiologische Harmlosigkeit«. Vielmehr werde hier von einem »brutal abgebrochenen Gespräch« erzählt, von »verschüttetem politisch-gesellschaftlichen Sprengstoff« (Leicht).
Durch die Einführung einer geschichtlichen Dimension konnte dieser Ansatz einer Textinterpretation in zwei Punkten noch vertieft werden zu einer möglichen *kritischen Selbsterkenntnis im Text.* Zum einen werde im Text ein Übergang der Paradigmenstellung vom Barock zur Aufklärung, von Volksfrömmigkeit zu Bibelkritik sichtbar – ein Übergang, in dem wir heute noch stehen. Von hier aus stelle sich dann die Frage nach der Zukunft dieser Traditionen und Bilder, die nicht einfach aufgegeben werden können (Küng). Zum anderen wurde der Text situiert am Schnittpunkt geschichtlicher Konstellationen (»Luther – Bismarck – Tschenstochau«) (Juhre), die bis heute und gerade heute wieder vermittelt werden müssen, will man die eigene Ge-

schichte nicht negieren, sondern in ihr eine Identität gewinnen, die aus der Geschichte eine mögliche Geschichte von »Pazifisten« macht.

(B. Ammicht-Quinn, Th. P. Quinn)

GERTRUD FUSSENEGGER

Aus dem Roman »Zeit des Raben, Zeit der Taube«

Zur Einführung: In diesem Roman habe ich zwei Lebensläufe, kapitelweise alternierend, nebeneinander erzählt; den des katholischen Dichters und Mystikers Léon Bloy und den der positivistischen Mathematikerin und Physikerin Marie Sklodowska-Curie.

In Léon Bloy suchte ich den Typus des Homo religiosus darzustellen. Ein Feind der modernen Zivilisation und Rationalität, hat er zeit seines Lebens das Jüngste Gericht erwartet, er hat die große Passion des Menschen vorausgesagt.

Marie Sklodowska-Curie verkörperte durch ihre Entdeckung des Radiums und des Atomzerfalls den stürmischen Fortschritt der Wissenschaft und den innerweltlichen Optimismus nicht nur der Jahrhundertwende. Dieser Optimismus erlitt im Ersten Weltkrieg einen ersten Schock. Im folgenden, stark gekürzten XII. Kapitel des Buches wird erzählt, wie die berühmte Nobelpreisträgerin mit einer fliegenden Röntgenstation hinter der französischen Ostfront unterwegs ist. In die biographisch belegte realistische Situation sind visionäre Elemente aus den Offenbarungen der Hl. Birgitta von Schweden eingebaut, dieselben, in denen auch Léon Bloys apokalyptische Erwartungen kulminierten.

Der Wagen schoddert die Straße entlang, ein grauer Renault mit Rotem Kreuz und französischem Hoheitszeichen – seit dem frühen Morgen unterwegs. Immer wieder gibt es Aufenthalte: Alle Zufahrten nach Verdun sind verstopft.
Die Frau sitzt neben dem Fahrer. Die Windschutzscheibe ist geborsten, das eine Fenster eingedrückt. Das ist gestern nachts passiert. Ein Munitionswagen hat das Auto gerammt Zum Glück ist an den Apparaturen kein Schaden entstanden. Nicht einmal der auf das Trittbrett montierte Dynamo hat etwas abbekommen. In einer halben Stunde war alles wieder bereit. Der Fahrer und die zwei Manipulanten sind gut geschult. Es klappt jeder Griff, und wenn man sich mit nichts aufhält und keine Kräfte, weder die eigenen noch die der Helfer, schont, kann vierzig Minuten nach Ankunft der fliegenden Röntgenstation der erste Verwundete auf den Tisch geschoben werden.
Marie ist seit Monaten unterwegs: Lazarette in Paris, Saint-Omer, Abbéville, Poperinghe, Amiens; große Spitäler, ganze Städte von Spitälern; kleine Notspitäler in Schulen, Kirchen, Bauernhöfen, Fabriken und aufgelassenen Weinkellern. Endlos ist die Prozession der Verwundeten, die unter den Apparat wandert: alte Männer, junge Männer, Knaben, von denen man nicht begreift, wie sie schon in die Feuerlinie geschickt werden konnten; Franzosen, Briten, Kanadier ... ein Aufmarsch aus aller Herren Länder: das Spukbild ihrer Skelette – immer dasselbe.
Nur ihre Verwundungen unterscheiden sich voneinander. Es streift an das Absurde, kaum mehr Faßbare, auf wie verschiedene Weise diese Körper zerschlagen, durchbohrt, durchsiebt und verstümmelt sind, als wäre ein aus nie versiegender Phantasie genährter Verstand ununterbrochen tätig, die Möglichkeiten des Verderbens zu vermehren, zu verkoppeln, sie miteinander zu potenzieren. Die Erfindungsgabe des Menschen arbeitet unausgesetzt daran, das ausgesäte Verderben noch verderblicher zu machen und die – einstmals im Namen des Fortschritts und der Beglückung entwickelten – Ergebnisse in neue und immer noch wirksamere Impulse der Zerstörung zu verwandeln.

Marie hat sich längst an alle Schrecknisse der Lazarette gewöhnt. Blut, Eiter, Gestank machen sie nicht mehr zittern. Sie ist auf alles gefaßt, wenn der Schirm aufleuchtet und ihr in immer wechselnden Bildern die immer gleichen Entsetzlichkeiten zeigt, zermalmte Knochen, gezackte Metallfetzen in Nieren, Lungen, Blasen. Sie hat auch schon kleine Kinder unter dem Schirm gehabt und ein Mädchen aus einem Frontbordell, die Beckenknochen von einer Fliegerbombe zersplittert; als sie Marie erblickte, versuchte sie sich aufzurichten und rief mit greller Stimme: »Sehen Sie mich an, Madame, auch ich habe gekämpft.«
Auch ihr nickte Marie zu, das Gespenst eines Lächelns auf den ausgemergelten Zügen.
Der Tag ist schwül, und je mehr man sich dem Bereich von Verdun nähert, desto dicker wird die Luft unter einer über allen Straßen träge schleichenden Staubwolke. Aus jedem Tal wälzt sich ein Strom heran, Truppen, Lastwagen, schwere Kaliber, und auf die Hauptstraße zu, die dem Schlund der Schlacht entgegenkriecht: La voie sacrée – die Heilige Straße, auf der die Nation alles, was sie aufzubieten hat, der Verteidigung von Verdun zuführt.
Schon seit dem Sommer vierzehn hat der Feind gegen das Meusetal gedrückt. Aber seit vier Monaten ist er zum Großangriff von Norden her angetreten.
Die Verluste auf beiden Seiten sollen ungeheuerlich sein. Längst erheben sich Stimmen, die davor warnen, die ganze nationale Kraft auf die Verteidigung eines Geländes zu verbrauchen, das kaum fünfzehn Kilometer im Geviert hat.
Aber der monomane Eigensinn, der die Deutschen alles gerade auf diesen einen Durchbruch setzen läßt, hat denselben monomanen Widerstand hier hervorgerufen. Weit über das Urteil der Experten hinaus und darüber hinweg, hat sich hier ein Einsatz entwickelt, den kein Argument mehr zu begründen vermag; ist hier ein *anderes* ausgebrochen, etwas Grandioses und zugleich Wahnsinniges, eine Art Besessenheit, die alles zu opfern, alles aufs Spiel zu setzen entschlossen ist.
Seit Stunden kommt der kleine Renault mit dem Roten

Kreuz nur in kleinen Etappen vorwärts. Schrittweise schiebt sich die Raupe der Truppen und Munitionskolonnen dahin. Es soll keinen Aufenthalt geben, und doch gibt es alle Augenblicke eine Stockung. Wo die Straße eine Siedlung durchquert, wird das Durcheinander unübersehbar. Pferde, Menschen, Fahrzeuge sind zwischen den Häusern wie eingekeilt. Die schlimmsten Engpässe sind weggesprengt. Die Truppen klettern über die Trümmer. Chargen stehen an den Kreuzwegen, fuchteln mit weißen Stäben. Offiziersautomobile suchen sich durch wilde Hupensignale einen Weg zu bahnen. Doch wer kann ausweichen? Pferde scheuen und bäumen sich – eben hat sich eines auf einer Deichsel aufgespießt, es muß losgemacht und weggeschleift werden.

Vorn an der Straße ein Richtungsschild: Dugny-Nixéville.

Ein Posten hält den Wagen an. Marie zeigt ihre Papiere.

»Nach Nixéville? Unmöglich. Die Straße hinter Dugny ist gesperrt.«

»Dann fahren wir eben über Verdun.«

»Verdun brennt. Da kommen Sie nicht durch. Kehren Sie um!«

Der Fahrer brüllt: »Umkehren? Nein!«

Marie sagt: »Seien Sie ruhig. Lassen Sie mich machen. Ich fahre ins Hauptquartier.«

In Dugny liegt das Hauptquartier für den Abschnitt Verdun.

Der Posten: »Da kommen Sie erst recht nicht rein.«

Marie: »Das werden wir sehen.«

Die Erfahrung hat Marie gelehrt, daß es zwecklos ist, sich an untergeordnete Stellen zu wenden, wenn man etwas Außerordentliches erreichen will. So ist sie entschlossen, wenn nötig, bis zum Armeekommando selbst vorzudringen, um die Durchfahrt nach Nixéville durchzusetzen. Sie ist es gewohnt, daß sich alle Türen vor ihr öffnen, sobald sie ihren Namen nennt. Und sie hat vor, diesen Umstand auch hier auszunützen. ...

In Dugny gelingt es Marie in der Tat, ins Hauptquartier vorzudringen. Es ist in einem alten barocken Schlößchen untergebracht. Der Eindruck des Luxus verbindet sich hier mit dem Eindruck einer großen Schaltzentrale. Die Atmosphäre ist gespannt. Man erwartet schon wieder einen deutschen Großangriff.
Schließlich wird Marie zum Oberkommandierenden General Nivelle geführt. Nivelle hat den Oberbefehl über den Abschnitt Verdun erst vor kurzem übernommen. Er hat sich, wie man erzählt, eine neue Methode ausgedacht, die verlorengegangenen Positionen wieder einzunehmen. Nivelle ist einer der Männer, die sich auf die Vorteile einer lang durchdachten und der Truppe eingedrillten Systematik verstehen. Man sagt, daß er das preußische Reglement bewundere, das darin unübertroffen sei, alle Modalitäten in Betracht zu ziehen. Er wird »Der Rechner« genannt.

Der General kommt auf Marie zu. Sein bleiches und hohläugiges Gesicht scheint unter dem galanten Lächeln, mit dem er sie begrüßt, nur noch bleicher und hohläugiger zu werden.
Sie bringt ihr Anliegen vor und betont auch hier, sie sei in Eile. Ungeachtet ihrer Einsprache, bittet er sie nach nebenan zu einem Imbiß.
Der kleine ovale Salon, in Rosa und Lindengrün, scheint, im alten Zustand belassen, ehedem als Zimmer der Dame gedient zu haben; Spiegelwände und zerbrechliches Mobiliar. Von Ungeduld verzehrt wartet Marie, bis ihr die von ihr genehmigte Tasse Tee mit einem Aufwand von Zeremonien serviert wird, der ihr umso grotesker erscheint, als im Vorzimmer des Generals verwundete Offiziere darauf warten, Rapport zu erstatten.

Der General leert indessen etliche Mokkaschalen und Gläser spanischen Kognaks.
Marie erwähnt die Verwundeten im Warteraum.
Nivelle antwortet mit einer vagen Gebärde. »Ich bin im Bilde. Die Leute wollen immer dasselbe: schnellere Ablösung ihrer Truppe, gründlichere Retablierungen. Sie bedenken nicht, daß wir hier nicht anders als nach gewissen Grundsätzen verfahren müssen. Da der Nachschub kaum beschleunigt werden kann, muß eine bestimmte Anspannung vorne in Kauf genommen werden. Überdies ist es nicht opportun, in zu rascher Folge abzulösen, da die jeweils neue Anpassung des Materials Nachteile mit sich bringt. Wir müssen uns damit abfinden, daß gerade in diesem Abschnitt nur ein rücksichtsloser Einsatz etwas wie einen Erfolg zeitigen kann.«
Dann fährt er fort: »In gewisser Weise ist, was wir hier betreiben, ja doch auch nichts weiter als eine Kette großangelegter Experimente. Die Frage ist, wie es hier auf wenigen Quadratkilometern zum Austrag kommt; wie der Einsatz stärkster Kräfte und radikalster Mittel auf kleinem Raum entwickelt werden kann. Gerade Sie, Madame, werden mich verstehen, wenn ich sage: der Vorgang entspricht in der Tat dem Vorgang eines Experiments – in – in einem Kondensator etwa, oder in einer Nebelkammer. Der gewünschte Effekt kann nur dann erreicht werden, wenn die Versuchsanordnung im voraus berechenbar gemacht und dann auf Biegen oder Brechen eingehalten wird.«
Die Uhr geht auf elf, da Marie das Hauptquartier verläßt und sich, jetzt von einem Sergeanten begleitet, auf den für sie freigegebenen Weg über Fort Regret nach Nixéville macht. Die neue Straße setzt steil an, dann quert sie nach rechts in einen mit lockerem Wald bestandenen Hang. Und hier gewinnen sie zum erstenmal freie Sicht gegen Norden. Schon ehe sich die Böschung senkt, brandet ihnen ein berstendes Rollen entgegen. Hinter schwankenden Baumwipfeln steigen weiße Feuer auf, denen ein bald giftgrünes, bald dunkelrotes Aufglühen folgt. Eine gewaltige Nebelwand, die von unten her erleuchtet ist, zieht sich hoch in den Nacht-

himmel empor. Ein riesiger Fetzen hat sich losgelöst und streckt sich wie ein Arm über das Meusetal herüber. Er ist aus der Tiefe gelbrot bestrahlt, dort duckt sich ein Flammenherd, die Stadt Verdun.

Die Erscheinung ist so gewaltig, daß der Fahrer den Wagen stoppt und schreiend aus der Kabine springt. Marie folgt, auch die Manipulanten – nur der Sergeant bleibt zurück. Ihm mag der Anblick nichts Neues mehr sein.

Die vier Menschen stehen nebeneinander, unwillkürlich eng zusammengedrückt. So spähen sie nach der Feuerwolke, die sich hoch im Raum gegen sie heranwälzt, ein brandiger Geruch schlägt aus ihr hervor, ein breites Rauschen, als käme eine Meereswoge über klippiges Gestein, von rasch aufeinanderfolgenden schweren Schlägen überholt und für Sekunden unter ihnen begraben.

Das feurige Gebilde wankt und zerteilt sich. Schwarze Schwaden fließen von der Nebelwand nieder, der Wind drückt den Rauch ins Tal, daß selbst das Flammennest Verdun zu einem wattig trübroten Bausch zerfließt, nur das Rauschen und Krachen bleibt und der wühlende Wind, der dorther kommt, als trüge nicht er das Getöse heran, sondern als triebe es ihn vor sich her.

Nachdem sie unter den Redouten von Regret die Höhe passiert haben, steigt der Sergeant aus: die Straße in das Tal des Séance sei nicht mehr zu verfehlen. Bei einer Gegensteigung geschieht es dann. Der Wagen hält mit einem Ruck und springt nicht mehr an.

Vergeblich drehen der Fahrer und die Manipulanten abwechselnd an der Kurbel.

»Aus. Da haben wir den Dreck. Nicht einmal abschleppen lassen können wir uns hier.«

»Sehen Sie doch nach«, bittet Marie. »Wir müssen weiter.«

Der Fahrer klappt die Motorhaube auf und leuchtet mit der Taschenlampe hinein. Aber Marie spürt: er will nicht mehr. Auch die beiden anderen wollen nicht mehr. Es ist Mitternacht, und sie sind seit fünf Uhr früh unterwegs, sie haben es satt.

»Ich will wetten, es ist Kolbenfraß«, sagt der Fahrer, »ich kenne das.«
»Lassen Sie das Öl ab, ich will es wissen.«
Der Fahrer schiebt die Ölwanne unter den Wagen. Marie leuchtet ihm dabei. Aus dem Haus, in dessen Hof sie halten, kommt ein alter Mann hervorgeschlurrt. »Was ist hier los?«
Der Fahrer fährt mit dem Finger durch die schwarze Schmiere. »Ich hab's ja gewußt – da! Sehen Sie selbst! Aus ist's mit Nixéville heute nacht, Madame.«
Marie setzt sich auf das Trittbrett des Wagens. Sie sagt kein Wort mehr. Sie kämpft gegen einen Anfall von Schwäche.
Der alte Mann nähert sich ihr. »Kommen Sie rein, Madame. Ich bin allein im Haus, Sie können sich ausruhen.«
Jetzt stehen alle vier um sie herum.
»Was hätte es denn noch für einen Zweck weiterzumachen, Madame? Und selbst wenn wir hinunterkämen in dieses verdammte Nixéville – könnten Sie jetzt noch arbeiten?«
Marie hebt die Achseln. Sie weiß nicht, was sie kann. Sie hat immer noch gekonnt, wenn es sein mußte. Und es hat immer sein müssen.
Das Malmen der Schlacht ist näher denn je.
Der alte Mann beginnt von neuem: »Seien Sie vernünftig, Madame. Kommen Sie rauf zu mir. Es ist nicht gerade schön, aber besser als da im Hof. Und Ihre Leute finden schon wo einen Platz –«
Marie blickt auf. Es ist ihr mit einemmal alles gleich. Der alte Mann hält ihr die Hand entgegen, um ihr aufzuhelfen. Ich muß sehr elend aussehen, denkt sie flüchtig, sehr elend, daß er mir sogar aufstehen hilft.
Der Fahrer und die Manipulanten trollen sich. Sie sind sicher froh, sie los zu haben. Taumelnd folgt Marie dem Bauern in das Haus. Es ist ein hohes Gemäuer, ein zum Wohnhaus ausgebauter Turm, alles sehr ärmlich, krumme Gewölbe aus nacktem Haustein. Droben eine Küche, Wohn- und Schlafstube zugleich. Ein zerwühltes Bett, Reste einer Mahlzeit auf dem Herd, und im Rahmen des kleinen Fensters die brandige Nebelsäule über Verdun.

»Legen Sie sich nieder, Madame. Es ist doch ein Bett. Ich habe nichts Besseres. Ich bin allein. Die anderen sind fortgegangen, alle, alle aus der Gegend. Das ist mal so. Was soll ich fortgehen? Ich bleibe. Angst? Was heißt da: Angst? Wer das sieht da drüben, alle Tage – wie ich –, der denkt nicht mehr: Hab ich Angst?

– – Bleiben Sie doch liegen, Madame – fürchten Sie sich nicht! Das sind nur die Schiffsgeschütze hinter La Plume, weit weg von hier. Weil das Haus zittert? Das macht nichts. Das tut's immerfort. – Ah, was glauben Sie, was da vorn manchmal niedergeht?!

Wenn das Große Trommeln losgeht aus allen Rohren zugleich. Wenn es taghell wird mitten in der Nacht und dann, wenn der Tag kommt und es finster bleibt, und das Trommeln hört nicht auf ... hört nicht auf, dann fragt man sich: Was kann denn dort noch trommeln, vielleicht bin ich taub und der Lärm ist nur in meinem Kopf, wo geh ich hin, daß er aufhört?

Ich hab ein Glas, ein gutes Glas. Hat mir ein Flieger dagelassen. Ich kann weit damit sehen. Wenn der Wind den Dreck wegtreibt, seh ich jeden Baum bis Fleury – ja, wenn da noch Bäume stünden! Alles weg. Alles weg bis Damloup und Vaux, von Douaumont schon nicht zu reden. Alles weg, nackt und bloß, kein grünes Blatt mehr, kein Grashalm. Nehmen Sie das Glas, Madame! Sehen Sie dort drüben! Dort steigen Leuchtkugeln. Das ist die Tavannenschlucht. Dort schießen beide hinein. Dort schießen sie die Toten noch einmal tot. Dort kann keine Maus mehr lebendig sein. Haben Sie das jetzt gehört? Das sind die Mörser von Chauffour. Und das sind die Kugelminen über 304, Granaten und Minen, tausend mal tausend auf jedes Stückchen Graben, auf jedes kleine dreckige Stückchen Erde. Da kommt keiner raus. Und kommt er raus, so kommt er wieder rein, da nutzt ihm nichts. Da braucht keiner denken: vielleicht hab ich Glück.

Nun will ich Ihnen sagen, warum ich noch hier bin und auch nicht weggehen werden, da komme, was mag. Ich hab zwei Jungen drüben – beide beim 20. Corps, im Regiment 72.

Das haben sie erst neulich wieder gegen Caillette gejagt, und ich stand hier und sah dem zu –.
Aber wenn Sie nun denken, Madame, ich warte auf Nachricht und hoffe, hoffe, vielleicht ist doch einer übriggeblieben, dann sage ich Ihnen: nein.
Sie sind alle verurteilt.
Alle verurteilt.
Weiß nicht: von wem, und noch weniger: weshalb. Einfach verurteilt. Es gibt niemand, der erklären kann, wieso.
Sehen Sie, Madame, ich bin schon manche Nacht hier gestanden und hab hinübergeschaut, wie Sie jetzt hinüberschauen –. Und wenn es dann losging mit den Großangriffen, da hab ich manchmal noch etwas anderes gesehen.
Etwas anderes, ich kann es Ihnen schlecht beschreiben und ich möchte auch nicht, daß Sie mich für verrückt halten, Madame, ich habe einen Menschen gesehen.
Etwas, was wie ein Mensch aussieht.
Es steht dort über Douaumont und Vaux und Damloup, riesengroß, es hängt gleichsam am Himmel über der Erde, nicht oben und nicht unten, sondern mitten drin wie in einem großen Ofen, und der Ofen ist voll Feuer, und das Feuer hat nichts zu verbrennen als Ihn.
Der Mensch ist wie festgebunden an etwas, was ich nicht sehen kann, die Arme hängen ihm lang herab und halten einen Klumpen aus glühendem Pech, und er kann ihn nicht fahren lassen und knetet ihn hin und her.
Seine Knochen liegen frei, und sie sind wie Röhren, durch die das Feuer bläst.
Das Feuer schlägt ihm aus den Ohren, und ich sehe sein Gehirn im Kopf, und es kocht drin wie in einer Esse, und es siedet drin von lauter Blasen.
Es ist der Verdammte, Madame, verstehen Sie, der Verurteilte, ich weiß nicht, von wem verurteilt, und schon gar nicht, weshalb – und alle die Geschosse und Minen und Granaten und alle Qualen der Welt gehen durch ihn hindurch, durch ihn hindurch wie *Strahlen*.«

Quelle: G. Fussenegger, Zeit des Raben, Zeit der Taube. Roman (1960). Neuausgabe Freiburg-Heidelberg 1980, XII. Kapitel (gekürzt).

Diskussionsbericht

»Gewaltige Mühe« habe er mit dem vorgetragenen Text gehabt, erklärte Adolf Muschg unmittelbar nach Gertrud Fusseneggers Lesung. Und nicht allein Muschg. Das ganze Gespräch stand unter dem Vorzeichen dieser »gewaltigen Mühe« – sowohl was die Autorin als auch die Zuhörer betraf. Fussenegger hatte gewaltige Mühe, den Hintergrund zu vermitteln, vor dem der Text verständlich und gerechtfertigt werden konnte; die Hörer hatten gewaltige Mühe, zunächst diese Textperspektive und Textintention zu rezipieren, ehe Ästhetik und Ethik des Textes beurteilt bzw. verurteilt wurden.

Das Gespräch entzündete sich am Text, blieb aber nicht textorientiert, sondern wurde Anlaß zu einer Diskussion dreier komplexer Prinzipienfragen:

1. Wie darf man über Krieg schreiben?
2. Wie darf man über Religiöses schreiben?
3. Wie darf man beides verbinden?

ad 1. Wie darf man über Krieg schreiben? – So nicht, war die Antwort. Denn der vorliegende Text sei ein »Kriegstext in kriegerischer Form«, kein kritischer Zusammenhang werde sichtbar, kein Zeichen sei zu erkennen, daß sich die Autorin distanziere von dem, was sie beschreibt, der Text gehe »vom Respekt vor Grauen bis hin zur ästhetischen Verherrlichung des Grauens« (Muschg). Dagegen betonte Fussenegger entschieden, daß sie das »Abstruse, Häßliche, Menschenverderbende« des Kriegs dargestellt habe, und wies auf die Entstehungssituation des Textes hin:

»Ich habe das Buch schon Mitte der fünfziger Jahre geschrieben – von fürchterlichen Ängsten gepeinigt durch die Nuklearaufrüstung.«

ad 2. Wie darf man über Religiöses schreiben? – Wiederum hieß es: so nicht. Die Rezipienten sahen die Schwierigkeit, »explizit katholisches Denken heute noch literaturfähig zu machen« (Rinser). Entscheidender Anlaß für diese Ablehnung war die Deutung der Vision am Schluß des Kapitels als Christusvision. Nicht nur »kommt das heute nicht mehr an«

(Rinser), sondern es sei mehr als eine ästhetische Verherrlichung des Grauens: eine »metaphysische Verklärung des Grauens« (Rinser).

Dagegen betonte Fussenegger, daß die Vision die »apokalyptisch schreckliche Vision« des Menschen im Feuer sei, während das Feuer nichts mehr zu verbrennen hat »als Ihn«. Es gehe also um keine metaphysische Verklärung des Grauens, sondern um dessen grauenhafte Darstellung und Verurteilung.

ad 3. Wie darf man beides verbinden? – So nicht, hieß es wieder, aber diesmal auch: überhaupt nicht. »Zu unmittelbar« werden hier Kriegserfahrungen mit religiösen Momenten verbunden, »zu rasch« werde der »Sprung ins Religiöse« vollzogen (Drewitz, Dürrson). Diese Art des apokalyptischen Denkens – die Vorstellung, daß ein Gericht angesprochen und ein Urteil ausgesprochen wird, niemand aber weiß, woher und weshalb – sei das Ende jeder Ethik (Schröer). Dagegen versuchte Fussenegger zu erläutern, daß in den apokalyptischen Bildern eine Grunderfahrung und Grundsituation des Menschen dargestellt sei: Der Mensch will etwas und tut etwas, aber »überblickt die Folgen nicht«.

Das Fazit des Gesprächs war die Ablehnung des Textes. Auch die Bemerkung, daß sich von Teilhard de Chardins Schlachtfeldvision bis zu Fusseneggers Text ein »innerkatholischer Fortschritt« feststellen ließe (Mieth), tat dieser Tendenz keinen Abbruch. Die Ablehnung erfolgte wohl aus dem Bedürfnis heraus, immer auch kompetent über die eigene und heutige Situation sprechen zu wollen. Und der Text selbst sprach nicht darüber – zumindest nicht unmittelbar. Ob ein solches Gespräch mittelbar möglich gewesen wäre (zum Beispiel nach einer genauen Interpretation der »Vision«), blieb offen.

(R. Ammicht-Quinn, Th. P. Quinn)

KURT MARTI

Gedichte aus »abendland«

das kluge gespinst

seit er verächtlich
mir sagte
»hirngespinste!«
seh' ich viel klarer
im eigenen kopf
sehe
die zierlichen fäden
die list der struktur
das kluge gespinst
(das mich fing)
und mittendrin innen
die schöne
die wachdunkle
spinne

die göttin gott

die passion des Wortes GOTT

das blutet aus allen wunden
das wird vergewaltigt noch und noch
das ist verraten zertrampelt zerschossen geköpft

gerädert gevierteilt gezehnteilt
verlorene glieder wurden durch monströse prothesen ersetzt
das ist sich selber und uns und allem entfremdet
ist schizo und neuro und psycho

zerstochen über und über von nadeln mit denen
fremde substanzen injiziert worden sind
das agonisiert ohne ende
ist vielleicht schon tot oder noch nicht oder
das consilium der ärzte diskutiert noch zur zeit
und ALSO wurde das Wort GOTT
zum letzten der wörter
zum ausgebeutetsten aller begriffe
zur geräumten metapher
zum proleten der sprache

du: der messias?

1

»du: der messias«
soll simon
in einem augenblick der erleuchtung
gesagt haben
damals

2

und wie lange
ist seither
dein reich gepredigt worden?
gewaltiger noch als durch worte
mit feuer und schwert
mit kapital und gewalt:
ströme von tränen von blut
bis heute
da sich die völker
gigantisch doch ratlos
bedrohen
mit absoluter vernichtung

3

»du: der messias«
– und wir: die apokalypse unserer
[selbst?
sollen wir die letzten
oder die vorletzten menschen gewesen sein
auf diesem planeten?
wozu dann aber
willst du noch wieder kommen?
wozu – wenn dein reich der freiheit der liebe
keine menschen mehr vorfinden wird?

4

du: ein messias
der gebirge der meere der winde nur noch?
archäologe des himmels vielleicht
auf zu später suche
nach spuren
des dann erloschenen ebenbilds gottes?

intonation

singet dem Herrn
der nie eine uniform trägt
der nie eine waffe ergreift
der tote zum leben erweckt

singet dem herrn
der nie einem fahnentuch traut
der nie an parolen sich hängt
der feinde als brüder entlarvt

abendland

schöner judas
da schwerblütig nun
und masslos
die sonne

ihren untergang feiert
berührst mein herz
und ich denke dir nach

ach was war
dein EINER verrat
gegen die VIELEN
der christen der kirchen
die dich verfluchen?

ich denke dir nach
und deiner
tödlichen trauer
die uns beschämt

soziale prädestination

fabriken
kenne ich nur
als maschinenhallen
mit einer belegschaft
die bei der arbeit
besichtigt wird
(danach gespräch und imbiss
mit leitenden angestellten)

voyeurismus
von schamgefühlen begleitet
von erleichterung auch

die prästabilierte disharmonie
sozialer chancen
hat mich begünstigt
von mutterleib an

dennoch glaube ich nicht
dass sie identisch ist
mit göttlicher vorbestimmung

an karl marx im grab

lieber karl marx
man sagt
dass du dich umdrehst
im grab

tja eben
das hat man
vom totsein:
das nachsehen meist

sei froh
dass dein grab in london ist:
hier wenigstens darfst du
dich umdrehn in ihm

der einbalsamierung
bist du gottlob ja
entgangen – sie passte
auch schlecht zur dialektik

dochdoch: ich mag dich
und diese geräusche
die seufzer jedesmal
wenn du dich umdrehst

hie und da (weisst du)
glaube ich wirklich
an auferstehung – warum
also nicht an die deine?

deinen erbschändern
(fürchte ich hoffe ich)
käm' sie so wenig gelegen
wie den profitgeiern bei uns

deswegen
gib keine ruhe
und dreh dich weiter
der tag wird kommen:

vielleicht
dass du dann
keinen bart mehr trägst
und einen anderen namen

und maria

1
und maria sang
ihrem ungeborenen sohn:
    meine seele erhebt den herrn
    ich juble zu gott meinem befreier
    ich: eine unbedeutende frau –
    aber glücklich werden mich preisen
    die leute von jetzt an
    denn grosses hat gott an mir getan –
    sein name ist heilig
    und grenzenlos sein erbarmen
    zu allen denen es ernst ist mit ihm –
    er braucht seine macht
    um die pläne der machthaber fortzufegen
    er stürzt die hohen vom sitz
    und hebt die unterdrückten empor
    er macht die hungrigen reich
    und schickt die reichen hungrig weg

2
und maria konnte kaum lesen
und maria konnte kaum schreiben
und maria durfte nicht singen
noch reden im bethaus der juden
wo die männer dem mann-gott dienen

dafür aber sang sie
ihrem ältesten sohn
dafür aber sang sie

den töchtern den anderen söhnen
von der großen gnade und ihrem

heiligen umsturz

3
dennoch
erschrak sie
am tage
da jesus die werkstatt
und ihre familie verließ
um im namen gottes
und mit dem feuer des täufers
ihren gesang
zu leben

4
und dann
ach dann
bestätigten sich
alle ängste
aufs schlimmste:
versteinert stand sie
und sprachlos
als jesus
am galgen
vergeblich
nach gott schrie

5
später viel später
blickte maria
ratlos von den altären
auf die sie
gestellt worden war

und sie glaubte
an eine verwechslung
als sie
– die vielfache mutter –

zur jungfrau
hochgelobt wurde

und sie bangte
um ihren verstand
als immer mehr leute
auf die knie fielen
vor ihr

und angst
zerpresste ihr herz
je inniger sie
– eine machtlose Frau –
angefleht wurde
um hilfe um wunder

am tiefsten
verstörte sie aber
der blasphemische kniefall
von potentaten und schergen
gegen die sie doch einst
gesungen hatte voll hoffnung

6
und maria trat
    aus ihren bildern
und kletterte
    von ihren altären herab
und sie wurde
    das mädchen courage
    die heilig kecke jeanne d'arc
und sie war
    seraphina vom freien geist
    rebellin gegen männermacht und hierarchie
und sie bot
    in käthe der kräutermuhme
    aufständischen bauern ein versteck
und sie wurde
    millionenfach als hexe
    zur ehre des gottesgötzen verbrannt

und sie war
    die kleine therese
    aber rosa luxemburg auch
und sie war
    simone weil »la vierge rouge«
    und zeugin des absoluten
und sie wurde
    zur madonna leone die nackt
    auf dem löwen für ihre indios reitet –
und sie war und sie ist
    vielleibig vielstimmig
    die subversive hoffnung
    ihres gesangs

jesus

1
mit einer schar von freunden (freundinnen auch)
durch galiläas dörfer und städte ziehend
hat er kranke geheilt und geschichten erzählt
von der weltleidenschaft des ewigen gottes

2
privilegien der klasse der bildung galten ihm nichts
zu seinem umgang zählten tagelöhner und zöllner
wo mangel sich zeigte an nahrung oder getränk
teilte er fische brot und wein aus für viele

3
die gewalt von gewalthabern verachtete er
gewaltlosen hat er die erde versprochen
sein thema: die zukunft gottes auf erden
das ende von menschenmacht über menschen

4
in einer patriarchalischen welt blieb er der sohn
und ein anwalt unmündiger frauen und kinder
wollten galiläer ihn gar zum könig erheben? er aber
ging hinauf nach jerusalem: direkt seinen gegnern ins garn

5
auf einem jungesel kam er geritten – kleinleute-messias:
die finger einer halbweltdame vollzogen die salbung an ihm,
bald verwirrt bald euphorisch folgten ihm die freunde die
jünger
um bei seiner verhaftung ratlos unterzutauchen ins dunkel
6
über sein schweigen hin rollte der schnelle prozess
ein afrikaner schleppte für ihn den balken zum richtplatz
[hinaus
stundenlang hing er am kreuz: folter mit tödlichem ausgang –
drei tage später die nicht zu erwartende wendung

7
anstatt sich verstummt zu verziehen ins bessere jenseits
brach er von neuem auf in das grausame diesseits
zum langen marsch durch die viellabyrinthe
der völker der kirchen und unserer unheilsgeschichte

8
oft wandelt uns jetzt die furcht an er könnte
sich lang schon verirrt und verlaufen haben
entmutigt verschollen für immer vielleicht – oder bricht er
noch einmal (wie einst an ostern) den bann?

9
und also erzählen wir weiter von ihm
die geschichten seiner rebellischen liebe
die uns auferwecken vom täglichen tod –
und vor uns bleibt: was möglich wär' noch

unser vater

1
unser vater
der du bist die mutter
die du bist der sohn
der kommt
um anzuzetteln

den himmel
auf erden

2
dein name werde geheiligt
dein name möge kein hauptwort bleiben
dein name werde bewegung
dein name werde in jeder zeit konjugierbar
dein name werde tätigkeitswort

3
bis wir
loslassen lernen
bis wir
erlöst werden können
damit
im verwehen des wahns
komme
dein reich

4
in der liebe
zum nächsten
in der liebe
zum feind
geschehe
dein wille –
durch uns!

5
unser tägliches brot
gib uns heute
damit wir nicht nur
für brot uns abrackern müssen
damit wir nicht
von brotgebern erpresst werden können
damit wir nicht
aus brotangst gefügig werden

6
vergib uns
unsere schuld
und die schuld derer
die schuldig geworden sind
an uns

und was
wie niemandes schuld ist:
sachzwänge verhängnis ignoranz

und unseren verdacht
du selber könntest schuldig geworden sein
an so viel elend an zu viel leiden

vergib
wie auch wir

7
und führe uns nicht
wohin wir wie blind
uns drängen
in die do-it-your-self-apokalypse
sondern erlöse uns
von fatalität und sachzwang
damit das leben
das du geschaffen
bleibe auf diesem kleinen
bisher unbegreiflich erwählten
planeten
im schweigenden all

8
und zu uns
laß wachsen
den baum des glaubens
            wurzelnd in dir
            entfalte sich seine krone
auf erden:
            dein reich

das unsere freiheit
deine kraft
die ohne gewalttat
deine herrlichkeit
durch die wir gelingen können
in ewigkeit

sola gratia

einen engel
wünsche ich allen
die ohne grund
lächeln: aus
gottes grazie
allein

großer gott klein

großer gott:
uns näher
als haut
oder halsschlagader
kleiner
als herzmuskel
zwerchfell oft:
zu nahe
zu klein –
wozu
dich suchen?

wir:
deine verstecke

trinität

du:
die liebe schon immer
changierend im farbenspiel
aller rassenpigmente

du:
die stadt ohne tempel
die keiner priester
und keiner richter bedarf

du:
die brüderlichkeit
wo ein jeder teilt
mit den andern

du:
seit anfang
das ende der herrschaft
in deiner dreieinigkeit

du: der immer schon war
was erst wird
und deshalb am kreuz

gottes panarchische nacht

brächen dereinst
die gefrorenen zeiten
unter uns ein
(stell dir nur vor
ach stell dir vor:
GOTTES PANARCHISCHE NACHT)! –
ich glaube
dass bald schon
verbrüderung wäre
und mähler und tanz

und auch ER hielte mit
oder SIE oder ES
die vielleibig
alles würden
in allem

und in leuchtender finsternis
würden wir neu ein gespräch
(mit meer und gebirg auch:
mater materias
immer-geburten)

und freier dann
rollte die erde
durch atemwüsten
und dunkelräume
ins frühwindbleiche
vorweglicht
des siebenten tages*

Diskussionsbericht

»Explizit katholisches Denken kommt heute nicht mehr an« (Rinser über Fussenegger). Zugegeben: Kurt Marti ist Protestant. Aber kann das allein der Grund sein für die allgemeine Zustimmung zu dem eben noch (an Fusseneggers Text) Kritisierten? Liegt es an der Art der Theologie, die sich hinter und in Martis Gedichten offenbart, an dem Gewand der Zeitgemäßheit? Am anderen, neuen, kritischen Reden über Krieg und Gewalt? Oder einfach an der Gattung? Denn die Gattung war es, die das Fazit des Gesprächs provozierte: »Offenbar sind theologische Gedichte möglich« (Killy) – Gedichte, die mehr und anderes in anderer Weise sagen können als Prosatexte.
Das Gespräch über Martis Gedichte folgte im wesentlichen zwei Fragerichtungen:

* *Quelle:* K. Marti, Abendland (Darmstadt/Neuwied 1980).

Zum einen wurde die Frage nach Martis Traditionslinien und den Kriterien der Auseinandersetzung mit theologischen Themen in der Literatur gestellt und diskutiert.
Marti selbst betonte, daß die Pfarrerexistenz seine erste Richtlinie sei. Insofern habe man die Gedichte als wahre »Erfahrungsgedichte« (Härtling) zu lesen. Die Tradition der negativen Theologie, die besser sagen kann, wer Gott nicht ist, als wer er ist (Imbach), muß aber zumindest ergänzt werden durch die Anknüpfung an die biblische Tradition (Marti, Greinacher). Dabei bleibt das Zentrum des Johannesbriefs – Gott als Liebe – auch Zentrum der poetischen Überlegungen (Marti).
Der andere Gesprächsfaden fand seinen Anknüpfungspunkt bei einer grundsätzlichen Kritik der Gedichte: Die moralische Komponente überdecke die christologische. Ist Christus in diesen Texten überhaupt noch Gott?
Die Kritik wurde zunächst – formal – zurückgewiesen mit dem Hinweis auf die Unmöglichkeit, in einem Gedicht einen vollständigen christologischen Entwurf vorzulegen (Killy).
Inhaltlich gehe es in den Martischen Gedichten um einen »neuen, mystischen Versuch, Gott darzustellen im Denken, Fragen und Leiden heutiger Menschen« – sowohl theologisch als auch literarisch heute die einzig verantwortbare Möglichkeit (Drewitz). Der unausgesprochene Name Gottes sei zwischen den Zeilen zu lesen (Härtling erinnerte an Celans Gedichte) – eine Kunst, die auch Theologen heute wieder zu lernen hätten (Härtling). Die »Physiologisierung Gottes« in Martis Gedichten finde zudem eine Entsprechung in der Betonung der »Materialität der Sprache«; ein Vergleich von Kurt Martis mit Ernst Jandls Gedichten scheine von daher angebracht und anregend (Jeziorkowski).
Hingewiesen wurde auch auf die offensichtliche Kluft zwischen Amtskirche und Marti'scher Theologie (Jens). Marti sei ein »Rufer in der Wüste«, dessen Gedichte »nach Mutlangen gehören und nicht nach Worms« (Jens).
Zu einem großen Teil mag es an dieser geographischen Bestimmung (Mutlangen, nicht Worms) gelegen haben, daß Martis »christliche Dichtung« auf Zustimmung stieß; womit

aber weniger die Frage entschieden wird, *ob überhaupt Theologie,* sondern die Frage, *was für eine Theologie* heute »literaturfähig« wäre.

(R. Ammicht-Quinn, Th. P. Quinn)

Analysen

I. Literaturwissenschaftliche Analysen

THEODORE ZIOLKOWSKI

Theologie und Literatur: Eine polemische Stellungnahme zu literaturwissenschaftlichen Problemen

1. Ein Symposion, das mit einer Exkursion auf den Spuren Mörikes begonnen hat, darf in des Dichters Fußstapfen ruhig noch ein Stück weiterwandern. Zwar wissen wir, daß jede typologische Nachfolge potentiell eine religiöse Bedeutung beansprucht. Wenn wir aber unsere *imitatio* mit ironischer Bewußtheit nachvollziehen, so können wir die figurale Nachahmung gewissermaßen entschärfen. Und somit sind wir bereits mitten in dem gegenwärtigen Problemkreis. Theologie oder Ironie? Realisation oder Säkularisierung? In der Hoffnung auf Erleuchtung – oder sollten wir im säkularen Sinn eher von Datenverarbeitung reden? – wollen wir uns im Geist in den Hain nahe bei Cleversulzbach begeben, der die Szene für eins von Mörikes schönsten Gedichten geliefert hat: »Die schöne Buche«, das der Dichter 1842 im Alter von 38 Jahren geschrieben hat. (Text S. 146f.)
Das dreißigzeilige Gedicht besteht aus elegischen Distichen, deren Einteilung in sieben bzw. acht Zweizeiler die Organisation des Materials widerspiegelt. In der ersten Hälfte wird eine Waldlichtung beschrieben, deren Mitte eine Buche von ungewöhnlicher Schönheit beherrscht. In der zweiten Hälfte erzählt der Dichter, wie er den Baum entdeckte, als er einmal vom Waldweg abkam und in den verzauberten Hain

irrte, wo er eine Epiphanie erlebte. Der aufmerksame Leser bemerkt, daß die beiden Teile durch subtile Mittel im Gleichgewicht gehalten sind.[1] Der zentrifugalen Bewegung der ersten Hälfte, die vom Baum aus die Umgebung darstellt, entspricht in der zweiten Hälfte eine zentripetale Bewegung. Dieses Prinzip des Kontrasts liegt auch den Bildern (Gesicht und Gehör), dem Tempus (Gegenwart und Vergangenheit), der Syntax (Parataxe und Hypotaxe), und dem Stil (Darstellung und Erzählung) zugrunde. Gleichzeitig wird das Gedicht durch drei weitere Bildgruppen vereinheitlicht. Die ganze Szene wird vom Zentrum aus in konzentrischen Kreisen entwickelt, und das Bild der Konzentrizität wird in der zweiten Hälfte weitergeführt (etwa: »ließ ich rundum die Augen ergehn«). Diese Bildgruppe, die der Szene ein Muster von geometrischer Regelmäßigkeit auferlegt, wird durch eine zweite Bildgruppe ergänzt: diejenigen Bilder, welche das Dekorative der Szene betonen: »seidenen Schmuck«, »den zierlichen Teppich«, »säumte mit blendendem Rand«, und so weiter. Die beiden Bildgruppen erwekken deutlich den Eindruck eines geometrisch und ornamental organisierten Raums, aber vorläufig wissen wir nicht, zu welchem Ende dieser architektonische Raum so sorgfältig konstruiert worden ist.

Erst in der zweiten Hälfte erscheint der *genius loci*, »ein freundlicher Geist, des Hains auflauschende Gottheit«, dessen Gegenwart den Aufbau des Orts rechtfertigt. Der Eindruck des Numinosen, der zunächst durch die Vokabel »Gottheit« angedeutet wird, wird bestärkt durch andere Wörter. Die Begegnung erfüllt den Dichter mit »Entzücken«; unter dem Gewölbe des Baums gibt er sich einer Stille hin, die als »dämonisch« bezeichnet wird. Jetzt begreifen wir, daß wir es mit einem sakralen Bereich zu tun haben, daß mit anderen Worten der Hain mit dem gewölbten Baum und dem konzentrisch organisierten Raum eine Art Tempel konstituiert. In dieser Kathedrale der Natur begegnet der Dichter in einer mystischen Epiphanie der Gottheit:

Eingeschlossen mit dir, in diesem sonnigen Zauber-
Gürtel, o Einsamkeit, fühlt ich und dachte nur dich!

Die Logik des Gedichts verlangt übrigens, daß wir diese beiden letzten Zeilen als Koda betrachten, denn hier zum ersten Mal im Text finden wir die rhetorische Form der Apostrophe: der Dichter rekapituliert nicht mehr eine spezifische Handlung, die »unlängst« stattgefunden hat. Statt dessen wendet er sich dem Geist des Hains zu und redet ihn in der zweiten Person an.
Bis zu diesem Punkt stimmen fast alle Interpreten des Gedichts mit der Analyse überein.[2] Der Baum bildet das Zentrum einer zeitlosen, von der alltäglichen Wirklichkeit abgetrennten Realität, die der Dichter betritt, um sich der Begegnung mit dem Numinosen hinzugeben. Über die nähere Identifikation des Geists scheiden sich aber die Exegeten, und von dieser Aporie wollen wir bei unserer Diskussion der Problematik des Verhältnisses von Theologie und Literatur ausgehen.
Wir beginnen mit der Interpretation des Gedichts von *Romano Guardini,*[3] dessen nüchterne Verbindung von sorgfältiger Textanalyse und christlicher Hermeneutik exemplarisch ist für die frühe Stufe der Literaturtheologie, wie sie auch in den USA etwa durch Amos N. Wilder und Nathan A. Scott vertreten wurde. In seinen »Bemerkungen über Sinn und Weise des Interpretierens« bekundet Guardini einen großen Respekt vor dem Text-Wortlaut, Satz und Rhythmus des zu interpretierenden Gedichts.[4] Zu dieser Ehrfurcht vor dem Text und dem Wie der Dichtung, die jedem werkimmanenten Analytiker der fünfziger Jahre Ehre angetan hätte, kommt bei Guardini noch ein anderes Moment hinzu, das beinahe auf die Rezeptionsästhetik der nächsten Generation von Kritikern hinzuweisen scheint: »Das Wort wird sogar erst im Geist und Herzen des Hörenden voll und fertig« (109). Aber Guardini gibt sich als Literaturtheologe zu erkennen, indem er behauptet, daß das Wort des Dichters letzten Endes mehr sei als der bloße Ausdruck seiner Persönlichkeit. »Von einem solchen ›Mehr‹ hat man immer ge-

wußt und daher im Gedicht tiefere Weisheit gesucht als in den Aussagen eines bloß Lebenserfahrenen und Denktüchtigen. Irgendwie ist es das Dasein selbst, das in ihm redet« (112).

Und was man erwartet, wird man schon finden. So betont Guardini, daß wir es mit einem »Hain« zu tun haben. Dieser Begriff, der nach Guardini im Gegensatz zu »Wald« oder »Garten« »aus dem religiösen Bereich« stammen soll (18), bezeichnet jene Gestalt, »die entsteht, wenn die Natur zum Ausdruck für die Anwesenheit des Göttlichen wird«. Der Baum gilt wiederum als »eins der Ursymbole: das Ding, das in der Tiefe wurzelt, im Schoß der Erde, sich aber mit der Säule seines Stammes in die Höhe, dem oberen Bereich zu hebt« (23). Den »Zauber-Gürtel« identifiziert Guardini schließlich als ein Wort »aus dem Raum der Idylle«, eine abschwächende Vokabel, die der Dichter verwendet, um damit seine verletzliche Seele vor der Macht des Ungeheueren zu schützen, »das dem religiös Berührten aus den Dingen hervortritt« (20).

Die religiöse Interpretation, die Guardinis Voraussetzungen entspricht, ist im Lichte von Mörikes Glauben nicht unplausibel. Aber man kann das Gedicht, und namentlich die drei genannten Bilder, auch anders lesen, wenn man ohne – oder sagen wir lieber: mit anderen – Voraussetzungen kommt. Denn Mörike war nicht nur Theologe, sondern auch Ästhetiker. Bei dem Hain handelt es sich um einen wirklichen Ort, den Mörike gut kannte. Guardini zitiert selber einen Brief, den Mörike am 10. Juni 1838 an den Freund Wilhelm Hartlaub schrieb:

> Ich weiß nicht, hab ich Dir jene offene Stelle im Walde gezeigt, wo einst ein See gelegen war? Jetzt wächst ein schönes Gras darauf, das man nur eben frisch abgemäht hatte. Der Platz ist ein längliches Viereck, ein ziemlich vertieftes, doch ganz ebenes Bette. An der vordern schmalen Seite, wo man herkommt, ist ein dammartig aufgeworfner, mit dichtem Moos überzogener Hügel, worauf die schönste Buche steht.[5]

Wenn es sich um denselben Ort handelt – und die Parallelen sind zu auffallend, als daß man sie übersehen könnte –, so müssen wir uns mit der Tatsache zurechtfinden, daß die Waldlichtung keineswegs die konzentrische Kreisförmigkeit des Gedichts aufweist. Wie sollen wir die Zeile lesen – »Kunstlos schuf die Natur selber dies liebliche Rund« –, wenn, wie wir sehen, das »Rund« ein längliches Viereck ist und der teppichähnliche Rasen, eben frisch abgemäht, alles andere ist als »kunstlos«? Anstatt eines religiösen Tempels, der nach Guardini entsteht, »wenn die Natur zum Ausdruck für die Anwesenheit des Göttlichen wird« (18), handelt es sich um einen höchst kunstvollen Raum, den der Dichter in seiner Erinnerung durch rein ästhetische Mittel umgestaltet hat. »Die schöne Buche« ist mit anderen Worten ebensosehr Kunstwerk wie das ästhetische Gebilde, das Mörike im Gedicht »Auf eine Lampe« zelebriert hat.

Wenn die konzentrischen Kreise, die den poetischen Raum organisieren, einem ästhetischen Plan und keinem natürlichen Wachstum zuzuschreiben sind, was können wir sagen in bezug auf die Buche, die in der Mitte steht und die Guardini als »eins der Ursymbole« bezeichnet, ohne es näher zu charakterisieren? Wir gehen von der Tatsache aus, daß Mörike – im Gegensatz etwa zu Eichendorff – äußerst selektiv ist in der Verwendung von Bäumen. In den 226 Gedichten der Ausgabe letzter Hand (1867) kommen etwa zwanzig Baumarten vor – die meisten höchstens ein- oder zweimal. Neben unserem Gedicht kommt die Buche nur noch an zwei anderen Stellen vor: in »Der alte Turmhahn« und noch einmal im Titel, wenn auch nicht im Text, des Gedichts »An eine Lieblingsbuche meines Gartens«.

Für Mörike, den Übersetzer lateinischer Dichtung, war die Buche gut bekannt als das idyllische Requisit schlechthin. Eine der bekanntesten Buchen der Weltliteratur kommt schon in Vergils erster Ekloge vor:

Tityre, tu patulae recubans sub tegmine fagi
silvestrem tenui musam meditaris avena.

Abgesehen von pastoralen Kontexten erscheint die Buche gelegentlich in mythischen Zusammenhängen: so wurde Jupiter etwa das Beiwort *fagutalis* zugeteilt. Aber im allgemeinen gehört die Buche keineswegs zu den Bäumen, die in religiösen Beziehungen häufig zitiert werden.[6] Aber Mörike kannte auch die germanische Mythologie und Volkskunde, wo die Buche völlig andere Assoziationen besitzt: erstens mit Brennen und Brennopfern, aber zweitens mit den graphischen Künsten. Das Verhältnis wird deutlich in der etymologischen Identität von Buche und Buch, von *beech* und *book* – ein Verhältnis, das auf die Tatsache zurückzuführen ist, daß die ältesten Runentafeln aus dünnen Stücken von Buchenholz bereitet wurden. Auf die Beziehung Buche und Dichtung spielt Mörike an in dem Gedicht »An eine Lieblingsbuche meines Gartens«, welches einen Baum apostrophiert, in dessen Stamm er den Namen des Dichters Hölty geschnitten hatte. Mit anderen Worten: Wenn Mörike die Mittel der Kunst benutzt hat, um die natürliche Wirklichkeit in einen Tempel umzugestalten, dann war der Geist, dem er unter dem Gewölbe der Buche zu begegnen erwartete, kein vage »numinoser« *genius loci,* sondern eben der Geist der Dichtung. Diese Interpretation wird erhärtet durch die ungewöhnliche Wendung »Zauber-Gürtel«, wodurch Mörike den magischen Raum charakterisiert, in dem er den *genius loci* trifft und welche Guardini als eine abschwächende Vokabel »aus dem Raum der Idylle« definiert. Aber ausgerechnet diese Wendung kannte Mörike aus dem Wortschatz von zwei Dichtern mit ausgesprochen ästhetischen Neigungen. Das Motto zu Hölderlins »Hymne an die Göttin der Harmonie« stammt aus Heinses *Ardinghello,* wo es heißt: »Urania, die glänzende Jungfrau, hält mit ihrem Zaubergürtel das Weltall in tobendem Entzücken zusammen.« Für Hölderlin ist Urania die göttliche Harmonie. Mörike hat den Ausdruck leicht geändert: Der »Zauber-Gürtel« ist immer noch ein Gürtel der Harmonie, aber die Harmonie, die bei Mörike sowie bei Hölderlin »Entzücken« erweckt, ist die Harmonie der poetischen Einsamkeit, die der Dichter selber mit kunstvollen Mitteln gestaltet hat.

Und somit kehren wir zu unserer Ausgangsfrage zurück: Theologie oder Ironie? Realisation oder Säkularisierung? Bis zu einem gewissen Punkt gehen der Literaturtheologe und der Literaturwissenschaftler nebeneinander her. Es handelt sich in Mörikes Gedicht offenbar um die Konstruierung eines Tempels aus den Materialien der Natur. Handelt es sich aber um einen Tempel des Kults oder einen Tempel der Kunst? An entscheidender Stelle oktroyiert der Literaturtheologe dem Text seinen eigenen Glauben, seine eigene Erwartung auf, und findet das Religiöse. Der Literaturwissenschaftler, der vor allem auf sprachliche Elemente – Bilder, Motive, Stoffe und deren Geschichte – achtet, kommt zu anderen Ergebnissen – zu Ergebnissen übrigens, die ihrerseits mit seinen eigenen ästhetischen Erwartungen vereinbar sind. Wahrscheinlich umfaßt die Wahrheit des Gedichts beide Möglichkeiten der Interpretation, denn Mörike war sowohl Pfarrer als auch Poet. Aber gerade diese Ambivalenz der Dichtung rechtfertigt, ja fordert eine Verschiedenheit der kritischen Annäherungsversuche, wenn wir ihrem Reichtum beikommen wollen.
Es gibt aber auf beiden Seiten Stimmen, die den Anspruch der anderen Position nicht gelten lassen wollen. Auf der einen Seite herrscht ein literaturtheologischer Imperialismus, dessen Versuch, die ganze Welt bzw. die ganze Weltliteratur zu vereinnahmen, das Unternehmen der Religion und Literatur bei vielen säkularisierten Kritikern diskreditiert hat. Ich erwähne als extremes Beispiel den ausführlichen Forschungsbericht, den vor einigen Jahren der amerikanische Literaturtheologe Vernon Ruland veröffentlicht hat.[7] Ruland, der die Religion als »einen globalen Glanz« definiert und die ganze moderne Literaturkritik nach deren Effloreszenz durchstöbert und begutachtet, scheint nicht zu begreifen, daß viele Schriftsteller und Kritiker des 20. Jahrhunderts in einer völlig säkularisierten Kultur leben und denken und schreiben. Sein Versuch, die ganze Literatur theologisch zu erfassen, produziert also eine merkwürdige Logik nach dem Muster des *lucus a non lucendo,* wobei es ihm gelingt, »die am meisten antimetaphysischen Neigungen

des Wiener Kreises« als Beispiel für autotelisches religiöses Denken zu kooptieren sowie ausgesprochen atheistische Schriftsteller wie etwa Sartre. Zwar gibt es weniger extreme Beispiele. So hat W. H. Auden in einem bekannten Aufsatz eine Theologie der Detektivgeschichte produziert, indem er argumentierte, daß des Lesers Neugierde sich vor allem an der Dialektik von Schuld und Unschuld entzündet.[8] Aber das Prinzip ist in beiden Fällen identisch: Ist die theologische Erwartung einmal vorhanden, so stimmt allemal der delphische Spruch, den C. G. Jung über die Eingangstür seiner Wohnung anbringen ließ: *vocatus atque non vocatus Deus aderit.*

2. Auf der anderen Seite gibt es selbstverständlich Kritiker, die die Rolle der Religion negieren oder überhaupt nicht zur Kenntnis nehmen. Wir interessieren uns hier für den Literaturwissenschaftler, der – ganz abgesehen von Fragen des eigenen Glaubens – zu der Erkenntnis gelangt ist, daß die Religion zu den unvermeidlichen Bestandteilen unserer Kultur gehört. In unserem Versuch, das Gebiet abzustecken, das er mit den Mitteln seiner Disziplin zu behandeln zuständig ist, können wir von Goethes *Faust* ausgehen. In der Tat gibt diese Dichtung, wie kaum eine andere, die Ambivalenz zu erkennen, von der oben gesprochen wurde. Einmal ruft die bekannte Gretchen-Frage eine Definition hervor, die auch den radikalsten Literaturtheologen befriedigen müßte: »Gefühl ist alles!« Zugleich enthält die Dichtung auch eine andere Antwort auf dieselbe Frage, die eher als literaturwissenschaftlich gelten könnte. Wenn Faust sich nämlich nach Offenbarung sehnt, dann drängts ihn zunächst einen urhermeneutischen Akt auszuführen: nämlich »Mit redlichem Gefühl einmal / Das heilige Original / In mein geliebtes Deutsch zu übertragen.« Zwar stockt Faust gleich zu Anfang, wenn es gilt, den Johannes-Satz zu übersetzen: »Ich kann das Wort so hoch unmöglich schätzen / Ich muß es anders übersetzen.« Hier trennt sich Faust von der ganzen Tradition der biblischen Hermeneutik, die sich von Schleiermacher bis zu Derrida und den Dekonstruktionisten erstreckt, denen die Welt aus nichts als Wörtern besteht. Die

Literaturwissenschaft des 19. Jahrhunderts ist bekanntlich aus dieser hermeneutischen Tradition hervorgegangen.[9] So ist es konsequent, daß die moderne Literaturwissenschaft, welche in den letzten Jahren die Werkzeuge der sprachlichen Analyse zu einer unerhörten Schärfe geschliffen hat, sich jetzt wiederum verpflichtet fühlt, sich mit dem Text aller Texte dankbar auseinanderzusetzen. Denn die Bibel ist ja von Alpha bis Omega das Buch des Wortes – von dem gewaltigen Wort, mit dem Gott den Kosmos aus dem Chaos schuf, bis zu der Offenbarung des Johannes, die ja in der Sprache existiert.

3. Selbstverständlich waren es nicht ausschließlich die Literaturwissenschaftler, welche die neuen Methoden ausprobierten. Schon 1971 verwendete der deutsche Alttestamentler Wolfgang Richter erstmalig »nach dem hermeneutischen Dezennium« die moderne Sprach- bzw. Literaturwissenschaft – insbesondere Stilistik, Semantik, Gattungsforschung und Stoffgeschichte – für eine systematische Exegese der Bibel.[10] Im selben Jahr organisierte die theologische Fakultät der Universität zu Genf ein Symposion, wo unter anderen Roland Barthes und Jean Starobinski sich dem Thema Strukturanalyse und Bibelexegese widmeten.[11] Aus einem ähnlichen interdisziplinären Impuls wurde *Semeia: An Experimental Journal for Biblical Criticism* gegründet, deren Sonderhefte sich von Zeit zu Zeit mit solchen Fragen wie »Derrida and Biblical Studies« (1982) oder »Narrative and Discourse in Structural Exegesis« (1983) befassen. In den allerletzten Jahren haben sich aber führende Literaturwissenschaftler, vor allem in den Vereinigten Staaten, einer literarischen Analyse der Bibel zugewandt – und zwar von einem prononciert nicht-theologischen Standpunkt. So insistiert Northrop Frye in der Einleitung zu einem Buch über Bibel und Literatur: »Dieses Buch unternimmt eine Studie der Bibel vom Gesichtspunkt eines Literarkritikers.«[12] Und Frank Kermode, der sich als »säkularen Kritiker« identifiziert, betont, er hätte seine Studien zum Neuen Testament in der Überzeugung unternommen, daß »die Evangelien von Kritikern einer völlig nicht-kirchlichen Bildung diskutiert

werden müssen.«[13] Neben dem Wunsch, sich mit dem Text aller Texte auseinanderzusetzen, hängt dieser Impuls mit dem neuen Interesse der Literaturtheorie für Fragen der Erzählkunst zusammen. So nähert sich der Anglist David Robertson in seinem Buch *The Old Testament and the Literary Critics* (Philadelphia 1977) der Bibel als »literary dis course.« Der Komparatist Robert Alter erklärt es als seine Absicht in *The Art of Biblical Narrative* (New York 1981), »das kennzeichnende Prinzip der biblischen Erzählkunst zu erhellen.« Der Anglist Herbert Schneidau bekundet in *Sacred Discontent: The Bible and Western Tradition* (Berkeley, California 1979) ein anderes Ziel: nämlich »das entmythologisierende Bewußtsein« bzw. die Skepsis der Hebräer als die dauernde Gabe des Alten Testaments an die Kultur des Abendlands darzustellen.[14] Wenn die Theoretiker der Erzählkunst sich vor allem mit dem Alten Testament beschäftigt haben, so wendet sich Frank Kermode als Kritiker in *The Genesis of Secrecy* an das Neue Testament. »Ich habe versucht, die Evangelien als hervorragende Beispiele der Interpretation in der Erzählkunst zu benutzen.« Schließlich hat Northrop Frye in *The Great Code* die ganze Bibel ausschließlich als Sprachkunstwerk vorgenommen. Unter der theoretischen Voraussetzung, daß die Bibel vor allem in der Sprache und als Sprache existiert, unterzieht Frye den ganzen Text unter den Kategorien Bild–Erzählung–Typologie einer sorgfältigen und aufschlußreichen Analyse.

Es ist hier nicht der Ort, die Ergebnisse dieser Beschäftigung so vieler begabter Literaturwissenschaftler mit der Bibel zu rekapitulieren. Worauf es uns ankommt, ist der diesen Studien implizite Hinweis auf die Aspekte der Bibelexegese, für die sich der Literaturwissenschaftler zuständig fühlt: nicht die religiöse Bedeutung, sondern Bild, Erzählung und Typologie – das heißt, die sprachlichen Elemente des Textes. Denn das sind ja auch gerade die Elemente, die unser Interesse bzw. unsere Zuständigkeit in nichtbiblischen Texten erwecken sollten.

Dies entspricht bis zu einem gewissen Grad dem theologischen Interesse an Literatur, das nach Dorothee Sölle ein bestimmtes methodisches Ziel hat: die Spuren religiöser Sprache zu suchen, die »auf außerästhetische Wirklichkeit« hinweisen, die in der religiösen Sprache versprochen ist. Somit will die Literaturtheologie die werkimmanente Interpretation des ästhetischen Positivismus überwinden, der »das Kunstwerk gegen seine Funktion innerhalb der sozialen und politischen Welt abdichtet.[15]« Genau wie der Literaturtheologe achtet der Literaturwissenschaftler auf die Spuren religiöser Sprache – aber nicht, wie Guardini und Sölle, mit der Erwartung, daß diese unbedingt auf irgendwelche außerästhetische Wirklichkeit hinweisen. Für den Literaturwissenschaftler sind die sprachlichen Formen auch dann von größtem Interesse, wenn sie religiös entleert sind. Er kümmert sich genauso sehr etwa um die Verwendung des Kontrasts Gott-Vater und Gott-Sohn bei Karl Marx (*Das Kapital* I, ii. 4), um das Verhältnis von Wert zu Mehrwert zu erklären, obwohl das Bild ganz bestimmt keine theologische Bedeutung besitzt. So braucht der Literaturwissenschaftler auch keineswegs die Verlegenheit zu teilen, die Karl-Josef Kuschel spürt, wenn er in seiner glänzenden Studie über *Jesus in der deutschsprachigen Gegenwartsliteratur* das Beispiel der Marxistin Anna Seghers oder des Blasphemisten Günter Grass rechtfertigen muß.[16] Für den Literaturwissenschaftler ist die Verwendung der religiösen Sprache ebenso gültig bei Atheisten wie bei überzeugten Vertretern einer christlichen Dichtung. Ja, die Reduzierung eines biblischen Stoffes auf das sprachliche Niveau eines jeden anderen mythischen Stoffes bei Günter Grass, James Joyce, oder Carlo Coccioli ist auch eine repräsentative Stufe in der Säkularisierung unserer Kultur, die man allzu leicht ignorieren könnte, wenn man bloß auf die Realisationen religiöser Impulse achtete.[17]

Der Literaturwissenschaftler, der von sprachlichen Gestaltung des Textes ausgeht, richtet seine Aufmerksamkeit vor allem auf deutliche Spuren all dessen, was unsere Kultur als »religiös« anerkennt: vor allem biblische Sprache (Bilder sowie Stoffe), aber auch ekklesiastische Formen und schließlich all das, was der Verfasser ausdrücklich in seinem Text als religiös bezeichnet. Von der Funktion dieses sprachlichen Elements innerhalb des Textes mag der Literaturwissenschaftler dann ruhig weitergehen zu der Frage nach seiner außerästhetischen Funktion. Aber er trägt sich immer mit der Möglichkeit, daß ein religiöses Sprachelement keineswegs immer auf einen religiösen Gehalt hinzuweisen braucht. So – um zu unserem Ausgangspunkt zurückzukehren – fragen wir nach dem religiösen Element in Mörikes Gedicht, weil der Dichter selber durch Worte wie »Gottheit«, »Entzücken« und »dämonisch« auf diese Möglichkeiten hingewiesen hat. Im Gegensatz aber zu Guardini, der Spuren der Religion erwartet und deswegen gefunden hat, stellten wir literaturwissenschaftlich fest, daß sich das Gedicht auch ohne Theologie sehr befriedigend erklären läßt: als die ironische Säkularisierung religiöser Erwartungen zugunsten einer Sakralisierung der Kunst. Überhaupt kann, vor allem im 20. Jahrhundert, der ausdrückliche Hinweis auf religiöse Sprache sehr häufig einen Kontrast zwischen einer gläubigen Vergangenheit und einer glaublosen Gegenwart deutlich machen, wie in den beiden mit »Psalm« überschriebenen Gedichten von Trakl und Brecht, die nichts Biblisches an sich haben als die Form des veterotestamentarischen Parallelismus.[18]

Ich nenne zum Schluß noch einige weitere Möglichkeiten der rein literaturwissenschaftlichen Analyse von religiösen bzw. theologischen Elementen. Die Liste, die keinen Anspruch auf Vollständigkeit macht, ist repräsentativ für die Probleme, die dem Literaturwissenschaftler von den Texten selbst aufgegeben werden.

Die Nacherzählung biblischer Stoffe gehört wohl zu den augenfälligsten Möglichkeiten, hat aber – abgesehen von einigen Ausnahmefällen wie Thomas Manns Josephromanen, Robert Graves' Jesusroman (*King Jesus* 1946) oder etwa Pär Lagerkvists *Barabbas* (1950) – keine Spitzenleistungen hervorgebracht. Nichtsdestoweniger erhält auch diese Kategorie interessante Materialien, wenn man die Handhabung verschiedener Motive (etwa Auferstehung) als Spiegelung des jeweiligen theologischen Standpunkts – vom naiven Glau-

ben bis zu Skepsis und Atheismus – betrachtet.[19] Viel ergiebiger sind die typologisierenden Nacherzählungen biblischer Stoffe.[20] Anhand der Verwandlungen des Motivs vom Fall seit Voltaires *Candide* über E. T. A. Hoffmanns *Der goldne Topf* bis zu James Joyces *Dubliners* oder Hermann Hesses *Demian* läßt sich die Geistesgeschichte bzw. die Säkularisierung der letzten zwei Jahrhunderte gut verfolgen.[21]
Die fiktionellen Transfigurationen des Jesusstoffes seit 1870 reflektieren nicht nur die Wandlungen der Leben-Jesu-Forschung sondern auch eine Skala von Haltungen gegenüber Jesus, die sich von Sentimentalität bis hin zu Blasphemie erstrecken.[22] Und das literaturwissenschaftliche Interesse beschränkt sich nicht auf Worte, Bilder, Motive und Stoffe aus der Bibel. In Walter Jens' Bericht *Der Fall Judas* (1975) oder Heinrich Bölls *Gruppenbild mit Dame* (1971) fasziniert nicht nur der jeweilige Stoff, sondern auch die ekklesiastische Form, welche die Fiktionen angenommen haben: in beiden Fällen handelt es sich um den Prozeß der Seligsprechung durch eine Ritenkongregation – bei Jens als förmliches Verfahren dargestellt und bei Böll in ironischer Verkleidung.[23]
Aber gerade solche Zusammenarbeit ist nicht immer erwünscht. Bis vor etwa fünfzehn Jahren fand die Beschäftigung mit Fragen der Literatur und Religion fast ausschließlich in theologischen Instituten statt.[24] Der Literaturwissenschaftler, der sich gelegentlich auf dieses Gebiet verirrte – wie Mörike in seinen verzauberten Hain –, wurde ironisch begrüßt, wie bei Samuel Johnson die predigende Frau oder der Hund, der auf seinen Hinterbeinen aufrechtgeht: es wird nicht gut gemacht, aber man staunt, daß der Versuch überhaupt unternommen wird. So erfuhr ich in den literaturtheologischen Rezensionen meines Buches über moderne Nachgestaltungen des Jesusstoffes fast immer, daß man meinen Versuch gutmütig begrüßte und sogar bestätigte, daß ich keine schlimmen Fehler gemacht hätte; aber die ganze Fragestellung sei falsch gewesen, denn ich hätte mich auf Fragen der Form, des Stils, der Struktur beschränkt, anstatt mich mit den theologischen Fragen auseinanderzusetzen, die – so

wurde mir mehrmals versichert – viel interessanter und lohnenswerter seien.[25] Ein deutsches Echo findet man noch bei Karl-Josef Kuschel, der mir vorwirft, ich sei »an der Oberfläche, d. H. im Formalen, Strukturellen, Kategorialen stekkengeblieben«, weil ich nicht fragte, welche theologische Funktion die Jesusrezeption haben kann.[26] Die Theologen übersehen dabei, daß es nur die formalen Kennzeichen waren, die es mir ermöglichten, die Kategorie überhaupt zu identifizieren.
Es kann nicht oft genug wiederholt werden, daß die Frage nach der theologischen Bedeutung religiösen Stoffes Aufgabe des Theologen ist – nicht des Literaturwissenschaftlers. Der Literaturwissenschaftler fragt nicht nach dem Was der Religion, sondern nach dem Wie: wie funktioniert sie in einem bestimmten Text? Das ist die Gretchen-Frage, die ihn brennend fasziniert. Er interessiert sich für theologische Bestandteile der Literatur – nicht weil sie seinen Glauben bzw. Unglauben angehen, sondern eben weil sie zu seiner Kultur gehören, wie etwa Psychoanalyse oder Marxismus. Aber man braucht nicht in die Analyse oder in die Partei oder in die Kirche zu gehen, um diese Elemente anzuerkennen und ihre sprachlich-strukturelle Funktion zu schätzen. Die Religion wird in der Literaturwissenschaft eben nicht privilegiert. Deswegen will der Literaturwissenschaftler auch nicht vereinnahmt werden und sich sagen lassen, was ihn interessieren soll. Zwar gehört eine gewisse Proselytenmacherei seit zwei Jahrhunderten zur Diskussion von Religion und Literatur. So ließ Schelling seinen Heinz Widerporst in dessen »Epikurischem Glaubensbekenntnis« mit Entrüstung ausrufen:

Kann es fürwahr nicht länger ertragen,
Muß wieder einmal um mich schlagen,
Wieder mich rühren mit allen Sinnen,
So mir dachten zu zerrinnen
Von den hohen überird'schen Lehren,
Dazu sie mich wollten mit Gewalt bekehren, ...[27]

Ich möchte aber glauben, daß eine produktive Zusammenarbeit, in der beide Positionen ohne Bekehrungsversuche sich gegenseitig anerkennen, eher zum gemeinsamen Ziel führen wird: zur Erfassung des literarischen Textes einerseits in seiner Eigenschaft als absolutes Sprachkunstwerk und andererseits als Ausdruck einer Kultur, die durch die Religion unverkennbar geprägt worden ist.

Anmerkungen

1 Ich beziehe mich hier auf die Interpretation in meinem Aufsatz »Mörikes Die schöne Buche. An Arboreal Meditation«, in: German Quarterly 56 (1983), 4–13.

2 *Benno von Wiese,* Eduard Mörike, Tübingen/Stuttgart 1950, 44–48; *Margaret Mare,* Eduard Mörike. The Man and the Poet, London 1957, 135–137; *Victor Gerard Doerksen,* Mörikes Elegien und Epigramme. Eine Interpretation, Zürich 1964, 33; *Dagmar Barnouw,* Entzückte Anschauung. Sprache und Realität in der Lyrik Mörikes, München 1971, 137–52; *Renate von Heydebrand,* Eduard Mörikes Gedichtwerk, Stuttgart 1972, 217–21; *Christiaan Hart Nibbig,* Verlorene Unmittelbarkeit. Zeiterfahrung und Zeitgestaltung bei Eduard Mörike, Bonn 1973, 296–99.

3 *Romano Guardini,* Gegenwart und Geheimnis: Eine Auslegung von fünf Gedichten Eduard Mörikes, Würzburg 1957, 15–24.

4 Ebd., 98–113; hier 109.

5 *Eduard Mörikes Briefe,* hrsg. v. Karl Fischer und Rudolf Krauß, Berlin 1903, Bd. I, 277.

6 Vgl. *Carl Boetticher,* Der Baumkultus der Hellenen, Berlin 1856; »Baumkultus«, in: Pauly-Wissowa, Real-Encyclopädie der classischen Altertumswissenschaft, Bd. III/1, 155–67.

7 *Vernon Ruland,* Horizons of Criticism: An Assessment of Religious-Literary Options, Chicago 1975, 7.

8 The Guilty Vicarage, in: *W. H. Auden,* The Dyer's Hand and Other Essays, New York 1962, 146–58.

9 *Hans W. Frei,* The Eclipse of Biblical Narrative. A Study in Eighteenth and Nineteenth Century Hermeneutics, New Haven 1974.

10 *Wolfgang Richter,* Exegese als Literaturwissenschaft. Entwurf einer alttestamentlichen Literaturtheorie und Methodologie, Göttingen 1971.

11 Analyse structurale et exégèse biblique: Essais d'interpretation. Hrsg. v. François Boston, Neuchatel 1971.

12 *Northrop Frye,* The Great Code: The Bible and Literature, New York 1983, XI.

13 *Frank Kermode,* The Genesis of Secrecy: On the Interpretation of Narrative, Cambridge (Mass.) 1977, IX.

14 Über die neuere Beschäftigung der Kritiker mit dem Alten Testament vgl. *Gerald Hammond,* The Bible and Literary Criticism, in: Critical Quarterly, 25/2 (Summer 1983), 5–20.

15 *Dorothee Sölle,* Realisation. Studien zum Verhältnis von Theologie und Dichtung nach der Aufklärung, Darmstadt/Neuwied 1973, 27.

16 *Karl-Josef Kuschel,* Jesus in der deutschsprachigen Gegenwartsliteratur, Zürich/Köln 1978, 156 u. 204.

17 Vgl. *Theodore Ziolkowski,* Fictional Transfigurations of Jesus, Princeton 1972.

18 Vgl. *Theodore Ziolkowski,* Zur Unentbehrlichkeit einer vergleichenden Literaturwissenschaft für das Studium der deutschen Literatur, in: Fremdsprache Deutsch, hrsg. v. Alois Wierlacher, Bd. II, München 1980, 486–506; auch *Th. Ziolkowski,* Literature and the Bible: A Comparatist's Appeal, in: Art/Literature/Religion: Life on the Borders, hrsg. v. Robert Detweiler = Journal of the American Academy of Religious Studies, Bd. XLIX/2 (1983), 181–89.

19 *Theodore Ziolkowski,* Die Auferstehung: Ein geistesgeschichtliches Motiv des 19. Jahrhunderts im Roman des 20. Jahrhunderts, in: Literaturwissenschaft und Geistesgeschichte, Festschrift für Richard Brinkmann, hrsg. v. Jürgen Brummack Tübingen 1981, 616–34.

20 Vgl. *Albrecht Schöne,* Säkularisation als sprachbildende Kraft, Göttingen 1958; sowie: Literary Uses of Typology: From the Late Middle Ages to the Present, hrsg. v. Earl Miner, Princeton 1977.

21 *Theodore Ziolkowski,* Religion and Literature in a Secular Age: The Critic's Dilemma, in: The Journal of Religion, 59 (1979), 18–34.

22 Vgl. die erwähnten Bücher von *Kuschel* und *Ziolkowski.*

23 *Theodore Ziolkowski,* Typologie und »Einfache Form« in »Gruppenbild mit Dame«, in: Die subversive Madonna. Ein Schlüssel zum Werk Heinrich Bölls, hrsg v. Renate Matthaei, Köln 1975, 123–40.

24 *Ralph P. Crimmann,* Literaturtheologie. Studien zum Vermittlungsproblem zwischen Germanistik und Theologie, Dichtung und Glaube, Literaturdidaktik und Religionspädagogik, Frankfurt 1978; Giles Gunn, Threading the Eye of the Needle: The Place of the Literary Critic in Religious Studies, in: Journal of the American Academy of Religion 43 1975, 164–84; David H. Hesla, »Religion and Literature: The Second Stage«, Journal of the American Academy of Religion 46 (1978), 181–92.

25 Vgl. *Theodore Ziolkowski,* Re-viewing the Reviews: Jesus between Theseus and Procrustes, in: The Horizons of Literature, hrsg. v. Paul Hernadi, Lincoln (Nebraska) 1982, 307–17.

26 *Kuschel,* Jesus, 18.

27 *DLE,* Reihe Romantik, Bd. 9: Satiren und Parodien, hrsg. v. Andreas Müller. Leipzig 1935, 177–86; hier 177.

EDUARD MÖRIKE

Die schöne Buche

(1842)

Ganz verborgen im Wald kenn ich ein Plätzchen, da stehet
  Eine Buche, man sieht schöner im Bilde sie nicht.
Rein und glatt, in gediegenem Wuchs erhebt sie sich einzeln,
  Keiner der Nachbarn rührt ihr an den seidenen Schmuck.
Rings, soweit sein Gezweig der stattliche Baum ausbreitet,
  Grünet der Rasen, das Aug still zu erquicken, umher;
Gleich nach allen Seiten umzirkt er den Stamm in der Mitte;
  Kunstlos schuf die Natur selber dies liebliche Rund.
Zartes Gebüsch umkränzet es erst; hochstämmige Bäume,
  Folgend in dichtem Gedräng, wehren dem himmlischen Blau.
Neben der dunkleren Fülle des Eichbaums wieget die Birke
  Ihr jungfräuliches Haupt schüchtern im goldenen Licht.
Nur wo, verdeckt vom Felsen, der Fußsteig jäh sich hinabschlingt,
  Lässet die Hellung mich ahnen das offene Feld.
– Als ich unlängst einsam, von neuen Gestalten des Sommers
  Ab dem Pfade gelockt, dort im Gebüsch mich verlor,
Führt' ein freundlicher Geist, des Hains auflauschende Gottheit,
  Hier mich zum erstenmal, plötzlich, den Staunenden ein.
Welch Entzücken! Es war um die hohe Stunde des Mittags,
  Lautlos alles, es schwieg selber der Vogel im Laub.
Und ich zauderte noch, auf den zierlichen Teppich zu treten;
  Festlich empfing er den Fuß, leise beschritt ich ihn nur.
Jetzo, gelehnt an den Stamm (er trägt sein breites Gewölbe
  Nicht zu hoch), ließ ich rundum die Augen ergehn,
Wo den beschatteten Kreis die feurig strahlende Sonne,
  Fast gleich messend umher, säumte mit blendendem Rand.
Aber ich stand und rührte mich nicht; dämonischer Stille,
  Unergründlicher Ruh lauschte mein innerer Sinn.
Eingeschlossen mit dir in diesem sonnigen Zauber-
  Gürtel, o Einsamkeit, fühlt ich und dachte nur dich!

WALTHER KILLY

Der Begriff des Mythos bei Goethe und Hölderlin

Es ist mir sonderbar gegangen, so sagte Goethe während einer lebhaften Tischunterhaltung im August 1831, *wenn sich vordem ein melancholischer Liebhaber erschoß, mußte er durch Werther dazu verleitet worden sein, und wenn jetzt irgendein junger Theologe, anstatt auf die Kanzel zu gehen, sich auf die Bühne verirrt, so hat ihn Wilhelm Meister auf dem Gewissen.* Sehr irritiert sah sich der alte Herr durch diesen Wechsel zwischen Gottesgelehrtheit und Kunst allerdings nicht und das nicht nur, weil gegen Ende der Tafel alter Rheinwein gebracht wurde, *Dreiundachtziger aus dem Rheingau . . . er ist mein Milchbruder,* meinte Goethe und mochte sich erinnern, daß der Jahrgang der gleiche war wie der des 4. Buches der Lehrjahre. Im 2. Buch hatte es schon geheißen: *Ja, wer hat denn, wenn du willst, Götter gebildet, uns zu ihnen erhoben, sie zu uns herniedergebracht, als der Dichter?*

Der so sprach, war Wilhelm in jugendlicher Begeisterung, die sich durch Werners Skepsis nicht beeinträchtigen ließ. Der aber, wiewohl in Grenzen, danach handelte, war Goethe selbst. Wenn nicht die Gottesgelehrtheit, so hat doch die Götterlehre ihn lebtags beschäftigt, und was er an Theologumena bewegte oder vorstellte, hat seine Verwirklichung nicht zuletzt in Figurationen der griechischen Mythologie gefunden. Er war ein Leben lang mit ihr beschäftigt, nicht nur poetisch (vom Prometheus über die Iphigenie, die Römischen Elegien, den 2. Faust bis zur Pandora und so fort), sondern auch theoretisch. Nur bei Hölderlin hat der Mythos eine vergleichbare zentrale Funktion gehabt; aber diese Vergleichbarkeit endet, wie wir sehen werden, schnell und rechtfertigt keineswegs den Titel des ersten so ernsthaften wie unverständigen Buches zur Sache, Butler's »The Tyranny of Greece over Germany«. Wir wollen der Frage nachgehen, warum der Jurist Goethe, wenn es um Göttliches ging, sich gewiß nicht der Kanzel, wohl aber gern des gesamten Fundus mythographischer Überlieferung bediente; und wir werden zu fragen haben, wie sich Hölderlins Begriff und Gebrauch des Mythos von demjenigen Goethes unterschied, ein Unterschied, der bei uns zulande die folgenreichste Wirkung haben sollte.

Von Anfang an hat Goethe, von Herder angeleitet, den Mythos auch historisch genommen: *Da Mythos erfunden wird, werden die Bilder durch die Sachen gros, wenns Mythologie wird werden die Sachen durch die Bilder gros.* Dieser im Tagebuch von 1777 unvermittelt festgehaltene Satz statuiert eine ganze mythologische Theorie. *Da Mythos erfunden wird:* in den uranfänglichen Zeiten der Mythogenese ging es darum, schier unfaßliche Erscheinungen, überwältigende Erfahrungen, von denen der Mensch sich bedrängt sah, mit begreifender Imagination in Bildern faßlich und benennbar zu machen. Solche Bilder bewahrten Kraft und Macht der Phänomene, ein Sachverhalt, welcher ein Jahrzehnt später zum Gegenstand der Unterhaltungen werden sollte, die Goethe mit Karl Philipp Moritz in Rom führte. In dessen »Götterlehre oder mythologische Dichtungen der Alten« fand sich Goethes lakonischer Satz ausführlicher begründet: *Wir haben schon bemerkt, daß die Phantasie sich eben sowohl ihre Götter nach dem Bilde der Menschen, als ihre Menschen nach dem Bilde der Götter schuf – Das Unendliche, Unbegrenzte, ohne Gestalt und Form, ist ein untröstlicher Anblick – Das Gebildete sucht sich an dem Gebildeten fest zu halten. Und so wie dem Schiffer, der Land erblickt, sein Muth erhöhet, und seine Kraft belebt wird; so ist für die Phantasie der tröstliche Umriß einer Menschenbildung das sichere Steuer, woran sie auf dem Ocean der großen Erscheinungen der Natur sich fest hält.* Es sind die großen Sachen, die Stärke des tobenden Elements, die Majestät des rollenden Donners, welche in großen Bildern aufgehoben werden: *Die unendli-*

chen Massen, die den Menschen umgeben, Himmel, Erd' und Meer, erhielten in ihrer heiteren Imagination Bildung und Form.

Mit anderen Worten: es war ein von der Imagination ermöglichter poetischer Akt, der das *Unendliche, Unbegrenzte* gestaltet, ihm *Bildung und Form* verliehen hatte.

Eben das hatte auch Wilhelm Meister gemeint: *wer hat denn, wenn du willst, Götter gebildet, uns zu ihnen erhoben, sie zu uns herniedergebracht, als der Dichter?,* und eben dies hatte Moritz im Sinn, wenn er seine Götterlehre mit dem Untertitel *mythologische Dichtungen der Alten versah.* Damit war angesprochen, was im zweiten Teil jener Goetheschen Tagebuchnotiz mit den Worten ausgedrückt war: *wenns Mythologie wird werden die Sachen durch die Bilder gros.* Wenn's Mythologie wird: das heißt, wenn der gefundene Mythos in den Zusammenhang der Bilderwelt tritt, welche ihn mit anderen Mythen erfindungsreich verbindet. Dann werden die Sachen, derart zu Sprache und Anschauung gebracht, groß, weil sie poetisch sinnvoll, begreiflich und benennbar geworden sind. Viel später hat Goethe diese Grundanschauungen nochmals zusammengefaßt, als er in »Kunst und Alterthum« 1827 ein Gedicht des pavesischen Professors Monti über die Mythologie anzeigte: *Monti steht auf der Seite der griechischen Mythologie und also jener Dichtkunst, welche dahin strebt, daß der Einbildungskraft Gehalt, Gestalt und Form dargebracht werde, so daß sie sich daran als an einem Wirklichen beschäftigen und erbauen könne. Alles beruht hier auf allgemeiner gesunder Menschheit, welche sich in verschiedenen abgesonderten Charakteren neben einander als die Totalität einer Welt darstellen soll.*

Die durch weit mehr als ein Vierteljahrhundert getrennten Zeugnisse verstehen also die Gestalten der Mythologie als die Hervorbringungen einer poetischen Operation, welche die Unendlichkeit der Erscheinungen in die Anschaulichkeit anthropomorpher Figurationen faßt. Das Ganze der Welt ist in den unterschiedenen, aber nicht unverbundenen Gestalten anschaulich geworden. Dieser dichterische Vorgang ist auch insofern poetisch, als die Gestalten Fiktion sind und ihre Wahrheit vorbringen *als an einem Wirklichen.* So verstanden erscheint die Mythologie als eine vorbegriffliche Hermeneutik ersten Ranges, eine Überzeugung, die für Goethes Verständnis ebenso grundlegend ist wie für seine Poetik. Nur durch sie wird das schwere Wort der Helena begreiflicher, die von sich sagt: *Ich bin ein Idol,* und nur so erhalten die Verse des Chors ihr Gewicht für den Faust insgesamt, wenn jener im 3. Akt des 2. Teils spricht:

Dichtend belehrendem Wort
Hast du gelauscht wohl nimmer?
Niemals noch gehört Joniens,
Nie vernommen auch Hellas'
Urväterlicher Sagen
Göttlich-heldenhaften Reichtum?

Alles, was je geschieht
Heutigen Tages,
Trauriger Nachklang ist's
Herrlicher Ahnherrntage;
Nicht vergleicht sich dein Erzählen
Dem, was liebliche Lüge,
Glaubhaftiger als Wahrheit,
Von dem Sohne sang der Maja.

Liebliche Lüge, glaubhaftiger als Wahrheit, dichterisch über die Weltverhältnisse belehrendes Wort: das ist nicht nur die Sage von der Geburt des Hermes, die hier eingeleitet wird, das ist vielmehr die Mythologie insgesamt. Es kann nicht bei der langen Vorgeschichte verweilt werden, welche diesen Anschauungen voraufgeht, auch in ihnen dankt Goethe dem 16. und 17. Jahrhundert und damit der Spätantike mehr, als man bislang wahrhaben wollte. Aber es ist festzuhalten, daß die in der Tagebuchnotiz des Siebenundzwanzigjährigen skizzierte Lehre, vom reifen Goethe wie vom greisen, bewahrt worden ist. Aus dem Mai 1806 hat Riemer folgendes Dictum aufbewahrt: *Es ist lächerlich, wenn die Philister sich der größeren Verständigkeit und Aufklärung ihres Zeitalters rühmen und die frühern barbarisch nennen ... Die frühern Jahrhunderte hatten ihre Ideen in Anschauungen der Phantasie; unseres bringt sie in Begriffe. Die großen Ansichten des Lebens waren damals in Gestalten, in Götter gebracht; heutzutage bringt man sie in Begriffe. Dort war die Produktionskraft größer, heute die Zerstörungskraft, oder die Scheidekunst.*

Was hier gesagt ist, hat schon den Jüngling beschäftigt, ehe er zur Universität ging; es besteht kein Anlaß, die Erinnerung zu bezweifeln, die Goethe an das letzte Frankfurter Frühjahr hatte und in *»Dichtung und Wahrheit«* erzählt. Damals trieb er mit einem Freunde Philosophie. *An den älteren Männern und Schulen gefiel mir am besten, daß Poesie, Religion und Philosophie ganz in Eins zusammenfielen, und ich behaupte jene meine erste Meinung nur um desto lebhafter, als mir das Buch Hiob, das Hohelied und die Sprüchwörter Salomonis eben so gut als die Orphischen und Hesiodischen Gesänge dafür ein gültiges Zeugnis abzulegen schienen.* Was so dem Wesen des kaum Sechzehnjährigen entsprach, das hat der Zweiundachtzigjährige bedachtsam formuliert, als er das Textbuch einer Spontini-Oper rezensierte, welche die Vorzeit Athens auf die Bühne brachte: *Der Gegenstand ist aus der heroischen Griechenzeit sehr glücklich gewählt; denn die Vortheile solcher Sujets sind sehr groß, indem sie bedeutende Zustände darbieten, edle große Bildung, noch nahe der Natur, sodann auch eine gränzenlose Mythologie an die Hand geben zu dichterischer Ausbildung.*

Der Gegenstand aus der heroischen Griechenzeit: das ist eben die Zeit *Urväterlicher Sagen Göttlich-heldenhaften Reichtum*(s)*,* von denen der Faust-Chor wußte, die Anfangszeit, von der Hesiod erzählt, da Poesie, Religion und Philosophie noch zusammentrafen, um in den menschlichen Gestalten und Taten der Götter und Helden anschaulich zu werden. Deren Erscheinungen machten so viel an »Wahrheit« vorstellbar, oder verkörperten vielmehr den Anschein der Wahrheit so überzeugend und lebensvoll, daß sie unendliche Möglichkeiten *zu dichterischer Ausbildung* gewährten. Der »Wahrheitskern« der mythologischen Bildungen ist für

Goethe so fest und ihre Wahrheit so *gränzenlos,* daß sie die *dichterische Ausbildung,* das heißt den poetischen Umgang mit ihnen in erfinderischer Variation nicht nur ertragen, sondern herausfordern. Vom Standpunkt des Dichters sind das (so heißt es in einem Brief an Boisserée von 1818) *die großen Vortheile der griechischen lieblichen Mannigfaltigkeit und der würdigen israelitischen Einheit.* Etwa gleichzeitig und wiederum die Konsistenz der Überzeugungen bestätigend ist der Satz: *So haben wir in der ältesten Zeit Betrachtung, Philosophie, Benamsung und Poesie der Natur alles in Einem.* Da blüht dann das *Reich der Poesie ... auf und nur der ist Poet, der den Volksglauben besitzt oder ihn sich anzueignen weiß. Der Charakter dieser Epoche ist freie, tüchtige, ernste Sinnlichkeit, durch Einbildungskraft erhöht.* Zugänglich war dieses Reich allerdings nur denen, die zu *schauen* wissen und damit, nach Goethes Meinung, den sämtlichen romantischen Mythologen, den Creuzer und Welcker, gänzlich verschlossen. Ihnen fehlt das Organ für die Bestimmtheit und Schönheit, in denen nach Goethes Sinn allein Wahrheit zur Erscheinung kommen kann. Anders gesagt: sie verstehen nicht, daß sie für Menschen nur menschlich und in Menschengestalt faßlich zu werden vermag. *Es gibt nur,* so halten die Maximen und Reflexionen fest, *zwei wahre Religionen, die eine, die das Heilige, das in und um uns wohnt, ganz formlos, die andere, die es in der schönsten Form anerkennt und anbetet. Alles, was dazwischen liegt, ist Götzendienst.*

Zu den bedeutendsten Eigenschaften der Mythen und der Alten insgesamt gehört also, daß sie Bestimmtheit und Gestalt festhielten, ohne die lebendige Wirksamkeit produktiver Imagination festzulegen. Mit Goethes Worten: *Zu den großen Vorzügen der griechischen Kunst gehörte, daß Bildner und Dichter einen Charakter, den sie einmal angefaßt* (heute würde man sagen: aufgefaßt), *nicht wieder losließen, sondern durch alle denkbaren Fälle durchführten. Orpheus war ihnen das Gefäß, in welches sie alle Wirkungen der Dichtkunst niederlegten ...* Es war die Konsistenz und Evidenz des Mythologems, welche den Reichtum der Variationen und Erfindungen gestattete, *zu dichterischer Ausbildung*. Und es sind *Wirkungen,* lebendige Wahrheiten, welche auf diese Weise vorgestellt werden, zum Beispiel das lebendige Wesen der Poesie im Falle des Orpheus. Es wäre ganz falsch, wollte man in solchen Verlautbarungen ein allegorisches Verständnis des Mythos sehen: Nicht der Begriff, der Abstraktion voraussetzt, geht der mythologischen Figur voraus; vielmehr wird das durch seine bedrängende Allgemeinheit Unbegreifliche erst faßlich und benennbar als Anschauung, Gestalt, Bildung, oder wie immer Goethes Wendungen heißen mögen. Der anthropomorphe oder personale Charakter des Mythologems umgeht den Begriff oder erübrigt ihn; auch dadurch ist er poetisch. *Was uns von Poesie und Prosa aus den besten griechischen Tagen übrig geblieben, gibt uns die Überzeugung, daß alles, was jene hochbegabte Nation in Worte verfaßt, um es mündlich oder schriftlich zu überliefern, aus unmittelbarem Anschauen der äußeren und innern Welt hervorgegangen sei. Ihre älteste Mythologie personifiziert die wichtigsten Ereignisse des Himmels und der Erde, individualisiert das allgemeinste Menschenschicksal, die unvermeidlichen Taten und unausweichlichen Duldungen eines immer sich erneuenden seltsamen Geschlechts. Poesie und Kunst finden hier das freieste Feld.*

Wenn eingangs gesagt wurde, daß die Goethesche Auffassung von Mythos und Mythologie stets historisch gewesen sei, so steht dies keineswegs im Widerspruch zu den ästhetischen Erwägungen, die hier zur Sprache gekommen sind. Sie werden nämlich sämtlich von einem bei Goethe (und Herder) als ursprünglich gedachten Zustand abgeleitet und deshalb durchaus affiziert von dem Verlust an Ursprünglichkeit, den der Fortgang der Geschichte mit sich bringt. Die fortschreitende Aufklärung hat den anfänglichen Zusammenhang von Anschauung, Erkennen und sinnfälliger Evidenz aufgelöst, ein notwendiger Vorgang, der allein durch die Poesie wettgemacht werden kann. Goethe hat sich das in einem Aufsatz zu vergegenwärtigen gesucht, zu dem er durch die Lektüre des Briefwechsels zwischen Gottfried Hermann – von ihm hoch geschätzt – mit Creuzer, nicht zuletzt auch durch Hermanns Arbeit »De mythologia Graecorum antiquissima« angeregt wurde; wie er es gern tat, faßte er das ihm Wesentliche in einem Schema zusammen, das ebensowenig beachtet wie von größtem Interesse ist. Es geht von den *Uranfängen* aus und führt auf eine Gegenwartsdeutung hin, welche die moderne Welt noch skeptischer betrachtet, als es am Ende die »Wanderjahre« tun sollten.

Die *Uranfänge* begründen alle Mythengeschichte, indem *die großen Welterscheinungen ... das Vorhandene von* begünstigten Menschen *tiefsinnig beschaut, schicklich benams't* wurden. Das wird mit dem schönen Satz umschrieben, der Geist spreche *das Vorhandene ahnungsvoll aus, als wenn es entstünde. So haben wir in der ältesten Zeit Betrachtung, Philosophie und Benamsung, und Poesie der Natur alles in Einem.* Aus diesem ersten Schritt in die Welterkenntnis folgt ein nächster. Schon er ist ein Akt der Aufklärung *(jene düstern Elemente klären sich auf)* und weist in die Freiheit. Denn die *düstern Elemente,* nunmehr benennbar, *entwirren sich,* die Namen erhalten *Gestalt,* menschliche wohlgemerkt, *der Volksglaube* befreit sich, *von allem Abstrusen, was aus jener Urepoche übrig geblieben sein mag.* Das Medium dieser Befreiung ist die bilderschaffende Poesie, und so wird im Schema *diese freie, tüchtige, ernste* und auf edle Weise sinnliche zweite Epoche charakterisiert mit den Worten *Einbildungskraft, Poesie, Volksglaube, tüchtig.*

Diesem Zustand, der Goethe besonders glücklich scheint, folgt im Fortgang der der Mythengeschichte immanenten Tendenz zur Aufklärung ein anderer, den Goethe theologisch nennt, weil *der Mensch in Absicht der Veredlung sein selbst keine Gränzen kennt.* Er sucht höhere Ableitung dessen, was ihm erscheint, und *strebt ins Geheimnis zurück,* indem er sich die vielfachen Erscheinungen *von Einem Gotte abhängig* denkt. Diese Epoche nennt Goethe die *heilige* und billigt ihr eine hohe Vernunft zu, der freilich die Poesie zu entgehen droht. Im Schema ist das zusammengefaßt durch die Stichworte *Theologie, Ideelle Erhebung, heilig, Vernunft.* Allein dabei bleibt die Geschichte nicht stehen, denn die

Vernunft ist bestrebt, *alles Denkbare* ihrer *Klarheit anzueignen*; dabei zerstört sie wohlmeinend durch Verallgemeinerung, was vordem in seiner Besonderheit anschaulich, geschichtlich geworden und in der Vorstellung von Individuen und Völkern beheimatet war, denn sie sucht (und hier ist die historische Aufklärung gemeint) *etwas der Menschheit überhaupt Zuständiges* herzustellen. Zusammengefaßt wird diese Epoche mit den Worten *Verstand, klug, aufklärendes Herabziehen, Philosophie.* Aus ihr geht notwendig eine der damals beginnenden Gegenwart unmittelbar vorausliegende Phase hervor, welche Goethe die *prosaische* nennt. Sie hat Poesie und *löblichen Zusammenhang völlig zerstört* und die *Urgefühle* zusammen mit *Volks- und Priesterglauben* verabschiedet, ein Zustand, der nicht lange dauern kann und den wohl nicht nur dem romantischen Wesen zugeschriebenen gegenwärtigen Zustand in der Folge hat. In ihm ist *kein Mittelpunct, auf den hingeschaut werde ... jeder Einzelne tritt als Lehrer und Führer hervor und gibt seine vollkommene Thorheit für ein vollendetes Ganzes.* Mit den Schlagworten des Schemas: *Sinnlichkeit, gemein, Auflösung in's Alltägliche, Prosa.* Sie werden ausgeführt mit den Sätzen ... *so ist das Tohu wa Bohu wieder da, aber nicht das erste, befruchtete, gebärende, sondern ein absterbendes, in Verwesung übergehendes, aus dem der Geist Gottes kaum selbst eine ihm würdige Welt abermals erschaffen könnte.* Das Schema faßt solchen nicht auf die Geschichte des Mythos beschränkten Pessimismus lapidar zusammen: *Vermischung, Widerstreben, Auflösung.*

Auf den ersten Blick scheint Hölderlin ähnlich zu denken, wenn er etwa am Ende der Rhein-Hymne von der *Nacht* der Götterferne spricht, *wenn alles gemischt Ist ordnungslos und wiederkehrt Uralte Verwirrung;* oder wenn er von der *Bewegbarkeit der Mythen* redet (so wie Goethe von ihrer Verfügbarkeit *zu dichterischer Ausbildung)* und ebenfalls in einem knappen Schema, das uns bald beschäftigen wird. Aber neben der völligen Verschiedenheit der Poesie Goethes von derjenigen Hölderlins ist noch ein weiterer Unterschied festzuhalten, nicht überraschend, wenn man die Unvergleichbarkeit der beiden Lebenswege bedenkt. Goethes Bemerkungen zum Mythos lassen zwar eine gleichbleibende Richtung erkennen; aber sie sind gelegentlich und aphoristisch, sie artikulieren sich in Maximen oder Reflexionen, welche von dem einen oder anderen Anlaß angeregt werden. Hölderlins Äußerungen dagegen werden einer außerordentlichen Anstrengung des Begriffs verdankt, welche auch dann systematisch auf Zusammenhang drängt, wenn sich dieser schließlich entzieht und die theoretischen Entwürfe fragmentarisch bleiben. Es sind stets Bruchstücke, wie das Bruchstück über die Religion oder dasjenige über die Verfahrensweise des poetischen Geistes, aus denen man den Geist des gewollten Ganzen extrapolieren zu können meint; genauso übrigens, wie die betörend schönen hymnischen Fragmente ein poetisches Ganzes ahnen lassen, das öfters unerreichbar blieb.

Man kann diese Differenz, mit der wir uns sogleich näher befassen wollen, aber auch noch nach ihren Voraussetzungen unterscheiden. Wenn Goethes Nachdenken über den Mythos geschichtlich im Herderschen Sinne vorging, um mit einem resignierten Blick auf die Gegenwart zu enden, so war Hölderlins Denkungsweise, dem leidenschaftlich-kühlen Klima des Tübinger Stifts getreu, systematisch angelegt auf jenes neu zu gewinnende Ganze hin. Ganz gleich, wer den in Hegels Abschrift überlieferten Entwurf geschrieben hat, den man »das älteste Systemprogramm des deutschen Idealismus« zu nennen pflegt – auch Friedrich Beißner hat recht daran getan, ihn in Hölderlins Aufsätze einzureihen. Denn hier ist unüberhörbar ausgesprochen, was der geheimste Antrieb Hölderlinschen Dichtens gewesen ist: *Die Poesie ... wird am Ende wieder, was sie am Anfang war – Lehrerin der Menschheit; denn es gibt keine Philosophie, keine Geschichte mehr, die Dichtkunst allein wird alle übrigen Wissenschaften und Künste überleben.* Ums Überleben ging es, weil die alte Religion der Menschheit verloren war, die Freiheit verspielt, das Denken herabgekommen zur *Buchstabenphilosophie,* das Volk ohne Glauben und der Staat eine Maschine. Ein einziges utopisches Remedium sahen die oder der Verfasser:

wir müssen eine neue Mythologie haben ... Ein höherer Geist vom Himmel gesandt, muß diese neue Religion unter uns stiften, sie wird das lezte, gröste Werk der Menschheit seyn.
Hier also ist die theoretische Grundlegung für die bedenkenswerte Variation, die Hölderlin das Ovidische *Durat opus vatum* in sein *Was bleibet aber, stiften die Dichter* transponieren ließ. Die Hymnen sind der gewaltige Versuch der Realisation, ehrfurchtgebietend in seiner vergeblichen Schönheit. Die spekulativen Entwürfe bedenken das theoretische Fundament. Ihre zuweilen zwanghaften Reflexionsketten leihen sich dem Zitat nicht so leicht wie Goethes gelegentliche Bemerkungen. Dennoch sei versucht, Hölderlins Mythenbegriff anhand des Bruchstücks »Über Religion« zu beschreiben; dabei wird es nicht abgehen ohne eine unziemliche Simplifikation (oder Festlegung) weitläufiger Gedanken.

Auch Hölderlin geht aus von einem Defizit: Zur Vergegenwärtigung des Zusammenhangs aller Weltverhältnisse – und sie ist ihm ein religiöses Bedürfnis – genügt der *Begriff* nicht. *Jene unendlicheren mehr als nothwendigen Beziehungen des Lebens können zwar auch gedacht, aber nur nicht blos gedacht werden; der Gedanke erschöpft sie nicht.* Wenn *ein mehr als mechanischer Zusammenhang ... ein menschlich höheres Leben* (heute würden wir wohl sagen: ein Sinn) zwischen den Menschen *und ihrer Welt* obwalten soll, so ist eine Idee oder ein Bild vonnöten, es bedarf einer *Vorstellung,* wobei die *Vorstellungsweisen, Grunderfahrungen, Empfindungsweisen von Göttlichen, das Gesetz* – lauter Nomina, die den gleichen Sachverhalt zu fassen suchen – bezogen sind auf die geschichtliche Erfahrungswelt, für die das Wort *Sphäre* dient. Niemals können jene Vorstellungsweisen, nie kann das Gesetz *ohne einen besondern Fall, niemals abstract gedacht werden.*
Die sinnfällige Erscheinungsweise aber jener elementaren Verhältnisse ist *die Mythe,* ein merkwürdiges Femininum, über dessen Herkunft ich nichts habe in Erfahrung bringen können. Sie vereint das im Denken Unvereinbare in ihr kann ein Prinzip anschaulich werden, sie realisiert *religiöse*

Verhältnisse. Sie leistet das, indem sie einen für das Denken unauflöslichen Widerspruch aufhebt; sie verbindet nämlich die reine Bestimmtheit der (wie Hölderlin sagt) *intellectualen Verhältnisse* mit der unauflöslich ineinandergewirkten Komplexität der *physischen ... historischen Verhältnisse.* Der Widerspruch besteht darin: Das rein und für sich Gedachte, die verständige Erkenntnis, der abstrakte Gedanke – eben die *intellectualen Verhältnisse* – haben als einmal Erkanntes Dauer, und nichts ist ohne sie verständlich; aber sie haben keinen Platz in der Realität. Die *physischen* und *historischen Verhältnisse* sind hingegen wirklich oder wirklich gewesen, aber die *Unzertrennlichkeit in ihren Teilen,* die wechselseitige wandelbare Abhängigkeit ihrer Konstituenzien voneinander entzieht sich einem vollständigen Erkennen, *der Gedanke erschöpft sie nicht,* modern und salopp ausgedrückt: sie haben keinen Sinn. Der »Sinn« ist erst dort zu finden, wo die Reinheit der *intellectualen Verhältnisse* mit der Unerschöpflichkeit der real-historischen identisch wird.
Diesen paradoxen Akt vollzieht der Dichter, indem er *weder blos Ideen oder Begriffe und Karaktere* (»intellectuale Verhältnisse« also), *noch auch blos Begebenheiten, Tatsachen* (»historische Verhältnisse« also) zum Gedicht macht, *sondern beedes in Einem.* Er macht vorstellbar, was sich gewöhnlich der Vorstellung entzieht, und er macht zugleich das Zeitlose gegenwärtig. Mit anderen Worten, er realisiert *religiöse Verhältnisse,* die *in ihrer Vorstellung weder intellectuell noch historisch, sondern intellectuell-historisch, d.h. Mythisch sind.* Oder wie Hölderlin daraus folgert: *So wäre alle Religion ihrem Wesen nach poetisch.* Dieser kühne Satz scheint die Forderungen des »Systemprogramms« zu erfüllen. Freilich liegt ihm auch die Umkehrung nahe, wonach alle Poesie ihrem Wesen nach religiös wäre. Und vor allem ruft er nach poetischer Verwirklichung, wobei es gleichgültig ist, ob die hier entworfene Poetologie zur Grundlegung der Poesie oder zu ihrer Rechtfertigung dienen sollte. Beides wird gelten, und es ist sicher, daß die Poesie an Überredungskraft die Theorie um ein Unendliches übertrifft.
Das soll und kann an dieser Stelle nicht gezeigt werden und

schon gar nicht, wie Hölderlins Dichtung ihre durchaus eigene Sprache entwickelt, in welcher *weder blos Ideen oder Begriffe oder Karaktere, noch auch blosse Begebenheiten, Thatsachen enthalten* sind, *sondern beedes in Einem*. Wie es dazu kommt, könnte man an den Hymnen erweisen, welche den Strömen gewidmet sind. Der erste vollendete Wurf ist *Der Rhein*, ihm folgt *Am Quell der Donau* und *Der Ister*, der Name, den die Alten für die Donau hatten. Eine Interpretation würde nun zeigen, wie die zu Wort gekommene sinnfällige Anschauung von Geographie und Geschichte im Gedicht gleichsam die Buchstaben angibt, welche recht gelesen den Geist des Stroms erscheinen lassen, seinen Mythos, ja ihn sinnvoll begreifen als *Gott der Mythe*. Bleibt man am Buchstaben haften, daran, daß die Donau von West nach Ost fließt; daß die Geschichte erzählt, Herakles sei sie hinaufgezogen auf der Suche nach Schatten; daß Pindar und Vergil sie schon besungen; daß sie das Land urbar macht und so fort – so sind das *blosse Begebenheiten, Thatsachen*. Der lebendige Geist des Stroms, seine Mythe, enthüllt sich, indem jene *zugleich* als Weltdeutung lesbar werden: Antike und Abendland gehören zusammen; Grenzen sind auch Übergänge; das Göttliche bedarf des Kultus wie die Erde auch; *Umsonst nicht gehn Im Troknen die Ströme. Aber wie? Ein Zeichen braucht es* . . .

Es werden also die geschichtlich-physischen Realitäten des Stromes immer auch als von ihrer Realität untrennbare Zeichen verstanden. In einer großartigen Anstrengung wird den Erscheinungen im Gedicht Sinn zugemutet, und wo Sinn hervortritt, *in dichterischen Vorstellungen*, da ist Göttliches anwesend, das Verehrung beansprucht. Ohne solche *religiösen Verhältnisse* wäre es auf Erden nicht auszuhalten. In der Sprache des Stromgedichts: *Unwirthbar wär es, ohne Weile*. Der Hymnus läßt also in seiner auch ästhetischen Einheit die »Realien« zu Chiffren werden, welche durch diese Einheit – den *Gott der Mythe* – ihre Bedeutung erlangen. Umgekehrt konstituiert die Deutbarkeit der Chiffren in ihrem Zusammenhang den Mythos, welchen der Dichter findet und erfindet. Ein solcher Hymnus hat – um ein Stiftswort zu benutzen – *Systemcharakter,* er besteht in seinen Bildern, und diese begründen ihn; insofern er die gleichen Chiffren gebraucht wie die anderen Hymnen, fügen diese sich zu einem größeren poetischen System zusammen, das sich wechselweise zu erläutern vermag. Es entsteht eine Mythologie, die sich – mit den Worten der »Verfahrungsweise des poetischen Geistes« – *als eigene Welt der Form nach, als Welt in der Welt, und so als Stimme des Ewigen zum Ewigen* darstellt.

Diese hochgemute Auffassung vom Vermögen des Dichters und seinem Gedicht wird poetisch verwirklicht nicht nur mit Hilfe der klassischen mythologischen Überlieferung. Natur und Geschichte leihen sich gleichermaßen der Chiffrierbarkeit, und auch für sie gilt, was Hölderlin in dem Schema für einen Aufsatz über die *Fabel der Alten* andeutet. Es ist eine auch terminologisch nützliche Zusammenfassung seiner Lehre, in ihrem Lakonismus faßlicher als die weitläufig sich erstreckenden Spekulationen. Auch die antiken Sagen werden verstanden als ein *System,* durch *Beziehung* seiner *Elemente* begründet, die eine gewisse *Bewegbarkeit,* das heißt Variabilität zulassen. Es ist dies ein Gedanke, welcher mit Goethes *gränzenloser Mythologie ... zu dichterischer Ausbildung* zweifellos verwandt ist. Wenn auch die Fabel (= Mythos) *Nothwendigkeit* besitzt, insofern sie den *Prinzipien* als Urphänomenen der Lebenswelt *Gestalt* gibt, so dulden diese Prinzipien doch verschiedene Formen. Im einzelnen Mythos ist Prinzipielles, Uranfängliches gestaltet auf Grund von Erfahrungen, die der zweite Brief an Böhlendorff ahnen läßt: *Das Gewitter, nicht blos in seiner höchsten Erscheinung, sondern in eben dieser Ansicht, als Macht und Gestalt, in den übrigen Formen des Himmels, das Licht in seinem Wirken, national und als Prinzip und Schiksaalsweise bildend, daß uns etwas heilig ist ...*

Aber es sind nicht nur die großen Erscheinungen der Natur, Ströme, Inseln, Gebirge, welche als *Prinzip und Schiksaalsweise* erfahren werden und die *Verschiedene Formen* leiden. Der Strom etwa erscheint als Jüngling, als Vater Rhein, als Ganymed, oder kentaurisch als Chiron, je nachdem, ob ein überlieferter *Mythologischer Inhalt, ein Heroischer* (das heißt auch geschichtlicher) oder ein *Reinmenschlicher* hervortritt. Der *Sinn solcher Fabeln überhaupt* besteht in der Vergegenwärtigung des unendlichen *Zusammenhang der Menschen und Geister,* welcher die *Natur* einbegreift und die Kräfte der *Geschichte.* Alle diese vom Gedanken nicht erschöpfbaren Verhältnisse kommen im Gedicht als dem Ort der Mythe zur Anschauung. Der Dichter stellt den verlorenen *Zusammenhang der Menschen und Geister* aufs neue her. Das große Zeugnis dieser Hoffnung sind die von Hölderlin hinterlassenen Hymnen und hymnischen Fragmente, deren Mythen sich von denen der Alten freilich auf säkulare Weise unterscheiden. Sie wollen, aus dem Bewußtsein des Mangels, den Zusammenhang wieder hervorbringen, den jene gefunden und geglaubt hatten. Eine subjektive Tendenz bemächtigt sich eines Phänomens, welches die höchste Objektivität beansprucht hatte. Es ist der von Goethe beklagte Zustand, ohne *Mittelpunct, auf den hingeschaut werde ... jeder Einzelne tritt als Lehrer und Führer hervor.* Eine große Last, eine übermenschliche Verantwortung mißt der Dichter sich zu, der das Bleibende stiften soll. Und in so großer Einsamkeit Hölderlin sie auch getragen hat – allein war er nicht. Das zeigt nicht nur der Streit um das Systemprogramm, das einmal ihm, ein andermal Schelling oder Hegel zugeschrieben wurde. Das zeigen auch die Sätze Friedrich Schlegels aus der »Rede über die Mythologie«: *Ihr habt selbst gedichtet und Ihr müßt es oft im Dichten gefühlt haben, daß es Euch an einem festen Halt für Euer Wirken gebrach, einem mütterlichen Boden, einem Himmel, einer lebendigen Luft. Aus dem Innern herausarbeiten das alles muß der moderne Dichter, und viele haben es herrlich getan, aber bis jetzt nur jeder allein, jedes Werk wie eine neue Schöpfung von vorn an aus Nichts. Ich gehe gleich zum Ziel. Es fehlt, behaupte ich, unsrer Poesie an einem Mittelpunkt, wie es die Mythologie für die der Alten war ... Wir haben keine Mythologie. Aber setze ich hinzu, wir sind nahe daran eine zu erhalten, oder vielmehr es wird Zeit, daß wir ernsthaft dazu mitwirken sollen, eine hervorzubringen.*

Die Ahnung Schlegels hat sich nicht erfüllt, und es steht dahin, ob andere Literaturen solche Hoffnungen gehegt haben wie die deutschen Dichter um 1800. Die neuen Mythologien, selbst die zu den höchsten Hervorbringungen der Poesie zählenden Hölderlins, sind Privatmythologien geblieben. Sie haben keine neue Ära hervorgebracht, sondern ehestens eine vorübergehende charakterisiert. Sie haben auch keine neue Verbindlichkeit gestiftet. Gewiß war ihre Absicht so rein, als sie utopisch war. Aber das Verlangen nach vollständiger Weltdeutung sollte sich nur zu bald in andere, immer weniger poetische Bereiche verlagern, die Mythen immer unpoetischer werden und dem *Götzendienst* nahe, von dem Goethe gesprochen hatte. Er hat das Thema Mythos, das ihm so am Herzen lag, nie zum beherrschenden Thema werden lassen, und insofern der Mythos poetisch wurde, war ihm sein Scheincharakter wichtig. *Ich bin ein Idol* sagt die Helena. Und schon 1793 hatte Goethe sich in seinem Notizbuch einen Satz des Pausanias notiert:
Wir wollen in Dingen welche die Götter angehen bey den alten Erzählungen bleiben.

WILFRIED BARNER

Literaturtheologie oder Literaturmythologie?

Die nachfolgenden Überlegungen dienen einem doppelten Ziel. Sie sind zunächst erbetenes »Korreferat« zu den Referaten von Walther Killy und Theodore Ziolkowski. Deren zentrale Beispiele (Goethe, Hölderlin, Mörike) werden unter etwas grundsätzlicherer methodologischer Fragestellung noch einmal aufgenommen und auf die Problemsituation des 20. Jahrhunderts bezogen. Das Hauptstichwort »Mythos« bei Killy und die kritischen Eingrenzungen der »Literaturtheologie« bei Ziolkowski geben zugleich den Anstoß, das Tagungsthema mit der aktuellen Mythosdiskussion zu verknüpfen. So aufwendig und mitunter modisch diese sich geben mag, sie ist selbst auch Symptom: für tiefer reichende religiöse oder quasi-religiöse Bedürfnisse, wie sie sich auch in der neueren Belletristik artikulieren.

Der Neologismus »Literaturmythologie«, fragend gegen den schon eingeführten – und nicht unproblematischen – Begriff »Literaturtheologie« gesetzt, soll hier nicht propagiert werden. Er ist lediglich Hilfsmittel. Er soll daran erinnern, daß das Gespräch zwischen Theologie und Literatur, wenn es denn über die Beschäftigung mit christlichen »Themen« hinausgelangen will, sich den weltliterarischen Phänomenen des Mythischen entschiedener zuwenden muß als bisher

Meine Hauptthese nenne ich gleich vorweg: Wenn wissenschaftliche Beschäftigung mit Literatur in einem reflektierten Sinn auch religiöse Fragestellungen an die Texte und Autoren heranträgt, dann reichen die Perspektiven und Methoden der Literaturtheologie nicht aus. Ihr muß mit prinzipiell gleichem Recht eine (vorläufig analog so zu nennende)

Literaturmythologie an die Seite treten – so wie religiöse Phänomene nicht Reservat der christlichen Theologie sind, sondern zunächst Gegenstand der Religionswissenschaft.

1. Die Beispiele (Ziolkowski, Killy), aufs Mythische hin weitergedacht

Mit Mörikes Gedicht »Die schöne Buche« (Text S. 129) und mit Guardinis christianisierender Auslegung (ich meine darin auch das latent Missionarische, Usurpatorische) wählt Theodore Ziolkowski ein durchaus nicht verjährtes Exempel. Zu Recht kritisiert er die Vernachlässigung des konstitutiv Ästhetischen und – bei aller vorwaltenden Fairneß – die Tendenz des »Literaturtheologen«, dem Text an entscheidender Stelle seinen eigenen »Glauben«, seine »Erwartung« zu »oktroyieren«. Jedem Literaturliebhaber ist sie, das sei ausdrücklich hinzugesetzt, als private Lizenz selbstverständlich verstattet. Ich möchte jedoch Ziolkowskis Methodenkritik durch weiteres Nachdenken über das Gedicht, in zwei Punkten noch zuspitzen. Der von Guardini wie von anderen gern eingeschlagene Weg, eine literaturtheologische Interpretation über die Identität von Autor und Christ, hier gar den Idealfall von Dichter und Pfarrer abzusichern, führt lediglich über eine Eselsbrücke, eine einsturzgefährdete. Von den Methodenproblemen dieser Art des abgestandenen Biographismus – es gibt auch einen sehr fruchtbaren – kann ich hier nicht des näheren sprechen.

Die charakteristische Spannung des Gedichts liegt gerade darin, daß eine wesenhaft romantisch-moderne, »Ich« sagende Subjektivität, die im Schlußvers »Einsamkeit« fühlt und denkt (V. 30), die religiösen Motive und Schlüsselworte als durch und durch antik-heidnische entfaltet: »Hain«, »Gottheit« (V. 17), »dämonisch« (V. 27); Ziolkowski spricht außerdem vom »Numinosen«, einer »Art Tempel« und von »Epiphanie«. Die »Gottheit« läßt sich noch präziser fassen: Es ist Pan, der »Dämon«, der »Auflauschende« (V. 17), der Auflauernde, der Lüsterne, der Schreckende, der in die bukolische Idylle Einbrechende, einer, der hier zunächst als »ein freundlicher Geist« erscheint (V. 17). Es ist die Stunde Pans: »die hohe Stunde des Mittags« (V. 19), »Lautlos alles«, Schweigen (»es schwieg«, V. 20), flirrende Mittagshitze (»die feurig strahlende Sonne«, V. 25), das Gestirn steht im Zenith (»Fast gleich messend«, V. 26), es herrscht »dämonische Stille« (V. 27)[1].

Es ist nicht ein Gran spezifisch Christliches darin. Es äußert sich zitierte Religiosität antik-heidnischer Art, transformiert in ein »Natur«- und »Einsamkeits«-Denken von romantischem Zuschnitt. Getragen ist sie von der projizierenden und belebenden Kraft der Subjektivität, an deren neuzeitlicher Herausbildung gewiß das Christentum beteiligt war, doch eher so, daß sie sich gegen dieses durchzusetzen hatte. Mörikes Gedicht ist – der Besuch in Cleversulzbach und namentlich Peter Härtlings Skizze[2] hat dies schlagend illustriert – gegen die klägliche Realität geschrieben, ihr abgetrotzt. Das beschworene Heidnisch-Religiöse dementiert nachgerade den christlichen Existenzzusammenhang, stellt ihn zumindest in Frage. Der Literaturtheologe *kann,* wie das Beispiel Guardinis zeigt, selbstverständlich jene usurpatorische »lecture« betreiben, die schon in Odysseus, in Herakles oder gar Prometheus den präfigurierten Christus sah[3]. Es fragt sich, ob solches Vorgehen heute dem wissenschaftlichen Dialog förderlich ist. Zentral ist in Mörikes Gedicht das Mythische der Pans-Gestalt und ihrer Epiphanie – und darin die Negation des Gegenwärtigen.

Wenn Walther Killy den Mythosbegriff bei Goethe und bei Hölderlin expliziert, so geht es ihm um zwei große Individualitäten und zugleich doch auch um Typisches, wenn nicht gar Typologisches auf die Gegenwart hin; das Schlußzitat jedenfalls deutet darauf. Goethe hat lebtags – wenn nicht die »Gottesgelehrtheit«, so doch die »Götterlehre« beschäftigt. Sie nimmt er »historisch« nach Anleitung Herders, und »theoretisch« (vielleicht doch etwas schwächer ausgebildet, wenn nicht im goetheschen Sinn »anschauend«). Und er nimmt sie »poetisch« in den großen Figurationen von Prometheus bis zu Pandora und Helena.

Ich füge zweierlei hinzu, das mir für Goethes mythisches Denken und Gestalten bezeichnend zu sein scheint. Um Walther Killys Eingangsbeispiel »Wilhelm Meisters Lehrjahre« aufzunehmen: Goethe hat dieser modernen, prosaischen »Epopöe« (wie er sie selbst auch nennt), ihrem »sentimentalischen Helden« (als den ihn Schiller provokativ bezeichnet) Mythisches nicht als Motiv oder gar als Sujet, sondern als sinngebende Struktur eingeformt[4]. Das Urvertrauen Wilhelms, immer von neuem durch »Irren« gefährdet und durch die Konstruktion der »lenkenden« Turmgesellschaft schließlich bestärkt (anschließend durch Jarno erneut in Frage gestellt), ist der »Odyssee« als der jüngeren, »modernen« Homerischen Epopöe nachgestaltet. Insonderheit korrespondiert es dem noetisch vertrauenden Verhältnis des »irrenden« Odysseus zu Athene, das sich episch von Mal zu Mal im Vorgang der Wiedererkennung (Anagnorisis) erneuert. Nicht mythologischer Stoff, nicht »Einfluß« ist hier von Belang, sondern mythische Sinngebung als durchscheinende Struktur[5].

Und: Goethe hat mit Faust und Iphigenie – die ihm selbst schon aus der Überlieferung als vorgeprägte literarische »Gestalten« begegneten –, nicht zuletzt aber mit Wilhelm Meister Figuren einer neuen mythischen Qualität geschaffen, nicht »Kunstfiguren«, die solche blieben, sondern einen »Mythos Faust«, einen »Mythos Wilhelm Meister«. Den Erweis aus der deutschen Bildungsgeschichte werden Sie mir erlassen[6]. Die Literaturgeschichte bestätigt es gattungsspezifisch. Der deutsche Bildungsroman, was immer dies sei und welches produktive Mißverständnis immer seine Gattungsreihe hervorgebracht haben mag[7], ist auf jeder historischen Stufe und in jedem neuen Werk auch postfigural zu Wilhelm Meister, bis hin zu Thomas Mann und zur oft genug in diesem Zusammenhang bemühten »Blechtrommel«. Wilhelm Meister war über mehr als anderthalb Jahrhunderte hin, wie Faust und wohl auch Werther, eine Zentralgestalt deutscher Nationalmythologie. Ein wirkungsgeschichtlicher Befund gewiß[8], über das hinausgehend, was Walther Killys selbstgesetzte thematische Grenzen einschließen. Aber der Befund

gehört zur Gegenwart, zum 20. Jahrhundert und zum Gegenstand dieser Tagung.
Vom »Mythos Hyperion«, analog zu Faust, ja eher noch vom «Mythos Hölderlin« wäre reizvoll, ja notwendig zu reden im Hinblick nicht erst auf Pierre Bertaux, Peter Weiss, Peter Härtling. Walther Killy erkennt in Hölderlins Auffassung des Mythos jenes stiftlerische Insistieren auf dem »Systematischen«, dem gerade die goethesche Totalität verlorengehe, der Zusammenhang. Es stecke darin als Konsequenz das Sichverlieren in »Privatmythologien«, in radikale Subjektivität ohne »Mittelpunkt«, mit Goethes Formulierung. Kein Zweifel, in dieser Kritik, wiederum auch auf unsere Gegenwart hin gesprochen, wird das ungoethisch Angestrengte, Willentliche, ja gewalthaft Setzende der Hölderlinschen Mythos-Konstruktion herausgetrieben.
Aber »privat«? Mit der mythischen Verschmelzung von Christus und Dionysos (in »Brod und Wein«, in der »Friedensfeier«), ja auch von Herakles (ihr »Bruder« ist er in allen drei Fassungen von »Der Einzige«)[9] realisiert der Theologe Hölderlin bekanntlich jene erwähnte, bis ins Frühchristliche zurückreichende Tradition. Wenn bei Mörike die Epiphanie der »Gottheit« sich dem einsamen Ich *im* Augenblick vollzieht, so ist für die »Friedensfeier« – in der Götternacht – die Gestik des »Ladens«, des Einladens konstitutiv. Das alte herbeirufende (kletische) Moment des Götterhymnos ist epochal, um nicht zu sagen: eschatologisch auf das »Kommen« bezogen, auf den »kommenden Gott«, wie er in »Brod und Wein« genannt wird[10].

2. Neue Mythologie

Hier ist poetische Gestalt geworden, was sich im »Ältesten Systemprogramm des deutschen Idealismus«, das auch Walther Killy heranzieht, als »Neue Mythologie« ankündigt[11]. Von Lessing und Herder wird sie menschheitsperspektivisch vorbereitet und historisch legitimiert, von Friedrich Schlegel und seinen Freunden zum Programm erhoben, von Novalis und Hölderlin im hymnischen Entwurf poetisch beschworen. Wir sind bei der Gegenwart. Neue Mythologie ist »in«. Manfred Franks Genfer Vorlesungen und ihre auch übers Taschenbuch vermittelte Resonanz[12] zeigen dies ebenso wie Hans Freiers »Rückkehr der Götter«[13] Odo Marquards »Lob des Polytheismus«[14], Hans Blumenbergs »Arbeit am Mythos«[15] und Karl Heinz Bohrers jüngster Sammelband »Mythos und Moderne«[16] (manches Analoge zeigt sich in Frankreich an Derridas und Lacans Indienstnahme des Mythos für ihre *posthistoire*-Thesen, auch in Italien etwa an den Arbeiten von Jesi). Parallelen zum Kult des Mythischen in den zwanziger Jahren drängen sich auf[17].

Es vollzieht sich Mobilisierung religiöser Motive als Gegenbewegung der Gegenbewegung. Nach dem »Mythus des 20. Jahrhunderts«[18] und seinem Praxiswerden im völkischen Rassenwahn und im Vernichtungsrausch, noch und gerade im Angesicht seiner Herrschaft, setzten bei Benjamin[19], bei Bloch[20], dann bei Horkheimer und Adorno[21] die Versuche zur (lessingisch gesprochen) »Rettung« des Mythischen ein: Mythos als Humanum, das auch dem Utopischen – und sei es rückwärtsgewandt – Raum zur Artikulation bietet, nicht amorphe, unheimliche, sondern gestaltete Wirklichkeit; Mythos als ein Stück Aufklärung selbst, zwar der Pervertierbarkeit in erneute Unmündigkeit ausgesetzt, doch zunächst Manifestation des Ordnens, Durchschaubarmachens gegenüber dem bloß Schreckenden, dem »Terror«[22]. Noch Blumenbergs Kategorie der »Arbeit« am Mythos versteht sich als positive, kreative Leistung gegen die Daseinsangst, im Dienst der Erkenntnis.

Das neue Interesse am Mythos ist nicht nur avanciertes akademisches Thema, etwa unter Pariser Studenten oder in Berkeley oder in Yale. Es ist eine Bewegung, die namentlich durch Vermittlung über die Psychoanalyse auch in die professionellen Lebensratgeber, ja in die Literatur einzudringen begonnen hat. Für Erich Fromm sind Mythen – neben den Märchen und den Träumen – Manifestationen einer »vergessenen Sprache«[23], die wieder ernst zu nehmen und zu entziffern eine humane Aufgabe der Selbstvergewisserung ist. Für Horst Eberhard Richter zeigt sich im »Gotteskomplex«, analog dem Ödipuskomplex, das Unterliegen der »Logik des Kopfes« gegenüber der »Logik des Herzens«, die sich im Mythos ausspricht, in ihm aufbewahrt ist[24]. Komplementäre kritisch-analytische Interessen am Mythos zeigen sich bei dem dezidierten Atheisten Leszek Kolakowski[25]. Die Reihe aktueller Bemühungen um den Mythos sub specie hominis *ac* religionis ließe sich lange fortsetzen, bis hinein in die neuere Märchenanalyse und Märchenpädagogik[26], und zum Wiederaufleben des Märchenhaften in der Literatur.

Die neue Neue Mythologie ist bei Freier, Frank oder Bohrer historisches Wiederanknüpfen bei der neuentdeckten Romantik (mit auffälligen Parallelen in vielen anderen Bereichen, von der modernen Poetik, bis hin zur »politischen Romantik«). Neue Mythologie, bei ihren Urhebern als »vernünftig« fortschreitendes Neu-Lesen, Neu-Gestalten der alten Mythen gefaßt, tritt laut Frank in die Legitimationslücke, die um die Wende vom 18. zum 19. Jahrhundert von den Staatssystemen wie von den institutionalisierten Konfessionen gelassen wird[27]. Die Parallelen zur Gegenwart bedürfen kaum der Aufzählung. Mythos erscheint als Kompensation für den »Religionszynismus«, wie dies Peter Sloterdijk genannt hat[28]. Neue Mythologie folglich als Religionsersatz? Unter dem Gesichtspunkt unseres Tagungsthemas ist es verlockend, aber voreilig, die neue Welle lediglich im Sog des in Zweifel geratenen, ja verlorenen Gottesglaubens zu interpretieren. Eine knappe Verständigung über das Sinnspektrum des Mythos ist deshalb unumgänglich[29].

3. Mythos, Mythologie, das Mythische

Die Vernebelung der Begriffe, nicht zuletzt da es auch um Massenbewegungen und Marktanteile geht, scheint vollkommen. Auch auf die Gefahr hin, rasch in einer Schublade der im Moment besonders wohlfeilen journalistischen

Geisteswissenschaftskritik zu verschwinden, versuche ich eine kurze Begriffsklärung.

Mythos ist »Erzählung«, »Rede« von Göttern, Halbgöttern, Heroen, die ein fixierter Text sein kann wie Sage oder Legende (und als solche theologisch, religionswissenschaftlich, literaturwissenschaftlich interpretierbar), aber seinem Wesen nach dem Wieder-und-wieder-Erzählen (und -Deuten), der Retraktation und dabei der Variation offen ist[30]. Hier liegt der tiefere Grund für seine poetische Attraktivität, ja für seine – wie schon Herder behauptete – dichterische Qualität schlechthin. Mythos kann Glaubensinhalte repräsentieren, aufbewahren. Aber Glaubensinhalte, insofern sie nicht als erzählbare auftreten, sind nicht Mythos. Selbst der moderne inflatorische Gebrauch des Worts »Mythos« in Politik, Gesellschaft, Ökonomie, besonders auch Kulturkritik und Medienanalyse, etwa bei der Formulierung »Mythos vom Wirtschaftswunder«, »Mythos der Marilyn Monroe«, enthält Momente des Erzählbaren. Im Erzählten freilich, auch und gerade in den Götter- und Heroengeschichten, spiegeln sich Menschenbilder, gesellschaftliche Normen. Dieses Sichspiegeln ist der Grund einerseits der Allegorese, die den Mythos gefügig macht, andererseits der steten, produktiven Neuinstrumentierung; mit Grenzen, wie sie etwa Bertolt Brecht erkennen mußte, als er im »Antigone-Modell« das Archaische, das »Barbarische« des Totenkultes seinem Konzept der »Durchrationalisierung« nicht zu unterwerfen vermochte[31].

Mythologie: Der Begriff ist gezeichnet durch die Homonymie zweier geschichtlich nacheinander entstandener, heute längst nebeneinander existierender Verwendungsweisen[32]. Mythologie ist zum einen die Gesamtheit der von einem Volk, einer Gesellschaft, einer Gruppe als verbindlich tradierten Mythen, Erzählungen von Göttern und Heroen, also »Götterlehre« in dem von Walther Killy schon angesprochenen Sinn: wenn nicht als strenges »System«, so doch als sinnhaft strukturierter Zusammenhang. Zum anderen meint Mythologie die methodische, wissenschaftliche Beschäftigung mit den Mythen oder Mythologien, so wie sie am Ausgang des 18. Jahrhunderts von dem Göttinger Altertumsforscher Christian Gottlob Heyne[34] inauguriert und dann im Umkreis der Romantik zu einer eigenen Disziplin entwickelt worden ist. Nicht selten schwingt schon in Titelgebungen neben der reinen Bereichsangabe auch der wissenschaftliche Anspruch mit, so bei Jacob Grimms »Deutscher Mythologie« (1835)[35] und selbst noch bei Arnold Büchlis »Mythologischer Landeskunde von Graubünden« (1958 und 1966)[36].

Die inneren Gesetzmäßigkeiten der Mythen zeigen sich heute, mit merklichem Eindruck auch auf viele Autoren der Gegenwart, mit Hilfe von Verfahren der strukturalen Ethnologie à la Lévi-Strauss oder der schon traditionsreichen Comparative Mythology, wie sie etwa Littleton betreibt[37] (zur Wirkung der ethnologischen Mythenforschung sei unter den deutschsprachigen Autoren nur an Hubert Fichte erinnert).

Das Adjekt *mythologisch* schließlich unterliegt besonders im Zeitalter der Wissenschaftsgläubigkeit jener unausrottbaren Schlamperei, die den Gegenstand einer Disziplin mit deren Perspektive oder Verfahren zusammenwirft: soziologisch, wo sozial gemeint ist (»soziologische Struktur« z. B.), psychologisch statt psychisch, mythologisch statt mythisch.

Mythisch – damit wird eine entscheidende Voraussetzung für die Interpretation auch von Gegenwartsliteratur berührt – ist eine Perzeptionsweise von Wirklichkeit, die zugleich Ausdrucksweise ist[38]. Mythisches Weltbild, als Konstrukt betrachtet, existiert streng genommen nur, insofern es sich in mythischen Erzählungen ausdrückt. Dieses mythische Denken, von struktureller Ähnlichkeit und Faszinationskraft wie neuerdings das »wilde Denken«, ist selbst nichtgeschichtlich, auch wenn es geschichtliche Elemente (seien es Vorgänge oder Gestalten) in sich aufnimmt und in seinen Wandlungen der Geschichte ausgesetzt ist. Es ist nichtbegrifflich, auch wenn es nach dem hegelianischen Schema »Vom Mythos zum Logos« der Begrifflichkeit vorarbeitet[39]. Es ist personalisierend, auf Gestalten bezogen, auf »Anschauung«, deren philosophische wie poetische Dimension unter den Neueren Goethe wohl am klarsten erkannt hat. Schließlich: Mythisches Denken ist sinnverbürgend. Hier liegt der vielleicht entscheidende Konkurrenz- oder gar Konfliktpunkt zwischen Literaturtheologie und Literaturmythologie, insoweit Theologie als Glaubenswissenschaft Sinn nicht zur beliebigen wissenschaftlichen Disposition stellen kann. In den Jahrhunderten des christlichen Mittelalters, vorbereitet durch Auslegungsweisen der Spätantike, und mit Ausläufern bis weit ins 18. Jahrhundert hinein, ermöglichten es Typologie und Allegorese (mit der Lehre vom mehrfachen Schriftsinn), nicht nur die alttestamentlichen Mythen, sondern auch wichtige Teile der griechisch-römischen Mythologie in den christlichen Dienst zu nehmen. Das mythische Denken der Neuen Mythologie geht über diese retrospektive Indienstnahme programmatisch hinaus, ja kehrt sie »progredierend« um in die Perspektive einer universalen Mythologie, deren Sinn von »Vernunft« bestimmt wird.

4. Wiederkehr des Mythos?

Von einer universalen Mythologie, die den Gesamtzusammenhang der menschheitlichen Existenz »vernünftig«, »sinnhaft« zu deuten vermöchte, ist die Gegenwartsliteratur weit entfernt. Zwar steht ihr das »musée imaginaire« der Mythenüberlieferung vom alten Judentum bis zu den Griechen, von den Germanen bis zu den Indianern, von den Polynesiern bis zu den afrikanischen Völkern offen, zur Disposition. Trotz der zeitsymptomatischen und konjunkturgerecht abgesicherten Renaissance Richard Wagners, damit latent auch der germanischen Mythologie in heilssehnsüchtiger Instrumentierung, üben die griechischen Mythen noch oder wieder – aus vieldiskutierten Gründen – die größte Faszination aus. Dies gilt nicht nur für das Theater (wenn man etwa an die Riesenanstrengung der Berliner »Orestie« von Peter Stein denkt), sondern auch für viele Bereiche der bildenden Kunst, für Lyrik und Erzählprosa.

Doch die Reflexion auf das Mythische gibt Kategorien an die Hand auch für das komplementär ganz Andere, das gegen alle Überlieferung bewußt Abgeschottete, das *Privatmythologische* seit der Tendenzwende: bei Peter Handke und Karin Struck, bei Günter Steffens und Botho Strauß, auch bei Michael Ende und (um einmal über den deutschsprachigen Zaun hinauszuschauen) bei J. R. R. Tolkien und seinen Hobbits. Mythische Denkform reizt – wie schon in den zwanziger Jahren – als nichtgeschichtlich, nichtbegrifflich, gestaltorientiert, erzählend, sinnverbürgend. Mythos in der Literatur steht heute zwischen kontradiktorischen Extremen: der aufklärerisch-analytischen »Rettung« des Mythischen in der oft labyrinthischen Linie von Freud und Jung über Horkheimer/Adorno bis zu Fromm und Richter und der Mystifikation, die vor allem Roland Barthes in »Mythen des Alltags«[40] scharfsinnig interpretiert und kritisiert hat: daß geschichtlich Gewordenes, gesellschaftlich Gemachtes in »Natur«, in »Pseudonatur« verwandelt wird.
Die *politische* Dimension des Mythos hat, nicht ohne Einwirkung Nietzsches, in unserem Jahrhundert besondere Aufmerksamkeit erlangt, und sie ist namentlich für die Diagnostik der Gegenwartsliteratur unabweisbar. Schon bei den Romantikern ist Mythos als das kreatürlich Organische ein Gegenhalt gegen den »mechanischen« Staat. Georges Sorel[41] entdeckt als Sozialist die treibende Kraft des Mythischen in den historischen Massenbewegungen. Und Alfred Rosenberg schließlich (1930) füllt einen absolut gesetzten und leer gewordenen Mythosbegriff mit dem Blutmythos vom Dritten Reich als der historischen Aufgabe des 20. Jahrhunderts[42]. Ernst Cassirer[43], Hermann Broch[44] und andere haben im Zeichen der Kriegs- und Vernichtungskatastrophe, jedoch auch der neuen Massenbeherrschungstechniken in den Großstaaten das Bewußtsein für die potentielle politische Gefährlichkeit alles Mythischen in der Moderne zu schärfen versucht[45].
Die deutschsprachige Literatur nach 1945 bietet angesichts dieser Warnung ein höchst disparates Bild[46]. Der Versuch nicht weniger Autoren der sog. Inneren Emigration, das Er-

lebte – wie schon vor 1945 – in einen metaphysizierenden und mythisierenden »Schicksals«-Horizont zu stellen, war von großer Resonanz, sei es bei Bergengruen oder Carossa, bei Benn oder Jünger. Hier gehen oft religiös-christliche Motive und mythologisch-antike Chiffren eigentümlich ineinander. Bei den Schriftstellern der sich selbst so nennenden »Jungen Generation« (mit der Zeitschrift »Der Ruf« als frühem Zentrum) implizierte der Entschluß zur schnörkellosen Ehrlichkeit eines Realismus oder Verismus fast notwendig den Verzicht auf alles Mythisierende – mit wenigen Ausnahmen. Die Neuentdeckung der »Klassiker der Moderne« bedeutete dann für viele zugleich Begegnung mit Klassikern des Mythischen oder auch des Mythologischen: Kafka und Broch, Joyce und Proust, Eliot und Pound, Pavese, Sartre und Camus. Einzelne der großen Emigranten traten im gleichen Sinne hinzu: außer Broch Thomas Mann und Brecht, oder etwa Döblin und Musil.
Aus dem verwirrend breiten Spektrum des Mythischen wähle ich mit gezielter Einschränkung *einen* Strang aus: den retraktierten griechischen Mythos. Seine Anziehungskraft reicht, trotz (oder gerade wegen) aller Krisen der humanistischen Bildungstradition, bis in die Gegenwart hinein, aus höchst komplexen Motiven, die hier nicht eigens reflektiert werden können[47]. Nach dem Kennenlernen oder Wiederentdecken der zunächst übermächtig erscheinenden »Retraktatoren« griechischer Mythen wie Joyce, Wilder und O'Neill, Giraudoux, Anouilh und Sartre reizt in den fünfziger Jahren, lange vor der breiteren Rezeption der Deutung Horkheimers und Adornos[48], die Figur des Odysseus. Bei Ernst Schnabel (»Der sechste Gesang«, 1956) durchschaut er die Gemachtheit des eigenen Bildes (Dürrenmatt hat zwei Jahre zuvor den Helden Herkules bei der Organisation seines Helden-Image vorgeführt), und bei Walter Jens (»Das Testament des Odysseus«, 1957) ist er von der desillusionierenden Erfahrung des Krieges geprägt; sein »Testament« an den Enkel ist das »Hüten« des »Friedens«. Die Traditionalität des Mythos gestattet den beiden Autoren, das große Muster Euripides radikalisierend, den Schritt

zum Anti-Mythos, der im Aufdecken zugleich Handlungssinn ermöglicht.
Bertolt Brechts seit den Jahren des Exils erste Theaterarbeit an einer europäischen, deutschsprachigen Bühne (Chur 1948) ist das »Antigone-Modell«, nach Sophokles in der Übersetzung Hölderlins. Aktualitätsbezüge unter dem Stichwort »Tyrannis« weist Brecht ausdrücklich von sich[49] und arbeitet sie doch unverkennbar heraus: in der Verstärkung des Motivs vom Krieg mit Argos, über die Käuflichkeit des Klerus, bis zum Stillhalten, ja Mitmachen der Beherrschten. Programmatisch sprechen die Dokumente von »Durchrationalisierung« und vom »Eliminieren« des mythischen Apparats[50]. Der Bacchus-Kult aber, als »Volks«-Kult, der mischt und im Rausch vereinigt, wird von Brecht noch über Sophokles/Hölderlin hinaus verstärkt, und im Bühnenbild treiben die grausigen Spitzpfähle das »Archaische« hervor: somit Remythisierung nicht aus obskurantistischen Bestrebungen, sondern aus Einsicht in die gesellschaftlichen Ursprünge jener alten »Volkslegende«[51], die Brecht überhaupt zur Wahl der »Antigone« gereizt hat.
Die neuerliche Neigung von Theaterautoren der DDR zu Sujets des griechischen Mythos ist so offenkundig wie in ihren Motiven kontrovers: von Heiner Müllers »Herakles 5« (1966) und »Philoktet« (1968) über die lange Reihe der »antiken« Stücke von Peter Hacks, über Karl Mickels »Nausikaa« (1974) bis zu Heiner Müllers jüngsten Medea-Szenen. Ausweichen vor den Realitäten und Zumutungen der gesellschaftlichen Gegenwart ist, bei aller Unterschiedlichkeit der Mythengestaltungen, den Autoren unterstellt worden. Das Beispiel Heiner Müller mit den Arbeitswelt-Stükken bis 1965 (»Der Bau«), der öffentlichen Kritik daran und schließlich dem »Philoktet« scheint symptomatisch zu sein[52]. Weder hier noch bei den anderen genannten Autoren, so wird dagegengehalten, sei der griechische Mythos Ausflucht, sondern humanistisches Erbe werde für die Gesellschaft produktiv gemacht[53]. Franz Fühmann, selbst erfahren in der Gestaltung des Mythischen, hat in seinem großen Essay »Das mythische Element in der Literatur« den entscheiden-

den Punkt benannt: Der Mythos »macht es möglich, die individuelle Erfahrung, mit der man ja wiederum allein wäre, an Modellen von Menschheitserfahrung zu messen«[54]. Das bedeutet nicht ein ahistorisches, gesellschaftsfernes Bild von den anthropologischen Konstanten, aber es kann zum Beispiel, etwa in Heiner Müllers »Philoktet«, die ingrimmige Einsicht bedeuten, daß menschenverachtende, menschenbenutzende Staatsraison nicht erst von heute ist, oder anders gewendet: daß es sie immer noch gibt, auch im Sozialismus.
Christa Wolfs Erzählung »Kassandra« schöpft ihre ungeheure Resonanz gewiß aus Verschiedenartigem: aus der brennenden Aktualität einer absehbaren Katastrophe (ähnlich der »Troerinnen«-Bearbeitung von Walter Jens), aus den nicht ohne Klischees auskommenden feministischen Tendenzen, nicht zuletzt aber aus der mit großartiger Konsequenz durchgehaltenen, radikalen Subjektivität der Ich-Erzählerin: sie erinnert hierin nicht von ungefähr an romantische Ursprünge (zumal wenn man »Kein Ort. Nirgends« heranzieht). Alle Götterwelt ist abgestreift, aber die Priesterin bleibt mythisch, ja religiös grundiert: als die Sehende, die das Kommende durchschaut und beschwören, beklagen, herausschreien muß.
Es ließe sich noch manche mythenthematische Reihe aus der Nachkriegsliteratur bilden, auch mit dem Paradethema der mythendeutenden Psychoanalyse neben Narziß, dem Ödipusthema, von Max Frisch über Franz Fühmann bis hin zu Christine Nöstlingers neuestem »Olfi Obermaier und der Ödipus«, wo nun diese Chiffre auch im Jugendbuch erscheint. Im September dieses Jahres eröffnet das Deutsche Schauspielhaus in Hamburg sein gründlich renoviertes Theater mit »Ödipus Tyrann« des Sophokles, inszeniert vom Hausherrn Niels-Peter Rudolph; derselbe bringt anschließend: das neue Stück »Der Park« von Botho Strauß. Die eigentümliche Koinzidenz ist alles andere als zufällig. Sie zeigt ein Stück Symptomatik: der attische Klassiker mit seiner über Jahrhunderte wieder und wieder variierten Mythengestaltung und der Privatmythologe nach der Tendenz-

wende, im Zeichen der Neuen Individualität, Subjektivität, Sensitivität, oder wie immer die Etiketten lauten.
Dieser Koinzidenz und ihren Gründen wäre genauer nachzugehen. Ist es die gleiche Sinnsuche, die gleiche Resignation über wahrgenommenen Stillstand, die nach der Retraktation der alten Mythen wie nach den neuen Privatmythen eines Strauß oder Handke greifen läßt? Ist jener antirationalistische Affekt am Werk, dem gegenüber schon wieder die »Rettung« des Mythischen sich regen müßte? Als mit bewährtem Instinkt für die intellektuelle Großwetterlage im Steirischen Herbst 1983 ein Literatursymposium das Thema »Die Wiederkehr des Gleichen« erörterte, kehrte man mit bemerkenswerter Eindeutigkeit immer wieder zum Problem des Mythos zurück[55]. Aufs Mythische besinnen sich auch Autoren von so vielfältiger politischer und literarischer Erfahrung wie Günter Kunert. Die Wirkung von Gedichten, so schrieb er kürzlich, sei nur »durch den Begriff des Mythos« zu benennen, »der, wie eben auch das Gedicht, ein Weltbewußtsein enthält, das grundiert ist von Staunen und Erschrecken«; es gebe überhaupt »keine Literatur ohne diesen oder einen ähnlich gearteten mythischen Gehalt«[56].
Solche aktuellen literarischen Tendenzen, die hier nur eben angedeutet werden konnten, brauchen – wie beim wissenschaftlichen Modethema Neue Mythologie – nicht überbewertet zu werden. Aber sie sind Indizien. Sie erinnern daran, daß in Zügen des Mythischen sich Bedürfnisse artikulieren, die auch den Theologen betreffen, doch mit seinen Fragestellungen allein nicht zu greifen sind – schon bei Goethe, Hölderlin und Mörike nicht. Zur Beförderung der Diskussion hierüber, und vorwiegend mit dem Blick auf die Literatur des 20. Jahrhunderts, sind die folgenden vier Thesen formuliert:

1. Mythos ist in der Moderne weder a priori religiös oder gar christlich noch ersatzreligiös oder gegenchristlich. Er besitzt anthropologische und ästhetische Eigenqualität, als nichtgeschichtlich, anschauend, nichtbegrifflich, personalisierend, sinnverbürgend.

2. Mythos in der Literatur ist spätestens seit der Aufklärung, verschärft im 20. Jahrhundert, janusgesichtig, als der, der mystizistischen Dunkelmännern ebenso ausgesetzt ist wie denen, die an ihm zur Mündigkeit erziehen wollen.
3. Ein rein literaturtheologischer Ansatz ohne Beachtung der spezifischen Struktur des Mythischen muß etwa bei DDR-Autoren Entscheidendes verfehlen (wenn man sich nicht mit wackligen Konstruktionen von »verborgener« oder »verdrängter« Religiosität durcharbeiten will).
4. »Literaturtheologie« und »Literaturmythologie« sind (eliminierbare) Hilfsbegriffe, die dokumentieren sollen, daß die christlichen, die religiösen, die mythischen Züge der modernen Literatur nur im Zusammenwirken der Aspekte gefaßt werden können. Der Theologie wie der Literaturwissenschaft gegenüber ist der Mythos etwas Eigenständiges, Drittes.

Lessing, einer der Stammväter der modernen Mythenkritik ebenso wie einer Neuen Mythologie, »Liebhaber der Theologie, aber nicht Theolog«, wie er sich bekanntermaßen selbst definierte, hat als Motto über »Nathan den Weisen« ein dem Heraklit zugeschriebenes Wort aus Gellius vorangestellt: Tretet ein, denn auch hier sind Götter! (»Introite nam et hic Dii sunt!«). Es sollte als Motto über jeder künftigen Literaturmythologie stehen.

Anmerkungen

1 Zu den bisherigen Interpretationen s. die von Ziolkowski in Anm. 2 genannten Arbeiten; kurzer Hinweis auf Pan etwa bei *Dagmar Barnouw,* Entzückte Anschauung. Sprache und Realität in der Lyrik Mörikes, München 1971, 144.

2 In diesem Band S. 17ff.

3 Zu diesem großen Bereich sei nur genannt: *Hugo Rahner,* Griechische Mythen in christlicher Deutung, Zürich [3]1966.

4 Verf.: Geheime Lenkung. Zur Turmgesellschaft in Goethes »Wilhelm Meister«, in: Goethe's Narrative Fiction, ed. by *William J. Lillyman,* Berlin/New York 1983, 85ff.

5 Zur »Diaphanie« s. *Hannelore Schlaffer,* Wilhelm Meister. Das Ende der Kunst und die Wiederkehr des Mythos, Stuttgart 1980.

6 Dazu exemplarisch *Hans Schwerte,* Faust und das Faustische. Ein Kapitel deutscher Ideologie, Stuttgart 1962; *Klaus L. Berghahn/Beate Pinkerneil,* Am Beispiel »Wilhelm Meister«. Einführung in die Wissenschaftsgeschichte der Germanistik, 2 Bde., Königstein/Ts. 1980.

7 *Martin Swals,* Unverwirklichte Totalität. Bemerkungen zum deutschen Bildungsroman, in: Der deutsche Roman und seine historischen und politischen Bedingungen, hrsg. v. *Wolfgang Paulsen,* Bern/München 1977, 90ff. (mit der wichtigsten älteren Literatur).

8 Zum Rahmen s. *Karl Robert Mandelkow,* Goethe in Deutschland. Rezeptionsgeschichte eines Klassikers, Bd. I.: 1773–1918, München 1980; *Wolfgang Leppmann,* Goethe und die Deutschen, Bern/München ^{2}1983.

9 Stuttgarter Ausgabe, Bd. II/1, 154, 158, 162.

10 A.a.O., 91.

11 Erstes Systemprogramm des Idealismus, in: Dokumente zu Hegels Entwicklung, hrsg. v. *Johannes Hoffmeister,* Hamburg 1936, 219ff.; hier: 219. Auf das Problem der Verfasserschaft braucht hier nicht eingegangen zu werden.

12 Der kommende Gott. Vorlesungen über die Neue Mythologie. 1. Teil, Frankfurt a.M. 1982.

13 Die Rückkehr der Götter. Von der ästhetischen Überschreitung der Wissensgrenze zur Mythologie der Moderne, Stuttgart 1976.

14 Lob des Polytheismus, in: Philosophie und Mythologie. Ein Symposion, hrsg. v. *Hans Poser,* Berlin/New York 1979, 40ff.

15 Arbeit am Mythos, Frankfurt a.M. 1979.

16 Mythos und Moderne. Begriff und Bild einer Rekonstruktion, hrsg. v. *Karl Heinz Bohrer,* Frankfurt a.M. 1983.

17 *Theodore Ziolkowski,* Der Hunger nach dem Mythos. Zur seelischen Gastronomie der Deutschen in den Zwanziger Jahren, in: Die sogenannten Zwanziger Jahre, hrsg. v. *Reinhold Grimm* und *Jost Hermand,* Bad Homburg v.d.H./Berlin/Zürich 1970, 169ff. (viele der vorzüglichen Beobachtungen sind inzwischen noch aktueller geworden).

18 *Alfred Rosenberg,* Der Mythus des 20. Jahrhunderts, München ^{1}1930.

19 Gesammelte Schriften, Bd. II (1977), 197ff.; vgl. auch Bd. I (1974), 140ff.

20 Das Prinzip Hoffnung, Frankfurt a.M. 1959; Bd. I, 16 u.ö. (vgl. auch Bd. III, 1614).

21 *Max Horkheimer/Theodor W. Adorno,* Dialektik der Aufklärung (zuerst Amsterdam 1947), Frankfurt a.M. 1969, bes. 33ff.

22 Vgl. hierzu den Sammelband: Terror und Spiel. Probleme der Mythenrezeption, hrsg. v. *Manfred Fuhrmann,* München 1971.

23 Märchen, Mythen, Träume, Reinbek b. Hamburg 1981.

24 Der Gotteskomplex, Reinbek b. Hamburg 1979.

25 Die Gegenwärtigkeit des Mythos, München 1973.

26 Antiker Mythos in unseren Märchen, hrsg. v. *Wolfdietrich Siegmund,* Kassel 1984.

27 Der kommende Gott, 155ff.

28 Kritik der zynischen Vernunft, Bd. II, Frankfurt a.M. 1983, 506ff.

29 Zum Begriffsgeschichtlichen vgl. auch den soeben erschienenen, detailliert belegenden Artikel »Mythos, Mythologie« von *Axel Horstmann* in: Historisches Wörterbuch der Philosophie, hrsg. v. *Joachim Ritter* und *Karlfried Gründer,* Bd. 6, Basel 1984, 281ff. (der Beginn, Sp. 281–283, zur Antike, von *Walter Burkert*).

30 Dazu *Manfred Fuhrmann,* Mythos als Wiederholung in der griechischen Tragödie und im Drama des 20. Jahrhunderts, in: Terror und Spiel, 121ff.

31 Belege zur Konzeption in: *Bertolt Brecht,* Die Antigone des Sophokles. Materialien zur »Antigone«, hrsg. v. Werner Hecht, Frankfurt a.M. 1965, S. 109ff.

32 Das hier Skizzierte bezieht sich auf die Entwicklung seit dem ausgehenden

18. Jahrhundert, insbesondere auf die Bedeutungen, die sich seit den Zwanziger Jahren herausgebildet haben.

33 So vor allem von Karl Philipp Moritz verwendet.

34 Dazu *Axel Horstmann,* Mythologie und Altertumswissenschaft. Der Mythos-Begriff bei Christian Gottlob Heyne, in: Archiv f. Begriffsgesch. 16 (1972), 60ff.

35 Sie tritt analysierend mit wissenschaftlichem Anspruch auf, »repräsentiert« jedoch zugleich auch darlegend ein »System«.

36 2 Bde. Aarau 1958 und 1966.

37 *C. S. Littleton,* The New Comparative Mythology, Berkeley, Calif. 1966.

38 Über die Ausweitung des Mythosbegriffs ins Anthropologische besonders seit Wagner und Nietzsche s. *T. Ziolkowski,* Der Hunger nach dem Mythos, 179ff.

39 Wegweisend wurde, für die Interpretation der Entwicklung des griechischen Denkens, *Wilhelm Nestle,* Vom Mythos zum Logos, Stuttgart 1940 (damals, im Zeichen der Mythomanie, schon gegen den Strom schwimmend).

40 Frankfurt a. M. 1964.

41 Besonders in: Les illusions du progrès, Paris 1908.

42 Siehe Anm. 18; dazu kommentierend *Alfred Baeumler,* Alfred Rosenberg und der Mythos des 20. Jahrhunderts, München 1943. Herausragend unter neueren Untersuchungen *Jan Kershow,* Der Hitler-Mythos, Stuttgart 1980.

43 The Myth of the State, New Haven and London 1966 (auf eine erste Fassung von 1944 zurückgehend, die wiederum Studien über »Das mythische Denken« von 1925 aufnimmt).

44 Mehrere Titel in: Politische Schriften, hrsg. v. *Paul Michael Lützeler,* Frankfurt a. M. 1978.

45 Für die Literatur Europas freilich sah er eine Rückkehr in den Mythos voraus, vgl. »Die mythische Erbschaft der Dichtung« (1945), in: Schriften zur Literatur. Bd. II, Frankfurt a. M. 1975, 202ff.

46 Zur Frühzeit gibt es zahllose verstreute Beobachtungen, aber unter dem Gesichtspunkt des Mythos noch keine grundlegenden Untersuchungen.

47 Die Attraktion, die aus der Möglichkeit modernisierender Variation folgt, hat vor allem *Walter Jens* mehrfach – auch selbst experimentierend – hervorgehoben, s. mehrere Beiträge in: Zur Antike, München 1978. Ein anderer Impetus kam, oft nur indirekt vermittelt, aus der Psychoanalyse, sowohl Freuds als dann auch Jungs; relativ breite Wirkung hatte *C. G. Jung* und *K. Kerényi,* Einführung in das Wesen der Mythologie, Zürich 1951.

48 Siehe Anm. 21.

49 Wie Anm. 31, 112.

50 So besonders auch *Caspar Neher* als Regisseur und Bühnenbildner und *Hans Curjel* als Theaterleiter, a. a. O., 124ff.

51 A. a. O., 110 u. ö.

52 Schon die reine Chronologie jedoch ist irreführend, da die Beschäftigung mit der griechischen Mythologie wesentlich früher einsetzt.

53 Vgl. etwa *Christoph Trilse,* Antike und Theater heute, Berlin (-Ost) ^{2}1979, 85ff.

54 Erfahrungen und Widersprüche. Versuche über Literatur, Frankfurt a. M. 1976, 147ff.; hier: 164.

55 Siehe den Abdruck der Beiträge in: manuskripte. Zeitschrift für Literatur, 23. Jg., 82. Heft, 1983.

56 Der Schlüssel zum Lebenszusammenhang. Literatur als Mythos, in: FAZ 5. Mai 1984 (Nr. 105).

DIETMAR MIETH

Braucht die Literatur(wissenschaft) das theologische Gespräch? Thesen zur Relevanz »literaturtheologischer« Methoden

Die folgenden Ausführungen reflektieren systematisch die literaturwissenschaftliche Situation aus theologischer Sicht. Auf Beispiele muß im Rahmen dieses Korreferates weitgehend verzichtet werden. Entsprechende Interpretationsversuche habe ich an anderer Stelle vorgelegt.[1]

1. These: *Es gibt eine Relevanz der autonomen Literatur der Moderne für die Theologie*[2]

Autonome Literatur der heutigen Tage spiegelt reflektierte und gedeutete Erfahrung von Wirklichkeit wider. Sie wird auch weiterhin im Sinne Shakespeares als »Spiegel der Gesellschaft« akzeptiert. Literarische Problematisierung gesellschaftlicher Verhältnisse und literarischer Moralismus sind gefragt. Dabei gibt es freilich berechtigte Vorbehalte gegen die Eindeutigkeit einer verwertbaren »Aussage« von Literatur. Dennoch bietet sich Literatur den Verwertungsmöglichkeiten eines pluralistischen Leserpublikums an. Das Problem liegt nicht in der anerkannten subjektiven Relevanz des Lesens, sondern in der Objektivierung einer Deutung, die auf Einsichten zielt. Hier könnte eine überzeichnete Relevanz zum Verlust der Identität führen. Liegt aber die Identität im autonom-ästhetischen Bereich, dann erscheint jede Sichtung von »Aussagen« als Bedrohung der Autonomie. Auf der anderen Seite wären aber gerade die Schriftsteller mit diesem ästhetizistischen Standpunkt nicht zufrieden. Daher gilt es hier stets, die Balance zwischen literarischer Identität und der Relevanz verschiedener Kontexte zu beachten. Im übrigen gibt es weder ein kontextloses Schreiben noch ein kontextloses Deuten. Die methodischen Schwierigkeiten, die sich hier einer theologischen Relevanz stellen, gelten im übrigen auch für eine gesellschaftliche Relevanz. Lassen Sie uns aber zunächst die Möglichkeiten sichten, die sich für diese Relevanz ergeben.

a) Literatur gerät als reflektierte und gestaltete Erfahrung von Wirklichkeit in einen paränetischen Verwertungszusammenhang mit Theologie. Das gebildete »Predigtmärlein« kommt nicht ohne Literatur aus. Dabei ist zu beobachten: Wenn der provozierende Dichter nicht mehr lebt und kulturelle Patina ansetzt, wird er theologisch zitierbar. Beispiel dafür wären der »Heide« Goethe und der »Kommunist« Brecht. Theologie verhält sich hier als Rezipient von Kultur, wenn diese sich als erfahrungsprägend in der Wirklichkeit ausweist. So fragwürdig diese Rolle sein mag, sie ist jener des Deutschunterrichtes an Gymnasien vergleichbar, sofern er sich nicht ganz in Formalanalysen zurückzieht.

b) Auch in der autonomen Literatur kommen religiöse Motive vor. Dabei ist keineswegs gesagt, daß diese Motive irgendwie von der Intention her religiös wären. Sie kommen vor, weil sie zum Erfahrungsort Wirklichkeit selbst hinzugehören. Religion ist ja ein gesellschaftliches Phänomen. Darüber hinaus gibt es in der Literatur immer wieder »religiöse Wellen« (z.B. in den zwanziger Jahren von Werfel bis zu Thomas Mann und heute von Peter Handke bis Botho Strauß), und dies geht über das historische Phänomen der sog. christlichen Dichtung hinaus. Solche Berührungspunkte machen eine Theologie munter, welche die »Zeichen der Zeit« als »locus theologicus« erachtet. Solche Motive können mindestens eine Art soziologische Relevanz für die Theologie darstellen. Jede Analyse ihrer Relevanz hängt freilich von der Präzision ihrer Deutung im Zusammenhang ab. Religiöse Motivsuche, die sich rein an thematischen Querverbindungen orientiert und etwa Themen der Theologie aus der Literatur rekonstruiert, ist daher außerordentlich problematisch. Dies gilt ebenso für literatursoziologische Zugänge zum Phänomen des Religiösen in der Literatur wie für theologische Bemühungen um die Behandlung religiöser Phänomene.

c) Es läßt sich leicht beobachten, daß das Paradigma »Erzählen« in der Theologie einen erheblichen Aufschwung erlebt hat.[3] Dies gilt insbesondere von den Spielarten der politischen Theologie, aber auch anderswo. Zwischen den Methoden narrativer Bibelanalyse und den Methoden der Erzählforschung ist kein Unterschied. Das bedeutet freilich keineswegs, daß es nur eine Methode gäbe (Strukturalismus, materialistische Exegese, Semiotik).

d) Wo immer diese relevanten Problemfelder in die kirchliche Theologie einbezogen werden, gibt es zugleich auch Indifferenz und Widerstand gegen diese Entwicklung aus der Sorge heraus, die Theologie könnte zu »irrational«, zu prophetisch, poetisch bzw. rhetorisch werden. Auf der anderen Seite wird gelegentlich eine sog. pathetische Theologie geradezu reklamiert. Die Spannung zwischen narrativer »Offenbarung« und reflektierter Theologie ist der Theologie selber eigen, sie kennt die Problemfelder literarischer Relevanz sozusagen aus dem Bestellen des eigenen Hauses.

2. These: *Es gibt Spuren für eine methodische Relevanz der Theologie*

Zunächst muß festgestellt werden, daß die Zeiten vorbei sind, in denen die Theologie ein eigenes kirchlich-gesellschaftliches Kulturfeld reflektieren konnte. In unserer Gesellschaft ist »christliche Kultur« weder zentral noch, es sei denn im Sinne der Gleichzeitigkeit des Ungleichzeitigen, gesellschaftlich real. Eine Zeitlang, in der ersten Hälfte dieses Jahrhunderts, war es für die kirchliche Theologie noch üblich, im philosophischen Bereich mit einer sog. christlichen Philosophie (d.h. der Neuscholastik) zu korrespondieren; ebenso war es üblich, das literarische Genre »christliche Dichtung« als eigenen Erfahrungshaushalt der Theologie zu betrachten. Christliche Philosophie war z.B. noch für Theodor Steinbüchel (gest. 1950) und für Romano Guardini

(gest. 1964) eine im letzten überlegene Alternative zur neuzeitlichen Philosophie und Literatur. Zumindest rechnete man mit einer Vermittlungsinstanz im kulturellen Bereich. Diese Vermittlungsinstanz ist heute ausgefallen. Man mag sich fragen, warum. Ob es an der mangelnden kulturbildenden Kraft des Christentums, ob es an einer neuen Anerkennung der Autonomie der irdischen Wirklichkeiten seitens der Kirchen und ihrer Theologien liegt, das kann hier nicht im einzelnen behandelt werden. In jedem Fall ist es seit Dietrich Bonhoeffers Reflexion über eine »nicht-religiöse« Sprache in der Theologie durchaus auch eine Möglichkeit geworden, Theologie zu treiben, ohne sich ständig in eingefleischter theologischer Sprachgestalt zu bewegen.
Im folgenden ist zu fragen, inwiefern Theologie mit ihren Möglichkeiten des Wissens, der Reflexion der lebenspraktischen Ziele für literaturwissenschaftliche Analysen dienlich sein kann.
a) Man kann sich fragen, inwieweit die Literatur heute noch mit dem »homo religiosus« als implizitem Leser rechnet. Immerhin wurde auf diesem Symposion eine Reihe von Beispielen dafür vorgetragen. Gewiß hinterläßt heute Literatur, die mit dem Anspruch quasi-metaphysischer Welterklärung auftritt (Peter Handke), zweideutige Gefühle. Aber sie ist selber wieder Symptom für die Pendelschläge zwischen »sozialen Erlebnissen« und »anderen Zuständen« (Robert Musil).
Aus einer literaturtheologischen Perspektive ist hier die Problematik des theologischen Leseerlebnisses zu betrachten. Nach dem alten scholastischen Leitspruch »Omne quod recipitur, per modum recipientis recipitur«, bzw. in geflügelter Anwendung des Goethe-Zitates: »Man sieht mit diesem Trank im Leibe / Helenen in jedem Weibe«, ist die Gefahr einer theologischen Überinterpretation von Prozessen der Sinnfindung in der Dichtung verständlicherweise stets gegeben. Nun meine ich freilich, die Theologie sei hier in ihrem Umgang mit Literatur, immerhin geübt in exegetischen Methoden, durchaus nicht gefährdeter als eine scheinbar standortlose Literaturinterpretation, die letztlich die eigenen mo-

ralischen, ästhetischen und religiösen Standorte nur verschleiert in die Deutung einbringt. Das Offensichtliche des theologischen Zugangs bedeutet zugleich eine Selbstaussetzung im Raum der Kritik, der sich eine Literaturwissenschaft entzieht, die den Neutralismus gegenüber Sinnfragen quasi als Weltanschauung propagiert. Der ideologischen Gefahr der Theologie steht die Gefahr einer Ideologie der Ideologielosigkeit in der Literaturwissenschaft gegenüber.

b) Die autonome Dichtung der Neuzeit erneuert immer wieder ihren Bezug zum *Mythos* (vgl. die Referate von Killy und Barner), auch wenn es der »Mythos der entgötterten Welt« (K. H. Guthke) ist. Die Probleme der Entmythologisierung einerseits und der Remythisierung andererseits sind der Theologie aus dem Umgang mit sich selbst durchaus vertraut. Hier gibt es immer wieder strukturelle Entsprechungen zwischen literarischen und theologischen Entwicklungen. Letzteres habe ich z. B. an den Josephromanen Thomas Manns zu zeigen versucht.

c) In ihren Sprach- und Motivbeständen trägt die Dichtung *»Religion im Erbe«* (E. Bloch). Dabei handelt es sich auch zum Teil um das biographische Erbe der Schriftsteller und das soziale Erbe ihrer Welt. Gewiß kann dieses »Erbe« auch im Sinne von »gesunkenem Kulturgut« betrachtet werden. Hier wird man immer vorsichtig entscheiden müssen, ob es sich eher um eine soziologische Relevanz oder um eine theologische Bedeutsamkeit handele. Mit der Verflüssigung biblischer Sprache und kirchlicher Motive ist noch keines von vornherein ihre »Realisation« (D. Sölle) verbunden. Man kann jedoch davon ausgehen, daß der »poeta doctus«, z. B. um seine Figuren in einer Erzählung aufzubauen, theologisches Wissen einbezieht. Unkenntnis würde hier Wissensverzicht bedeuten.

d) Das religiöse Erbe hat auch die Stile geprägt. So redet man beispielsweise heute ohne weiteres in der Literatur von »Apokalyptik« und von »Mystik«. Dabei ist gewiß der Vorgang der Säkularisierung nicht außer acht zu lassen; es gibt so etwas wie eine Säkularisierung der Stile. Als Beispiel sei ein Gedicht von Ingeborg Bachmann zitiert:

Ich aber liege allein
im Eisverhau voller Wunden.

Es hat mir der Schnee
noch nicht die Augen verbunden.

Die Toten, an mich gepreßt,
schweigen in allen Zungen.

Niemand liebt mich und hat
für mich eine Lampe geschwungen![4]

In diesem Gedicht sind deutlich Elemente biblischer Sprache und Entsprechungen zum Gehalt von Psalm 88, 4–9 zu erkennen. Diese Elemente sind freilich bereits vor ihrem Gebrauch durch einen Säkularisierungsprozeß hindurchgegangen (z.B. die pfingstliche »Zungenrede«). Das ändert aber nichts daran, daß der reflektierte Autor mit tieferen Assoziationen rechnet. Die in der Alltagssprache »realisierte« biblische Sprache wandert bewußt in die Dichtung ein und erhält in diesem Bewußtsein immerhin die Kraft zurück, Bedeutsamkeit im Hinblick auf Sinnfindungsprozesse zu entfalten. Wo die Form der Gehalt ist, kann die theologische Erkenntnis erschließend wirken, ohne dabei freilich sich selbst absolut setzen zu dürfen. Die entscheidende Zurückhaltung literaturtheologischer Methoden liegt immer darin, daß sie sich als eine Möglichkeit in der Pluralität der Zugänge verstehen, d.h. auch, keine Vereinnahmung der interpretierten Dichtung zu beabsichtigen. Ohne Rücksicht auf die Autonomie der Dichtung ist Literaturtheologie stets im Unrecht.
e) Das Bindeglied zwischen autonomer Literatur und Theologie ist die Moral. Über den Moralismus der Literatur kann auch die Gottesfrage der Moral (vgl. z.B. M. Walsers Büchner-Preis-Rede von 1981)[5] wieder aktuell werden. Hier stellt sich freilich das »Lebemeister«-Problem der Literatur. Gibt es Literatur in praktischer Absicht; gibt es eine Methode, lebensrelevante »Aussagen« zu eruieren? Auch hier ist höchste Sensibilität am Platz. Mir scheint, Friedrich Dürrenmatts »55 Sätze über Kunst und Wirklichkeit« (1977) lassen

sich hier anwenden.[6] Dürrenmatt behauptet: »Je unabsichtlicher ein Kunstwerk politisch wirksam wird, desto stärker wirkt es politisch.« (Satz 17) Ferner: »Jedes Kunstwerk braucht zu seinem Inhalt Distanz.« (Satz 20) Dieses gilt analog für das Problem Literatur–Praxis. Literatur ist keine direkte Aufforderung: »Ein Schrei ist kein Gedicht« (F. Dürrenmatt, Satz 19). Aber das Indirekte der Moral ist gerade theologischer Ethik durchaus vertraut. Auch in den narrativen Elementen biblischer Ethik, z. B. im Samariter-Gleichnis, findet sich diese Indirektheit, die zu denken gibt und die deswegen die Souveränität der Selbstinterpretation verlangt, nicht die unmittelbare Nachahmung. Leider haben hier Literaturwissenschaftler meist eine falsche Vorstellung von Moral und insbesondere von theologischer Ethik. Sie betrachten die christliche Moral z. B. oft als ein System von einzuhaltenden Regelsätzen mehr oder minder größerer Intensität. Dies ist aber eher Volksreligiosität als Theologie.

f) Auch die literarische Ästhetik berührt zumindest formal theologische Kernprobleme (Pessimismus oder Feiern; Triumphalismus oder Gebrochenheit des Kreuzes?). Diese Fragen sind bereits im Eingangsreferat von Walter Jens angesprochen worden. Auch hier ist das Verhältnis von Literatur und Theologie nicht so zu denken, daß eine theologische Ästhetik triumphal dem Kunstwerk seinen Rang zuweist. Methodische Relevanz der Theologie für Literatur scheint mir dort nur möglich zu sein, wo Theologie die Literatur wirklich autonom sein läßt; d. h., sie geht von der Pluralität regionaler Einsichten aus, ohne diese in einen metaphysischen Zusammenhang zu hierarchisieren. Indem sie Literatur interpretiert, weist sie strukturelle Entsprechungen bei sich selber auf. Das bedeutet: Das Erkenntnisinteresse der literaturtheologischen Interpretation liegt nicht zuletzt im Aufweis der Verschiedenheit des ästhetischen Zuganges vom theologischen Zugang. Unter Wahrung dieser Verschiedenheit ist es möglich, geduldige Übersetzungsarbeit zu leisten und dabei ein Stück Transparenz zu erreichen. Das Ziel ist die Transparenz der Probleme in verschiedenen Regionen.

In diesem Zusammenhang ist es vielleicht möglich, noch einmal auf das in dieser Arbeitseinheit diskutierte Beispiel von Eduard Mörike, »Die schöne Buche« (Text S. 129), einzugehen. Guardini hatte, wie Ziolkowski aufweist, die Gemeinsamkeit der religiösen Ursymbole zwischen Dichtung und Theologie beansprucht. Er hatte seinen Kontext, aus dem heraus er den Text interpretierte: »Das religiöse Denken der Völker«. Ziolkowski, der ihm hier mit Recht widerspricht, hat freilich seinerseits einen religiösen Kontext, den er in Anwendung bringt: »In dieser Kathedrale der Natur begegnet der Dichter in einer mystischen Epiphanie der Gottheit . . .« Dieses Erleben sei in den beiden letzten Zeilen zusammengefaßt, die als überzählige Zeilen der beiden Entsprechungsseiten des Gedichtes wie eine Schlußformel für das Ganze gelesen werden dürfen. Auch diese Deutung ist problematisch. Zum einen bezieht sie grammatikalisch fragwürdig die Du-Anrede des abschließenden Zweizeilers auf »des Hains auflauschende Gottheit« statt auf die Einsamkeit. Ziolkowski identifiziert die »Gottheit« als den »freundlichen Geist« der Dichtung, also der Kunst. Geschildert werde die Einführung des Dichters in den Tempel der Kunst.

Demgegenüber weist Barner mit Recht darauf hin: »Die charakteristische Spannung des Gedichtes liegt gerade darin, daß eine wesenhaft romantisch-moderne ›Ich‹–Subjektivität, die im Schlußvers ›Einsamkeit‹ fühlt und denkt, die religiösen Motive und Schlüsselworte als durch und durch antikheidnische entfaltet: ›Hain‹, ›Gottheit‹, ›dämonisch‹.« Nach Barner ist die Gottheit »Pan«, der »Dämon«, der »Auflauschende«; die Mittagsstunde ist die Stunde Pans. Gegen Guardini betont Barner, es sei »nicht ein Gran spezifisch Christliches darin«, was Guardini freilich auch in seiner religiösen Deutung nicht behauptet hatte. Ist nun das Gedicht eine Mischung aus »zitierter Religiosität antik-heidnischer Art« und romantischer Subjektivität?

Hier zögere ich. Zwar: die Mittagsgottheit, die im Hain auflauscht, ist der heidnische Pan, und er führt in den Kunsttempel ein, gleichsam in eine mythisch-mystische Initiation. Doch dann geht der zaudernde Dichter selbst ins Heiligtum, und in der Mitte, d.h. am Stamm der Buche, findet er die Stelle, wo er mit dem »inneren Sinn« sieht, wie die Sonne an den Rändern des Buchengewölbes durch den Schatten bricht, ohne daß er selbst »den beschatteten Kreis« verläßt. Die Kontemplation ist freilich »dämonisch« und »unergründlich«, ihr Geist ist Fühlen und Denken von Einsamkeit, die Sonne mit ihrem »Zauber-Gürtel« beschwört er, den Sonnengott Apoll als, wie Ziolkowski sagt, »mystische Epiphanie«. Doch ist hier in der Tat nicht nur zitierte Mythologie am Werk, sondern auch zitierte Mystik: Auge und Gehör, als innerer Sinn begriffen, sind gleichsam die Organe dieses Erlebnisses.

Wenn der Baum bei Mörike zum Ort mythologischer Erinnerung und mystischen Erlebens wird, dann freilich in einer nachchristlichen, ja nachreligiösen Art, denn die »Einsamkeit«, die hier in der zitierten Form einer Anbetung angerufen wird, ist ja paradoxerweise die Schärfe des Fehlens eines wirklichen »Du«. Die Natur wird mittels der Beschwörung der Kunst zwar zum Tempel, aber dieser Tempel ist leer. Was bleibt, ist die Beschwörung des Gewesenen; noch im Entschwinden erweist es seine Kraft, aber eben durch das »Schöne«, durch den Glanz, nicht durch seine Wahrheit selbst.

Es ist also in der Tat unmöglich, dieses Gedicht in irgendeiner Weise theologisch zu vereinnahmen. Dies bedeutet freilich nicht, daß die Theologie methodisch irrelevant für das Gedicht wird. Sie kann ja selbst dazu beitragen, falsche Theologisierungen abzubauen. Schließlich kann sie die »panmythologische« Deutung sowohl bestätigen wie begrenzen. Das ist, wenn man so will, eine »ancilla«-Funktion der Theologie. Aber die Theologie zieht daraus auch ihren eigenen Gewinn. Dieser liegt im Paradigma nachchristlicher Religiosität als Herausforderung an ihre Behauptung einer Kontinuität des Christentums.

3. These:

Der Haupteinwand gegen eine methodische Relevanz der Literaturtheologie ist, daß ihre Fragestellung mindestens so gut, wenn nicht besser, von der Religionswissenschaft her angegangen werden könnte. Religionsphänomenologische, -psychologische, -soziologische Untersuchungen literarischer Mythologien wären ja denkbar. Zunächst läßt sich dazu sagen: Die spezifische Bedeutung des Gesprächs mit verbindlichen Glaubenswissenschaften ist damit nicht ausgeschlossen. Man muß daher fragen, worin die Ängste vor einer »kirchlichen« Theologie bestehen. Hat man, mit Ziolkowski, Angst vor einem theologischen Zugang, in dem Dichtung »mehr als Ausdruck der Persönlichkeit« zu sein vermag? (Ist dann Literaturtheologie das, was Subjektivität überschreitet?) Gerade die kirchlichen Theologien haben ja einige Vorteile, zum Beispiel die stetige Präsenz, und zwar kritische Präsenz ihrer eigenen Standortgebundenheit. Die Frage ist: Haben die Literaturwissenschaften ihre Dogmen so präsent wie die Theologen die ihren? Würde z.B. ein religionswissenschaftlicher (mythologischer) Standort gesucht, so müßte man sagen, immerhin ist die kirchliche Theologie in ihren Perspektiven weniger eng als die Mythologie. Wo immer Theologie der Dichtung nicht wertend gegenübertritt, und dazu hat sie aus einer theologischen Begründung der religiösen Freiheit heraus auch gar keinen Grund, ist der theologische Standort keine Beschränkung der Interpretation, sondern eine Eröffnung von möglichen Horizonten.

a) Eine weltoffene Theologie sucht den Brückenschlag zur Literatur über eine »standortgebundene Kulturwissenschaft« (Paul Tillich). So gesehen ist sie in der Tat in der Gefahr, zur praktischen Literaturkritik zu werden. Das Problem, das hier entsteht, ist die *Bewertungsangst.* Dies ist nur allzu verständlich. Literatur und Literaturwissenschaft tendieren demgegenüber zu Immunisierungsstrategien. Nun ist es für Theologie, die nun einmal Sprache ist, unmöglich, einen rein theologischen Sprachraum abzugrenzen. Selbst wenn die Theologie bei ihrem Leisten bleiben will, so kann sie es doch nicht tun. Kollisionen wird es daher immer geben. Es sind freilich Kollisionen, wie man sie analog auch im sensiblen Gegenüber von Literatur und Gesellschaft beobachten kann. Eine »Werturteilsenthaltsamkeit« à la Max Weber führt aus dem Problem letztlich nicht heraus. Aber wäre es nicht möglich, einander angstfrei zu begegnen, nachdem theologische Kritik keine gesellschaftliche Pression mehr bedeuten kann?

b) Gehen wir davon aus, die Theologie sei am Gehalt eines (religiös-relevanten) Motivs interessiert, die Literatur(wissenschaft) aber an seiner Gestalt, dann entsteht das Problem, daß Theologie aus den Formen Honig für die Bestätigung ihrer Gehalte saugt: die sog. Heimholung, und dem gegenüber eine verständliche *Heimholungsangst.* Ziolkowski spricht ja in seinem Referat von »Okkupation«, »Imperialismus«, »Vereinnahmung«. Nun mag es ja sein, wie Ziolkowski beschreibt, daß der Pfarrer Mörike den »Tempel der Kunst« gegen die Normativität des kirchlichen Kultes aufzubauen hatte. Aber die Frage ist, ob diese Befreiungsprozesse auch heute noch aktuell sind. Die Zeiten wechselseitiger Apologetik im Zeichen der Beeinflussung gesellschaftlicher Machtverhältnisse dürften inzwischen doch wohl vorbei sein. Wiederholen wir es wieder: Das literaturtheologische Erkenntnisinteresse steht und fällt mit der Bereitschaft, einerseits in der Kritik Enthaltsamkeit auszuüben, andererseits aber die eigenen Probleme in der gestalteten Erfahrung der Welt wieder zu entdecken. Das ist alles andere als Heimholung. Wo an die Stelle der Heimholung die Transparenz tritt, so meine ich, kann auch Literaturwissenschaft aus theologischer Erkenntnis Nutzen ziehen.

c) Es gibt und gab zu allen Zeiten, auch in der Gegenwart, moralisch und religiös exponierte Dichtung. In dieser meldet sich jedoch der Prozeß der Erfahrung der Menschen gegen normative Ordnungsgestalten zu Wort. Ausnahmen, wie z. B. Paul Claudel, bestätigen nur die Regel. Ihn hat ja schon Reinhold Schneider deswegen kritisiert, weil er seine dogmatische Metaphysik poetisch bebilderte. Bleiben wir beim

Protest gegen den Dogmatismus. Hier besteht sicher die Sorge, Literaturtheologie könnte an einer Entschärfung dieses Protestes interessiert sein: *Entschärfungsangst.*
Demgegenüber gilt freilich im Bereich moderner Theologie: Theologie ist selber an der Verschärfung der Erfahrung interessiert. Auch hier geht es um strukturelle Entsprechung, das heißt um Wiedererkennung der eigenen Probleme in der autonomen Gestaltung eines anderen Sprachbereichs.
d) Man kann diese Ängste freilich auch umkehren. Es gibt immer wieder Selbstverständnisse in der Dichtung (spätestens seit dem ältesten Systemprogramm des Idealismus, vgl. Killy), wonach Dichtung die »bessere Theologie«, sei es, wie früher »mythologisch«, sei es, wie in der Gegenwart, realisierend, d.h. Offenbarungsmotive »verflüssigend« (D. Sölle) hervorbringt. Diese Spannung sollte man m.E. nicht entschärfen. Vielleicht läge die Relevanz eines theologischen Gesprächs mit der Literatur(wissenschaft) in einer *produktiven Kollision* statt in falscher Harmoniebildung. Für eine »produktive Zusammenarbeit« plädiert ja auch Ziolkowski.

4. These: *Das theologische Gespräch ist* schwierig – *aber es ist* notwendig

a) Das theologische Gespräch mit der Literatur ist sachlich notwendig, weil sich Glaubensleben und Literatur, Theologie und Literaturwissenschaft auf dem Felde des Grundbedürfnisses des Menschen nach Sinn begegnen, das sich heute angesichts der Überlebensfragen besonders verschärft. Auch die überwiegend sog. destruktive Literatur unserer Tage nimmt an dieser Fragestellung teil: Sie erschwert, daß man es sich hier zu leicht macht. Literatur muß ja in diesem Sinne »destruktiv« sein, d.h. die Kontrasterfahrung der Menschen verstärken. Die kirchlichen Plädoyers für eine konstruktive Literatur laufen hier ins Leere.
b) Ängste lassen sich überwinden, indem man sie versteht, und um sie zu verstehen, muß man sie *artikulieren*. Daher stelle ich die Anfrage an die Literaturwissenschaft: Ist der

Zweck der literarischen Forschung nur die Verfeinerung des Kunstgenusses? Kann man, um zu genießen, die eigene Stellung als differenzierter Leser völlig zurücknehmen? Oder riskiert man dabei nicht, den unartikulierten Vorverständnissen aufzusitzen? Mir scheint, die Literaturwissenschaft ist dabei, vor dem Anspruch des Ganzen oder vor dem Scheitern des Themas »Kunst und Leben« zu resignieren. Wenn sie sich dann noch mit religiös exponierten Themen wie »Auferstehung« (s. Ziolkowski) beschäftigt, dann scheint dies unter der Allherschaft des soziologischen Erkenntnisinteresses zu geschehen. Ist aber soziologische Aufklärung die einzig zulässige Perspektive, die als »außerästhetische« Erwartung (Ziolkowski) literaturwissenschaftlich akzeptiert werden kann? Besteht der garstige Graben zwischen Literatur und Literaturwissenschaft einerseits sowie Glauben und Glaubenswissenschaft andererseits darin, daß der eine Bereich Einsichten erweitern, der andere Praxis verändern will? Besteht hier nicht auch die Gefahr, daß die Literaturwissenschaft eine Art Kastration an der Literatur vornimmt? Ich habe schon von der *indirekten* Evokation der Praxis in der Bibel gesprochen, über die der Theologe nicht so leicht zu täuschen ist. Die Ängste der Literaturwissenschaftler beruhen hier auf einer falschen Unterstellung gegenüber dem Ethos der Offenbarung. Die praktische Verbindlichkeit der Theologie ist komplizierter, als Literaturwissenschaftler gemeinhin annehmen; die praktische »Unverbindlichkeit« der Literatur besteht doch wohl darin, daß sie Einstellungen und Entscheidungen nicht abnehmen kann; wo wäre dies in einer Theologie möglich, die letztlich das Gewissen als Instanz der Einsichten und Entscheidungen reklamiert? Mir scheint, es wäre an der Zeit, auch der modernen Theologie gegenüber entsprechend fair zur Kenntnis zu nehmen, wie sie sich selbst interpretiert, nicht wie sie in einem reduzierten Bewußtsein von Öffentlichkeit interpretiert wird.
c) Das Gespräch Literaturwissenschaft-Theologie (weitgehend von Theologen mit relativ schwacher Resonanz betrieben) bedarf einer methodischen Transparenz. Dazu gehört die Anerkennung der Regel: *Ohne die Rekonstruktion der*

Form gibt es keine Unmittelbarkeit des Motivs. (Ich habe dies in einer Analyse von Dürrenmatts »Der Meteor« versucht: »Auferstehung« als ästhetischer Einfall.[7]) Während ich durchaus einsehe, daß das Gespräch zwischen Schriftstellern und Theologen unmittelbarer sein kann, befürchte ich, daß eine auf der religiösen Welle schwimmende Literaturtheologie falsch handelt, wenn sie eine schnelle Ernte scheinbar immer greifbarer werdender religiöser Motive in ihre Scheuern einfährt und übersieht, daß auch religiöse Wellen der Gegenwart und der Perspektive der »Autonomie« der Subjekte und Stile zu sehen sind. Andererseits gilt freilich: Ohne die Sensibilität für die Motive gibt es auch keine Rekonstruktion der Form.

d) Die Frage bleibt: Kann (kirchliche) Theologie eine konstruktive Herausforderung für Literatur und Literaturwissenschaft sein, d. h. mehr als eine Sammlerin für sie einschlägiger Lesefrüchte? Letztlich ist dies mehr als eine methodische Frage. Wenn Theologie einerseits aus den kirchlichen Ghettos und andererseits aus dem Ghetto ihrer sozialen Rollenzuweisung so ausbrechen kann, daß sie in einer pluralen Öffentlichkeit Gehör findet, dann wird sie selber wieder Gegenstand der Literaturwissenschaft werden müssen; doch davon, glaube ich, sind wir noch weit entfernt.

Anmerkungen:

1 Vgl.: *D. Mieth,* Dichtung, Glaube und Moral, Mainz [2]1983; *ders.,* Epik und Ethik, Tübingen 1976.
2 Vgl. vor allem: *D. Sölle,* Realisation, Neuwied/Berlin 1973; *K.-J. Kuschel,* Jesus in der deutschsprachigen Gegenwartsliteratur, Zürich/Köln 1978.
3 Vgl.: *H. Meyer zu Schlochtern,* Erzählen als Paradigma von Theologie, in: Theologische Berichte, hrsg. v. F. Burger u. a., Bd. VIII, Zürich/Köln 1980.
4 *I. Bachmann,* Anrufung des großen Bären, Lieder auf der Flucht II, München 1956, 75f.
5 Vgl.: *D. Mieth,* Gotteserfahrung-Weltverantwortung, München 1982, 199–215.
6 *Fr. Dürrenmatt,* 55 Sätze über Kunst und Wirklichkeit, in: Werkausgabe in 30 Bänden, Bd. XXVIII (Politik), Zürich 1980, 157–163.
7 Vgl.: F. Dürrenmatts »Der Meteor«. Zur theologischen Relevanz der literarischen Aussage, in: Literaturwissenschaft und Geistesgeschichte (Festschrift R. Brinkmann), Tübingen 1981.

Diskussionsbericht

Das folgende Protokoll versucht nicht, die Wirklichkeit der Diskussion wortwörtlich wiederzugeben. Es versteht sich als eine Art Rekonstruktion, die eine kritische Vermittlung der verschiedenen Perspektiven und Fragen versucht.
Die Diskussion bestand im wesentlichen aus zwei ineinander übergreifenden Fragenkomplexen:

1. *Grundsätzliche* Fragen über ein Verhältnis von Theologie und Literatur bzw. Literaturwissenschaft; die Fragen bezogen sich mehr oder auch manchmal weniger auf Th. Ziolkowskis Referat »Theologie und Literatur: Eine polemische Stellungnahme zu literaturwissenschaftlichen Problemen« und auf das ergänzende – dafür aber nicht weniger polemische – Korreferat von D. Mieth.
2. *Allgemeine,* von W. Killys Referat »Der Begriff des Mythos bei Goethe und Hölderlin« ausgehende Fragen über den Ort und Sinn von Mythos im Dialog zwischen Literatur und Theologie;
   spezifischere Fragen nach der Bedeutung der im Korreferat von W. Barner thematisierten »Neuen Mythologie«.

ad 1:
Wie sollte der Dialog zwischen Theologen und Literaten beginnen? Wer sollte das erste Wort haben, das Wort nicht *im,* sondern *am* Anfang? Wer das letzte? Gab es die gemeinsame Sprache, ohne die »Dialog« bloß ein Wort wäre? Gab es nur gemeinsam benützte, aber verschieden, zumal auch entgegengesetzt gemeinte Wörter – und nur gleichzeitige Monologe? Sollte der Dialog zwischen Theologen und Literaten unter dem Vorzeichen eines *Bekenntnis*interesses stattfinden oder unter dem Vorzeichen eines *Erkenntnis*interesses? Inwiefern könnte man das eine vom anderen trennen? Inwiefern dürfte man es? Müßte/dürfte der Literaturwissenschaftler das vertreten, verkünden, was er zunächst nur verstehen will? Handelte es sich um gleichberechtigte Gesprächspartner, auch gleichrangige? Müßte man vom Primat der Theo-

logie reden? Müßte die Frage nach dem Primat das Ende des Dialogs bedeuten?
Niemand wollte die gegenseitige Relevanz von Theologie und Literatur bestreiten. Welcher Art war diese Relevanz? War sie der jeweiligen Sache – sei es Literatur, sei es Theologie – immanent? Oder war diese gegenseitige Relevanz der jeweiligen Sache transzendent, eine Möglichkeit, mit der sich der Theologe viel leichter abfinden konnte als der Literat? War die Relevanz der Theologie für die Literatur vielleicht primär eine Frage der Rezeption: Man hätte nach dem einzelnen Menschen zu fragen, in dem das Werk »erst wirklich wird« (Fussenegger), in dem die im Werk gesammelten »Erfahrungen der Menschheit« (Fussenegger) erst relevant werden können – für den religiösen Menschen als religiöse Erfahrung, für den Philosophen als philosophische Erfahrung und für den Schriftsteller als ästhetische Erfahrung, wobei keine Art der Erfahrung eine andere ausschließen müßte (Fussenegger). Bedeute eine »totale Polyvalenz« dann eine nivellierende, vielleicht negative »totale Toleranz« (Jens)? Wie war die gegenseitige Relevanz von Theologie und Literatur zu unterstreichen, ohne diese Relevanz die wesentlich unterschiedliche Identität des einen oder des anderen bestreiten zu lassen?
Könnte der Begriff »Literaturtheologie« (vgl. Ziolkowski-Referat) die Eigenständigkeit, die notwendige Unabhängigkeit der Literatur und Theologie voneinander versprechen, für die Ziolkowski in seinem Referat plädierte? War »Literaturtheologie« Ausdruck der im Korreferat (Mieth) geforderten »produktiven Kollision«? Oder war der Begriff »Literaturtheologie« ein »Sinnungeheuer«, »Hybris der Theologie« (Rennert), um mit der Sprache der Mythologie die Theologie zu beschreiben? War es Ausdruck eines unverborgenen »imperialistischen Anspruchs« der Theologie (Rennert), latent oder auch weniger latent missionarisch, ja »usurpatorisch« gedacht (vgl. Korreferat Barner), um eine weltlichere Sprache herrschen zu lassen? Oder war »Literaturtheologie« einfach »kein glücklicher Begriff« (Schöne)? Auf jeden Fall: Der Theologe müßte seine religiöse Deutung auch für Nicht-

gläubige evident machen können; Theologie, die dies nicht tue, liefe Gefahr, eine Sekte zu werden (Schöne).
Die Fragen wurden in der Auseinandersetzung mit dem Ziolkowski-Referat präzisiert.
Während Ziolkowski in seinem Referat auf viele und wesentliche Probleme im Verhältnis von Literatur und Theologie hinwies, erwies sich seine eigene Position in ihrer extremen, »polemischen« Formulierung selbst als nicht wenig problematisch, für Theologen, aber auch für Literaturwissenschaftler. Einerseits: Ziolkowskis Betonung des Primats des Textes in ihren sprachlichen Elementen – Bild, Struktur, Typologie – bekam allerseits Zustimmung, vor allem seine Betonung der Sprache selbst. Daß der Gebrauch von religiöser Sprache in einem säkularisierten Zeitalter nicht unmittelbar auf eine religiöse Intention in der gebrauchten Sprache schließen ließe, wurde in der Diskussion mehrmals unterstrichen (Schöne, Gustafsson, Mieth). Die Bedeutung gleichlautender Begriffe bedeute nicht gleiche Bedeutung, sondern müsse immer im Kontext untersucht werden (Mieth). Man habe nicht nur nach religiöser Sprache zu fragen, sondern immer zugleich nach der Funktion religiöser Sprache oder »religiös verwandter Zeichen« (Schöne). Das Problem des »ontological commitment« einer Sprache (Gustafsson) könne nicht gelöst werden durch die bloße Feststellung eines bestimmten Vokabulars. Religiöse Sprache wäre allerdings auch dann interessant, wenn sie religiös »entleert« sei (Schöne); das Interesse müßte man dann entsprechend bestimmen. Was bedeutet z.B. religiöse Sprache bei heidnischen Dichtern? Wäre religiöse Sprache und Motivik in isländischen Märchen ein Zeugnis des Glaubens oder ein Stilmerkmal (Gustafsson)? Man hätte genauso zu fragen, was das heißt, wenn z.B. Mörike als Pfarrer heidnische Motive benütze (Barner). Gleichermaßen wurde Ziolkowskis Warnung vor religiös vereinnahmenden, missionierenden Interpretationen von literarischen Texten – etwa bei Guardinis Mörike-Interpretation (vgl. Referat Ziolkowski) – weitgehend positiv aufgenommen.
Andererseits: Ziolkowskis Position enthielte eigene Gefah-

ren. Führe nicht Ziolkowskis rigide Trennung von literaturwissenschaftlichem und theologischem Interesse potentiell zu einer Verabsolutierung des Formalen, die die Autonomie der Literatur oder vielleicht nur der Literaturwissenschaft rette, aber gerade um den Preis der Aussage von Literatur (Killy)? Die »legitime, dringende Aufgabe, das, was gesagt worden ist, zu verstehen«, dürfe nicht von der Literaturwissenschaft so (miß-)verstanden werden, daß das Gesagte keine Aussage mache oder machen dürfe. »Die Aussage gehört zur Poesie« (Killy). Ein poetisches Produkt übersteige die bewußte Absicht des Autors. Eine Literaturwissenschaft, die methodologisch die Theologie von vornherein ausschließe, würde sich in vielen Fällen dem Verständnis eines Gedichtes geradezu verschließen. Ein Gedicht wie z.B. Hölderlins »Patmos« könne man nicht verstehen, ohne die Theologie einzubeziehen (Killy). Wenn auch Guardinis Mörike-Deutung in manchem seiner Zeit verhaftet sei, dürfe man nicht sagen, er habe das Gedicht als poetischen Text nicht ernst genommen. Guardini sei einer der ersten, der mit aus eben diesem Grund die »textimmanente Interpretation« eingeführt habe (Killy). Man hätte vielleicht viel eher zu fragen, wie ein textimmanenter Ansatz über den Text hinausführt und hinausführen muß, um dem Text als Text gerecht werden zu können.

Angesichts der Kritik versuchte Ziolkowski, seine Position zu verdeutlichen. Es gehe ihm nicht darum, eine theologische Deutung von vornherein auszuschließen. Vielmehr wolle er deutlich machen, daß beim Interpretieren eines literarischen Texts die Theologie keine »privilegierte Stellung« einnehmen dürfe. Es gehe ihm primär darum, zu zeigen, nicht wo eine Interpretation aufhören solle, sondern wo sie anfangen müsse, nämlich nicht mit einer theologischen Intention oder Aussage, sondern mit dem Text als sprachlichem Kunstwerk.

Dem Begriff »Literaturtheologie« gegenüber wäre schließlich Vorsicht geboten. Wenn der Begriff gebraucht werden soll, dann hätte man zugleich nach der potentiellen Wirkung zu fragen. »Literaturtheologie« wäre zu vermeiden, wo der

Begriff mißverstanden werden könnte als programmatische, dogmatische theologische Aussage. Der Begriff hätte eine sinnvolle heuristische Funktion in dem Maße, in dem er »pragmatische Verständigung« ermögliche (Mieth).

ad 2:

Das Killy-Referat warf alte, aber – worauf das Barner-Korreferat aufmerksam gemacht hatte – auch neue Fragen auf, die die weitgehend methodologisch orientierte Diskussion über das Ziolkowski-Referat um die mythische Dimension erweiterte und um die damit zusammenhängenden Fragen vertiefte. Vor allem der Anspruch der »Neuen Mythologie« stelle Fragen: die Frage nach dem Anspruch von Mythen und die Frage nach dem Anspruch der Religion. Wie unterscheidet sich der Anspruch des einen vom Anspruch des anderen? Inwiefern wären die unterschiedlichen Ansprüche miteinander vereinbar? Inwiefern wäre eine Vereinigung beider Ansprüche anzustreben? Inwiefern wäre sie zu verhindern? Die möglicherweise dringendere Frage: War der Anspruch der »Neuen Mythologie« ein Zeichen dafür, daß die Theologie ihren Anspruch verloren hat?

Die erste Frage nach der »Neuen Mythologie« wurde zu einer Art Leitfrage, die provozierte, verdeutlichte und nicht zuletzt in Frage stellte. Sie betraf die alte Mythologie nicht weniger als die neue und traf, wenn auch vorerst nur indirekt, im Lauf der Diskussion immer direkter die Theologie selbst. Die »Neue Mythologie«: sei das nicht bloß eine »intellektuelle Mode«? Die Frage sei: »Wer glaubte sie?« (Schöne).

Die daran anschließende Behauptung, daß (griechische) Mythen zwar etwas »über uns sagen«, aber »nichts von uns verlangen« (Schöne und – mit der Ausnahme von »Kassandra« – Killy), daß sie »Deutungsmittel« seien, aber nicht den Anspruch erheben: »Du mußt dein Leben ändern« (Schöne; vgl. R. M. Rilke: »Archaischer Torso Apollos«), war umstritten. Dagegen wurde auf die moralische und politische Dimension antiker Mythen hingewiesen wie auch in der Moderne auf G. Hauptmanns Hinwendung zum mythischen

Stoff als Ausdruck einer politischen Notlage, auf J. P. Sartres Aufarbeitung von Äschylus »Die Fliegen« und auf die Gegenwart und Ch. Wolfs »Kassandra« (Juhre).

Auch dann, wenn griechische Mythen ihren Ursprung in einer archaischen Zeit (Barner) und nicht unmittelbar in der Polis hätten (Juhre), wäre ihre politische Wirkung nicht zu bestreiten (Barner). Die griechischen Mythen bieten möglicherweise ein einseitiges Beispiel (Barner). Die politische Dimension käme noch deutlicher in den Blick, sobald man die historische Perspektive erweitere.

Barner erklärte, er habe in seinem Beitrag die politische Dimension nicht unterschlagen, sondern aus Zeitgründen streichen müssen. Barner verwies dann auf den Zusammenhang von Mythos und Politik im 20. Jahrhundert – von G. Sorel und A. Rosenberg bis R. Barthes.

Vor allem im 20. Jahrhundert, wurde betont, müsse man sich der politischen Gefahren bewußt bleiben, die sich mit dem Begriff »Mythos« verbunden hatten (Ziolkowski). Im Rückblick auf den »Hunger nach Mythos« bei R. Wagner, F. Nietzsche wie auch bei den Nationalsozialisten dürfe man den Begriff heute nur noch kritisch benützen (Ziolkowski). Wo der Begriff nicht fähig sei, mehr als eine vage »ungewisse Substanz« wie im Dritten Reich zu bezeichnen, habe man sich wegen der damit verbundenen Gefahr zu überlegen, ob es nicht besser wäre, auf den Begriff »Mythos« völlig zu verzichten und im Hinblick auf mehr »Klarheit« und »Präzision« den Begriff »Mythologie« vorzuziehen (Ziolkowski). In diesem Sinne habe man jedoch ebenso zu fragen, ob man auf den Begriff »Mythos« nicht verzichten könne, gerade um den Zusammenhang mit der eigenen Geschichte präsent zu halten (Killy).

Indessen gab es durch die ganze Diskussion hindurch einen nicht weniger »anspruchs«-vollen, aber anders akzentuierten Versuch, dem Sinn von Mythos näher zu kommen, einen Versuch, Mythos nicht von Anfang an thematisch aus dem Blickwinkel von Geschichte und Politik zu verstehen, sondern eher mit Hilfe von einem Begriff des Mythos eine kritische Perspektive nicht zuletzt auch für Geschichte und

Politik zu bekommen. Mit dem Satz von Franz Fühmann Mythos wäre eine Möglichkeit, individuelle Erfahrung an Menschheitserfahrung zu messen, hätte man einen – menschlichen – Maßstab, mit dem man Mythen auf ihre Wahrheit hin »prüfen und ordnen« könnte (Härtling). Aber nicht nur Mythen. Damit hätte man zugleich eine Perspektive, aus der Literatur und Theologie beide kritisch geprüft und geordnet werden könnten.

Man fragte von neuem nach Hölderlin und Mörike und der Bedeutung von Mythos und Religion für und in ihrer Dichtung. Sowohl mythische als auch christlich-religiöse Elemente seien zwar bei beiden Dichtern zu finden, man müsse jedoch differenzieren, wo ein Mehr von Anstrengung um Glauben vorhanden sei und wo nicht (Härtling).

Die mythische »Pan-Lesung« von Mörikes »Die schöne Buche« (vgl. Referat Ziolkowski, Korreferat Barner) war allgemein einleuchtend. Es handele sich bei der Verwendung heidnischer Bilder von dem Pfarrer Mörike nicht so sehr um ein christliches »lux in tenebris« (Mieth), sondern eher um ein nachchristliches »tenebrae in luce« (Ziolkowski) mit beiden Traditionen gemeinsamen und transformierten »mystischen Zügen« (Mieth).

Bei Mörike wie auch bei Hölderlin finde man einen »Glaubensverlust«. Der Glaubensverlust sei jedoch bei beiden sehr verschieden. Bei Mörike sei ein »Zeugnis des Fatalismus« zu sehen, z.B. in seinem Gedicht »Gebet«: »Herr! schicke, was du willst ...« (Härtling). Im Unterschied zu Mörike könne man bei Hölderlin noch den echten Versuch finden, einen Glauben zu stiften. Der Gruß »Reich Gottes«, mit dem sich die Tübinger Stiftler Hölderlin und Hegel verabschiedeten, gehöre wesentlich zu dem Anspruch des idealistischen »Systems«. In diesem Entwurf sei der möglicherweise letzte Versuch, Religion und Ästhetik, Christus und Mythos zu vereinen. Diesem Entwurf sei vielleicht am treusten gerade Hölderlin, um den Preis des Existenzverlustes (Härtling).

Ob am Schluß das bleibt, was von den Dichtern gestiftet (vgl. Hölderlin: »Andenken«), oder das, was »von den Stiftern

gedichtet« (Rennert), bleibe selbst so offen wie K. Rahners Traum von dem Einswerden von Priester und Dichter unverwirklicht (Jens). Ein Gespräch sei allerdings möglich, solange Dichter und Theologe beide die Sinnfrage stellen (Jens) und sich von ihr in Frage stellen lassen. Die Literatur habe weniger die Usurpation der Theologie zu befürchten. Vielmehr müsse sie selbst dafür sorgen, kritisch, auch selbstkritisch zu bleiben, um dann und wann die Theologie zur Selbstkritik zu zwingen. Für Theologie und Literatur beide hieße dies nicht zuletzt: sich einlassen auf die Menschheitserfahrung (Mieth).
Die Selbstkritik beider habe zu warnen im selben Maße vor der fatalen Freundschaft, zu der die Begeisterung für das Falsche führen könnte, und in diesem Jahrhundert geführt hat, wie auch vor dem »einen gemeinsamen Feind«: »Belanglosigkeit und Banalität« (Jens).

(R. Ammicht-Quinn, Th. P. Quinn)

II. Theologische Analysen

KLAUS JEZIORKOWSKI

Zum Verhältnis von Theologie und Literaturwissenschaft

Man muß vielleicht das Selbstverständliche noch einmal sagen: In ranggleicher Relation stehen Theologie und Literatur*wissenschaft.* Und bei ihren Gegenständen entsprechen der Literatur dann religiöse, in unserer Sphäre am ehesten christliche Texte. Dennoch weiß jeder, was mit dem Tagungsthema »Theologie und Literatur« gemeint ist.
Daß die Reihenfolge so formuliert wurde und nicht »Literatur und Theologie«, wird hoffentlich in niemandes Perspektive heißen, daß die Theologie der Literatur über ist, daß nach mittelalterlichem Konzept die Literatur als Magd der Theologie anzuschaffen habe.
Unter Gesichtspunkten der Textbeschaffenheit kehrt sich die Rangordnung – wenn es denn eine gäbe – um. Das zu behaupten hat nichts mit Germanistenübermut zu tun. Es ist so: Jeder religiöse Text ist literarisch zumindest in einem weiten Sinne, längst nicht jeder literarische Text aber ist religiös, geschweige denn christlich. Man kann wohl sagen, daß wahrscheinlich alle religiösen Sprach- und Schriftdokumente auf rhetorische Strategien hin untersuchbar sind, mit denen etwas, was nicht Textstrategie ist, an den Menschen gebracht werden soll. Literarische Texte haben diese Strategien so selbstverständlich, daß dies zu behaupten zur Tautologie wird.
Lassen Sie mich ein exemplarisches Verfahren wählen und

mit zwei Beispielen beginnen, von denen zumindest das erste sehr bekannt ist; es wurde von Interpretationen (vor allem in einem berühmten Briefwechsel zwischen Emil Staiger und Martin Heidegger) fast erdrückt und unter Lorbeer begraben: »Auf eine Lampe« von Eduard Mörike, das Gedicht eines Theologen, auf dessen Spuren diese Tagung ist.

Auf eine Lampe

Noch unverrückt, o schöne Lampe, schmückest du,
An leichten Ketten zierlich aufgehangen hier,
Die Decke des nun fast vergeßnen Lustgemachs.
Auf deiner weißen Marmorschale, deren Rand
Der Efeukranz von goldengrünem Erz umflicht,
Schlingt fröhlich eine Kinderschar den Ringelreihn.
Wie reizend alles! lachend, und ein sanfter Geist
Des Ernstes doch ergossen um die ganze Form –
Ein Kunstgebild der echten Art. Wer achtet sein?
Was aber schön ist, selig scheint es in ihm selbst.

Die innerweltliche Abgeschlossenheit und Eingeschlossenheit des schönen Dings ist selten sonst so betörend in Sprache realisiert worden wie hier, kaum auch je in den so bekannten Rilkeschen Dinggedichten, die ja das dargestellte Ding immer in Bezug bringen zum »Imaginären«, wie das aufreizende Reimwort in den »Flamingos« heißt, es insgesamt als geistigen Prozeß entwerfen, den der Betrachtende konstituiert. Bei Mörike ist das schöne Ding mit sich selbst allein. »Was aber schön ist, selig scheint es in ihm selbst.« Staiger und Heidegger haben lange darüber korrespondiert, ob das »scheint« im Sinne von »videtur« oder »lucet« zu verstehen sei und das »in *ihm* selbst« reflexiv oder nicht. Die vorletzte Zeile deklariert das schöne Ding – die unbeachtete Hängelampe – und das in Worten sie präsentierende Gedicht in ihrer beider Status: »Ein Kunstgebild der echten Art. Wer achtet sein?«, wobei das Gedicht mit seinen letzten drei Worten immerhin die Frage nach der Wirkung des Schönen aufwirft, die Frage, ob das Schöne sich erst in seiner Wirkung konstituiert oder von ihr unabhängig ist. Die vom

Handwerker schön gemachte Lampe und das vomWorthandwerker schön gemachte Gedicht sind allein und sich selbst genug, im »vergessenen Lustgemach« und in der zugeklappten Mörike-Ausgabe ganz hinten im Bücherregal, sie sind in sich selbst abgeschlossen. Und dennoch strahlen sie in dieser Vergessenheit – ob nun angeschaut oder nicht – von Schönheit und in Seligkeit, die sozusagen als Wirkung und Ausdruck der Schönheit begriffen wird. Ding und Gedicht werden medial: Träger und Gefäße von Schönheit, Ausdruck von Seligkeit. Sie strahlen von beidem, was es plausibel macht, das »scheint« als »lucet« zu lesen. Ding und Gedicht werden diaphan für etwas hinter ihnen, das zugleich in ihnen ist und mehr ist als sie. Staiger und Heidegger stimmten darin überein, daß das schöne Gebilde »Epiphanie« ist von etwas, was das Gebilde transzendiert. Nur so wird auch die Lampe als Symbol überhaupt transparent: Wovon sie leuchtet und strahlt, ist ein unendlich Größeres als sie selbst.

In Mörikes Ding-Gedicht »Die schöne Buche« (Text S. 129) wird die Göttlichkeit des schönen Gebildes ganz unverdeckt deklariert. Das heißt: der in sich abgeschlossenste weltlichste Text ist gerade dann, wenn er ästhetisch kohärent strukturiert ist – und gerade dann ist er ja wichtiger Gegenstand der Literaturwissenschaft –, »Realisation« eines Mehr, eines nicht mehr ihm selbst Gehörenden. In ihrem Buch »Realisation« hat Dorothee Sölle dieses ästhetische Phänomen in gegenläufiger Blickrichtung so definiert: »Die Hauptthese dieser Arbeit lautet: Die Funktion religiöser Sprache in der Literatur besteht darin, weltlich zu realisieren, was die überlieferte religiöse Sprache verschlüsselt aussprach. Realisation ist die weltliche Konkretion dessen, was in der Sprache der Religion ›gegeben‹ oder versprochen ist« (29). Hegel sprach in diesem Fall vom »sinnlichen Scheinen der Idee«. Gottfried Keller wiederum, der Mörike so verehrt hat, schrieb in seinen »Grünen Heinrich« den unvergleichlichen Satz hinein: »Gott strahlt von Weltlichkeit.« Das könnte, wenn ich es recht verstehe, einer der Kernsätze dieses Symposions sein, gerade weil er im Hinblick auf ästhetisch strukturierte weltliche Texte sich auch rückwärts buchstabieren läßt: Die Welt – bei Mörike die schöne Lampe im vergessenen Pavillon und sein Gedicht – strahlt von Göttlichkeit. Es läßt sich von einer Parallele zu religiösen Texten sprechen: Beide Arten von Texten müssen, wenn sie gültig sind, sprachlich so realisiert sein, daß sie gesättigt sind von Weltlichkeit, von ihr pulsieren und strahlen, und sie müssen darin jenes andere anwesend machen, das sie erst beglaubigt, das der Grund ihrer Seligkeit ist. Das schöne Ding, der gute Text ist »selig in ihm selbst«, das meint: seine vollkommene Ruhe und Präsenz vibriert von etwas, das ganz in ihm ist und es oder ihn doch übersteigt.

Das andere Beispiel ist eines der weniger bekannten Gedichte aus Christian Morgensterns »Palma Kunkel«:

Schicksal

Der Wolke Zickzackzunge spricht:
»Ich bringe dir, mein Hammel, Licht.«

Der Hammel, der im Stalle stand,
ward links und hinten schwarz gebrannt.

Sein Leben grübelt er seitdem:
warum ihm dies geschah von wem.

Wiederum ein Zentraltext für dieses Symposion: Wir alle sind Hammel im Stall, in deren typischer Haltung: stur gegen die Rückwand gekehrt, eng eingeschlossen von den Brettern, die wir selbst vor dem Kopf haben. Von oben oder irgendwoher wird uns Offenbarung in einer Lichtfülle und in einer blitzartigen Intensität, die uns blenden. Sie hinterläßt uns »links und hinten schwarz gebrannt« – eine grotesk unangemessene Rezeption, eine lächerlich ungenügende Reaktion auf das, was uns an Offenbarung in nicht zu fassender Fülle geschieht. Die letzten beiden Zeilen sind die Geschichte der Theologie von ihren Anfängen bis zu dieser Stunde: »Sein Leben grübelt er seitdem: / warum ihm dies geschah von wem«. Das ist die gesamte Geschichte der religiösen

Systeme und ihrer Interpretationen, der Philosophie, die gesamte Erkenntnis- und Bewußtseinsgeschichte des Menschen von Anbeginn an. Wir sind Hammel, und Erleuchtung ist uns Blendung und Verwundung.
Das alles ist dargestellt im Raum eines profanen Gedichts, das vollkommen in sich abgeschlossen, im Weltlichen sich vollendend und »selig in ihm selbst« scheint. Wäre es das allein, wäre es ein landwirtschaftliches Gedicht und würde dann besser auf Bauernverbandstagungen, von Brandversicherungsfachleuten oder Tierschutzexperten interpretiert. Dieses sich selbst vollendende Gedicht aber hat noch eine Überfülle der anderen, der wahren, der eigentlichen Realität hinter sich, und das Gedicht wäre selbst nur der links und hinten schwarz gebrannte Hammel, wenn es von sich aus diese eigentliche Realität nicht erschlösse, beziehungsweise der Leser wäre das bockige und verkohlte Schaf, wenn er das nicht täte. Das heißt: der Morgensternsche Text ist, wie wohl auch der von Mörike, seiner Struktur nach Parabel, sich selbst und viel mehr noch ein anderes, Wichtigeres meinend, ohne daß er es aussprechen müßte.
Ästhetisch strukturierte Texte sind exakt durch ihre ästhetische Organisation parabolisch, vibrieren und strahlen in konzentrierter Ruhe von dem, wovon ihre Struktur nur Zeichen und Abbreviatur ist. Sie leuchten von gewaltloser Vollendung, die uns im Profanen nicht anders erscheinen kann als durch ästhetische Struktur. Ihre ästhetische Geformtheit, selbst und gerade wo sie sich in Sprüngen, Brüchen und Schnitten, in Fragmentierung und Verwerfung manifestiert, ist Vorschein dessen, worüber das schöne Gebilde selbst nicht mehr verfügt – Vollendung, Erlösung aus Zwang und Entfremdung. Ästhetisch strukturierte Texte sind Parabeln der Vollendung und der Erlösung, auch und gerade dort, wo sie Dissonantes und dissonierend gestalten. Ihre Struktur, ihr Werk-Sein allein ist Balance, ist Verweis auf Vollendung, Zuendekommen des Schmerzes, der Qual, des Terrors, des Schreckens. Ihre Geformtheit ist – verzeihen Sie mir das nicht blasphemisch gemeinte Bild – ihre Auferstehung am dritten Tage und die Rückgewinnung des Paradieses.

Ich glaube, man kann sich relativ schnell darauf verständigen, daß es christliche Literatur und christliche Kunst im Sinne der ästhetischen Konventionen nicht gibt, nicht geben kann. Heinrich Böll und andere haben das Ihre und das Richtige dazu schon vor längerer Zeit gesagt: Es gibt nur Texte, Kunstwerke, Bilder, Skulpturen und Musikwerke christlichen Inhalts oder christlicher Tendenz. Gäbe es ein genuin christliches Kunstwerk, müßte es auch eine spezifisch christliche Ästhetik, eine christliche Struktur und Form geben. Da es sie nicht gibt, haben sich Kunstwerke christlicher Thematik denselben ästhetischen Kriterien der Gutgemachtheit oder Mißratenheit wie nichtchristliche Werke zu stellen. Einen Bonus für Tendenz, für christliche wie übrigens auch marxistische oder existentialistische, gibt es unter unseren Aspekten nicht, kann es nicht geben. Das wäre vielfach die Heiligsprechung der Mediokrität, bei der übrigens die ästhetische, die intellektuelle und die moralische weithin Hand in Hand gehen – ein Phänomen, das uns aber hier nicht auf verlockende Seitenwege führen soll.
Es wäre allzu kühn an der Realität vorbei generalisiert, wollte man behaupten, daß religiöse, christliche Texte und weltlich-literarische sich in nichts unterschieden. Religiöse Texte müssen sich verstehen als Zwecktexte und als Vehikel der Botschaft von seiten einer übergreifenden Instanz. Sie sind von verdeckter oder auch offener Autorität, um sie herum geordnet nach Textstrategien, die zur Durchsetzung einer Intention wesentlich stärker rhetorisch oder oratorisch bestimmt sein können als in literarischen Texten, die ihrerseits intentionslos verändernd wirken – was nicht weniger ist. In ihrem Genre gelungene Texte – seien es nun religiöse oder literarische – sind gleichermaßen erkenntnisstiftend oder erkenntniserweiternd. Während aber bei den literarischen Texten darin auch ihre Unterhaltungsqualität, ihr Vergnügungspotential und auch ihr Endzweck liegen können, gehen religiöse Texte von hier aus weiter: sie sind über die gestiftete Erkenntnis oder Erleuchtung hinaus handlungsanweisend für den Empfänger: Sie wollen motivieren zu einem Tun, das unter Umständen auch ein Nichttun sein kann etwa als Vor-

bedingung für erleuchtende Meditation. Religiöse und literarische Texte sind gleicherweise offenbarend, aber die religiösen animieren den Leser darüber hinaus zu praktischen Konsequenzen aus dieser Offenbarung.
Religiöse Texte sprechen in Richtung auf den Leser mit der Autorität, oft auch von der Autorität einer größeren Instanz. In Richtung auf diese Instanz sprechen sie dienend, verehrend, sich verbeugend. Sie sind in beiden Richtungen damit vielfach ethisch orientiert, was für literarische Texte graduell unwichtiger ist. Religiöse Texte sind also Membran zwischen zwei Instanzen, dem Geglaubten und dem Glaubenden, es gehen in beiden Richtungen Energieströme durch sie hindurch, für die sich die Texte nur als Vermittler verstehen. Sie sind nach beiden Richtungen instrumentell. Das macht sie in gewisser Weise uneigentlich. Wo ein gelungener literarischer Text selig in ihm selbst scheint – freilich in seiner Seligkeit leuchtend von Vollendung –, da ist der religiöse Text nur Metapher, übersetzt aus einer anderen Sprache, aus einer Ursprache, die unsere Weisheit nicht versteht. Alles Sinnliche im religiösen Text ist metaphorisch, gedolmetscht aus jener Wahrheit, die im direkten Erscheinen uns die Augen verbrennen würde, unsere Sinne verdampfen ließe. Das ist der Grund für die Existenz jenes hermeneutischen Vorsatzes, Methoden für das Verstehen eines mehrfachen Schriftsinns zu entwickeln und zu tradieren. Das, was es offenbar zu machen gilt, ist dem religiösen Text transzendent. Religiöses Sprechen ist Übersetzen.
Und: religiöse Texte verstehen sich – im Unterschied zu den literarischen – als nichtfiktional. Sie übersetzen ihrem Selbstverständnis nach aus einer Transzendenz, die nicht nur Realität, sondern die wahre Realität und Wahrheit ist, in eine andere Realität, die gleichfalls nicht erfunden ist, sondern unsere Lebenswirklichkeit, die des Autors und des Lesers solcher Texte. Im qualitativ günstigen Fall leisten sie diese intendierte Übersetzung wirklich. Literarische Texte sind in ihrer Mehrzahl fiktional, sie erfinden, was nicht real ist, beziehungsweise in der Realität so nicht vorhanden ist, weithin freilich aus Realitätspartikeln, die sie umstellen und

verdichten – weshalb Goethe eben meinte, alles Erfinden sei ein Entdecken im höheren Sinne. Literarische Texte aber erschaffen ihre eigene zweite Wirklichkeit, ihre eigene neue Welt, in der man umherspazieren kann wie Gulliver im Reich der kleinen und der großen Menschen. Um solche Tagtraum- und Fiktionswelten zu schaffen, in denen ganze Generationen von Lesern mit immer neuer Entdeckerfreude umherwandeln, verfährt der literarische Text weithin narrativ, erzählend oder szenisch darstellend, was für den religiösen Text zumindest entbehrlich ist, mag auch in vielen religiösen Texten erzählt werden.

Beide Textarten unterscheiden sich kräftig in Status und Selbstverständnis ihrer Autoren und Leser. Der literarische Text ist zunächst einmal und in der Hauptsache der Text des Einzelgängers und des Individuums. Sein Autor versteht sich als einzelner, Unabhängiger, bis zum Heroismus auf sich selbst Gestellter – vom Typus Jean Améry oder auch Rilke oder auch Hölderlin etwa. Und auch der Leser eines solchen Textes ist allein, realisiert die Erfahrungen des Textes in der Regel für sich allein, manchmal im Gespräch mit anderen. Selbst bei kollektiver Rezeption – etwa bei der Aufführung eines Dramas in Theater – geschieht die Aufnahme in der Regel isoliert, nicht im Gemeinde-Einverständnis. Wo ein weltlicher Autor Gemeinde um sich schart – wie etwa bei Klopstock und George –, ist man in der Regel auf dem Wege zur Verkündigung; der literarische Text ist auf der Brücke zum religiösen, wie an Rilkes »Duineser Elegien« zu sehen ist.

Autor und Leser religiöser Texte sehen sich in Gruppen und Kollektiven von Menschen gleicher Glaubensüberzeugung einbezogen. So wie der Text eine für viele geltende Heilsbotschaft formuliert, die individuelles Für-richtig-Halten übersteigt, so beziehen sich seine Entstehung wie seine Rezeption auf Gemeinde, von einem engen bis zu einem sehr weiten Sinn. Die Basis dessen ist jene größere Autorität, die hinter dem religiösen Text steht. Religiöse Texte sind *communio* stiftend, und ihre Autoren verstehen sich als Glieder einer *communio*.

Worin aber religiöse und literarische Texte zusammenstehen und worin auch die nurweltlichsten Texte ihren göttlichen Glanz haben, ist die Tatsache, daß Texte, Werke der Kunst generell, ohne jede Machtmittel existieren und deshalb allen Gewaltakten und fuchtelnden Machtdarstellern und Machtclowns gegenüber auf eine unendlich souveräne Weise resistent sind, ohne daß sie überhaupt eine Widerstandspose brauchen. Das ist in der derzeitigen Welt- und Bewußtseinslage in meinen Augen das Entscheidende an solchen Gebilden: Sie sind auf eine überlegene und dennoch zentral teilhabende Weise ohnmächtig, jedem Machtausüber so ausgeliefert, daß er sich an ihnen alle Finger versengt und alle Zähne bis hin zum letzten ausbeißt, auch wenn er Bücher verbrennen läßt. Ästhetisch strukturierte Texte, auch religiöse, sind niemals aufgerüstet und brauchen auch nie nachzurüsten. Sie sind ohnmächtig, allem Anschein nach immer Opfer, machtlos jedem hingegeben, der mit ihnen seinen Machtveitstanz auszustaffieren gedenkt, und sie sind, wenn die Veitstänzer abgetreten sind, immer die gewaltlosen Sieger, ohne daß es ihnen auf den Sieg, auf Überwältigen und Rechtbehalten je willentlich ankäme. – Wir sollen nicht in Sorge um sie sein, denn sie sind Gebilde immerwährender Auferstehung. Ihre Ohnmacht ist ihre Macht, ihre einzige und ihre vollkommene Macht. Sie sind durch den willentlichen Gebrauch der Macht, die sich durch nichts weiteres als den Genuß an ihr legitimieren und ableiten läßt, nicht korrumpiert: das ist ihr Strahlen, während jede festgehaltene Macht unter dem Ruß ihrer Legitimations- und Selbstbehauptungskrämpfe stumpf und dreckig, und letzten Endes lächerlich wird.

Und von nun an glaube ich, daß in der Tat erst dem theologischen Blick die Augen aufgehen können für das Ästhetischsein ästhetischer Gebilde. Mörike, der theologisch gebildete Pfarrherr, Patron unseres Symposions, der in seinem Werk nie unzulässig Geistliches und Weltliches etwa zu sogenannter christlicher Literatur zusammengemengt hat, Mörike gibt uns mit seinem »selig« in der Schlußkoda seines Lampen-Gedichts den entscheidenden Hinweis: Das schöne

Gebilde zittert aufgrund seiner ästhetischen Geformtheit von einem Vorschein des Erlöstseins und der Versöhnung, von etwas, das über seinen Text weit hinausgeht. Das ist seine Seligkeit, die in den Lesenden und Hörenden ohne Predigt einströmt: die Potentialität der Erlösung, in der seit Golgatha und der Auferstehung Jesu alles, was gemacht ist, steht. Noch einmal, nur um nicht mißverstanden zu werden: Das ästhetische Gebilde hat und gibt diese Seligkeit nur aufgrund seiner ästhetischen Organisation, die selbst noch nicht einmal »stimmig« oder »schön« sein muß. Auch und gerade dissonantische und chaotische Strukturen, die destruktiven fragmentierten Strukturen, die unserer Realitätserfahrung so vielfach entsprechen, haben aufgrund der Kohärenz, der inneren Beziehung der Teile, eben jene ästhetische Organisation, die im Vorschein und der Potentialität der Erlösung strahlt. Nichts muß an jener Organisation im Normalsinne schön oder gut sein. Jener Seligkeit der Struktur kommt es nicht darauf an, daß die dargestellte Welt gut ist, sondern daß die Welt gut dargestellt ist.

Im 21. Vers des ersten Kapitels im Matthäus-Evangelium erscheint der Engel dem Joseph, der gerade darüber grübelt, ob er die für ihn unerklärbar schwangere Maria nicht verlassen solle. Der Engel prophezeit ihm, sie werde einen Sohn zur Welt bringen, den er Jesus nennen solle: »er wird sein Volk selig machen von ihren Sünden«. Da ist das Mörike-Wort, der Hinweis auf das, was das literarische Werk ist und tut. Es macht selig von den Sünden, von den Schrecken und Wunden der Realität, indem es sie darstellt, möglicherweise viel krasser als in der Realität. Es erlöst und heilt von der Zerstörung, dem Terror, dem Schrecken, der Gewalt kraft seiner Struktur, die ihrerseits nicht schön sein muß, aber beziehungsstiftend.

Mit Mörikes Gedicht steht das literarische Werk, das schöne Gebilde, unter den Seligpreisungen der Bergpredigt: Es ist selig, weil es geistlich arm ist, nicht prunkt und auftrumpft mit seinen Qualitäten und Meriten, weil es Leid trägt und getröstet wird und tröstet, weil es sanftmütig ist und deshalb das Erdreich besitzen wird, weil es hungert und dürstet nach

Gerechtigkeit und deshalb satt werden und satt machen soll, weil es barmherzig ist und deshalb Barmherzigkeit haben und geben wird, weil es reinen Herzens ist und deshalb Gott schauen und seine Leser Gott schauen lassen wird, weil es friedenmachend ist und deshalb selbst – wie auch seine Leser – zu den Kindern Gottes gehört, weil es um der Gerechtigkeit willen so oft verfolgt wird und deshalb das Himmelreich sein ist. Das schöne Werk ist die ästhetische Bergpredigt – ohnmächtig und machtlos wie die Haltung, die aus ihr spricht, und deshalb aufgrund seiner Opfernatur zugleich das einzige Irdische, das eine nichtzerstörbare und stetig wachsende Macht haben wird für alle Zeit, wenn das, was jetzt seine Machtoperetten aufführt, längst zu der Lächerlichkeit und zu dem Dreck zerfallen ist, die es schon immer war.

Man wird mir erlauben und nachsehen, daß ich bei diesem Tagungsthema aus der akademischen Reserve herausgehe und persönlich bekenne: Ich glaube, oder ich versuche jeden Tag neu zu glauben, daß wir durch das unsere Kapazität so weit übersteigende Opfer des Jesus von Nazareth potentiell Erlöste, Geheilte, wenn Sie so wollen, Therapierte sind, deren faktische Erlösung noch aussteht, aber sicher ist. Das Seligsein des Werkes trägt allein in der ästhetischen Organisation eben diesen Vorschein, diese Potentialität von Befreiung und endgültigem Frieden, ohne daß das Werk in Thematik, Tendenz oder Habitus nur irgendwie religiös geistlich oder christlich sein müßte. Die Realität ist in der ästhetischen Struktur virtuell versöhnt, ohne daß Harmonie und Schönsein ausdrücklich plakatiert werden – das nämlich wäre die breite und abschüssige Startrampe zur Talfahrt in den Kitsch; sie führt noch unfehlbarer dorthin durch allerlei hohe Vorsätze zu edler Thematik und moralischer Tendenz.

Die Grenzregion zu erkunden, in der die ästhetische Struktur anfängt zu strahlen von schwer erlittener Göttlichkeit und Versöhnung, scheint in der deutschsprachigen Literatur unserer Jahre unter anderem das Werk der späten Bücher von Peter Handke zu sein, gerade weil er immer wieder opponiert gegen vorschnelle Religion und Erlösung, weil er nur der Passion der Struktur sich ausgesetzt hat. In seinem letzten Aufzeichnungsbuch »Die Geschichte des Bleistifts« (1982) stehen mitten zwischen vielen Zitaten aus Schriften Meister Eckharts Notizen wie: »Bleib unversöhnlich beim Schreiben« oder: »Sich nicht um den Anschluß an eine Religion zu bemühen, sondern sich in seiner Unerlöstheit geduldig und sachlich zu beschreiben, ist schon Religion«. Da ist das entscheidende Paradox: Bleib resistent gegenüber der billigen Versuchung zu vorschneller Erlösung und Versöhnung, schon in der guten Tendenz oder der harmonischen Form. Im Leiden des Widerstands gegen diese Versuchung wird die in der Passion erarbeitete Form dann allein die Virtualität von Versöhnung und Erlösung haben. Anders und billiger aber ist sie jedenfalls nicht zu haben. Indem das ästhetische Gebilde die Heillosigkeit der Welt aushält, unter ihre Zerbrochenheit seine Schultern stellt, ihre Zerstörtheit trägt, leuchtet es allein von Heil.

Adorno, mit dessen ästhetischer Theorie solche Gedanken von anderer Richtung her konvergieren, Adorno hat am Ende seines »Versuchs über Wagner« gerade an einem Werk, dessen innerste Fragwürdigkeit er wie kein anderer anatomiert hat, ex negativo herausfiltriert, was die ästhetische Struktur eines Werkes sein könnte und freilich bei Wagner nur allzu selten ist:

> »Wer es aber vermöchte, den übertäubenden Wogen des Wagnerschen Orchesters solches Metall zu entreißen, dem vermöchte sein veränderter Klang zu dem Trost verhelfen, den es trotz Rausch und Phantasmagorie beharrlich verweigert. Indem es die Angst des hilflosen Menschen ausspricht, könnte es den Hilflosen, wie immer schwach und verstellt, Hilfe bedeuten, und aufs neue versprechen, was der uralte Einspruch der Musik versprach: ohne Angst leben.«

Das können uns im Innerweltlichen allein Gebilde versprechen und halten, deren Struktur die Verheißungen der Bergpredigt ästhetisch aufbewahrt und in deren ohnmächtiger Opfernatur eine so überströmende Machtfülle liegt, daß sie die einzig profane Parallele und Spiegelung dessen sind, was Jesus von Nazareth ins Werk gesetzt hat und was uns im Garten Eden schon einmal verheißen war: ohne Angst leben. Selig.

? Lit. macht in der Opferrolle selig?

KARL-JOSEF KUSCHEL

Theologie und Literatur heute: Themen und Konsequenzen

Welches Erkenntnisinteresse kann religiöses, theologisches Denken heute bei der Auseinandersetzung mit literarischen Texten oder literarischen Figuren haben? Wie nimmt Theologie, wie nimmt Religion sich im Spiegel literarischer Texte heute wahr? Und was wären die Folgen für ihren eigenen Selbstvollzug? Was hat – auf der anderen Seite – religiöses, theologisches Denken seinerseits einzubringen in die Auseinandersetzung mit Literatur? Und was wären hier die Folgen für die literarische Annäherung an Wirklichkeit? Angesichts der unüberschaubaren methodischen wie inhaltlichen Probleme auf diesem Arbeitsfeld kann ich in diesem engen Rahmen keinen umfassenden Überblick geben. Ohne den Dialog zwischen Theologie und Literatur generell motivgeschichtlich zu verengen, versuche ich in dieser kurzen, programmatischen *Problemskizze* mein theologisches Interesse dadurch zu konkretisieren, daß ich Texte der deutschsprachigen Literatur nach 1945 daraufhin befrage, wie in ihnen die Jesusfigur behandelt und das Reden von »Gott« thematisch wird. Mehr als Stichworte benennen, Signale und Symptome eines (möglicherweise heute veränderten) Gesprächsklimas zwischen Theologie und Literatur aufzuzeigen wird dabei nicht möglich sein.

Ich setze dabei methodologisch voraus, daß (1.) ein theologisches Interesse an Literatur kein herangetragenes, aufgesetztes, die Texte vergewaltigendes Interesse ist, sondern (auch literaturwissenschaftlich) legitimiert werden kann, wenn die Texte einerseits in ihrer »Eigenschaft als absolutes Sprachkunstwerk und andererseits als Ausdruck einer Kultur, die durch Religion unverkennbar geprägt worden ist«

(Th. Ziolkowski) verstanden werden. Sosehr das *motivgeschichtliche Interesse an Literatur* dabei in Gefahr steht, »aus systematischem Erkenntnisinteresse die verschiedenen Äußerungen im Sinne einer theologischen Collage zusammenzubasteln und hinterher die theologische Quintessenz daraus zu ziehen« (D. Mieth), so ist es doch dann legitim, wenn es Texte für den Dialog zu erschließen vermag, in denen der Autor selber sein Interesse an religiös-theologischer Motivik und Thematik nachweisbar hat erkennen lassen. Die theologisch-inhaltlichen Folgerungen freilich müssen in aller methodenkritischen Behutsamkeit gezogen werden.

(2.) Ich setze voraus, daß das theologische Interesse an literarischen Texten über die distanzierte literaturwissenschaftliche Formanalyse hinausreicht (sosehr es diese hermeneutisch als unabdingbar voraussetzen muß) und vorstoßen wird auf die Frage nach der ethischen oder praktischen »Bedeutung« eines Textes für das religiös-theologische Selbstverständnis sowie den humanen Selbstvollzug. Mit »hinausreichen« und »vorstoßen« ist methodisch keine qualifizierende Rangfolge gemeint, kein Werturteil ausgesprochen, dennoch aber die Frage nach dem adäquaten Verständnis eines Textes, dem »idealen Leser« aufgeworfen und gleichzeitig das Problem des hermeneutischen Zirkels benannt, die Frage des Wechselspiels von Erkenntnis und Interesse. Meine These ist, daß die Frage nach der »Bedeutung« eines Textes nicht auf die Ebene der Applikation abgeschoben werden kann (nach dem arbeitsteiligen Modell: Literaturwissenschaft »versteht«, Theologie fragt nach der existentiellen »Bedeutung«), sondern von vorneherein als ein konstituierendes Element im Prozeß der Wahrheitserschließung eines Textes mitreflektiert werden muß. Sowenig wie der Theologe kann sich der Literaturwissenschaftler der *Frage nach der Betroffenheit durch einen literarischen Text* entziehen und damit der Frage nach der »Bedeutung« für das eigene Selbstverständnis. Eine sterile Arbeitsteilung zwischen Literaturwissenschaftler und Theologe wird damit durchbrochen, um gerade so das, was der Text zu sagen hat, als Herausforderung an beide zu begreifen.

1. *Entfremdungen: Von der fatalen Wirkungsgeschichte des Religiösen*

Daß Religion und Dichtung, Theologie und Literaturwissenschaft spätestens, seit die Identität von Christentum und bürgerlicher Kultur zerbrochen ist, in einem Verhältnis konstanter, bisweilen feindseliger Spannung stehen, ist ein Gemeinplatz. Wann immer dieser Ablösungsprozeß hin auf eine »Autonomie« des literarischen Kunstwerks, verbunden mit einem tiefgreifenden Prozeß sprachlicher Säkularisierung, begonnen haben mag: im 20. Jahrhundert haben wir von den Langzeitwirkungen dieses Prozesses auszugehen, und alle noch so gut gemeinten Restaurierungsversuche haben daran nichts geändert. Die als Reaktion auf diesen Prozeß der Ausdifferenzierung von Religion und Literatur/Kunst gedachte »christliche Literatur« war der bisher letzte Versuch einer Versöhnung und ist zugleich der signifikanteste Indikator einer *bleibenden Entfremdung.* Religion – so gilt bei vielen Literaturkritikern seither als ausgemacht – ist im Raum der Literatur nur noch bei Strafe der Mediokrität, ästhetische Spitzenleistung nur unter Ausklammerung religiöser Probleme zu haben.
Veranschaulichen lassen sich die Spätfolgen dieser kulturellen Dichotomie an einem Text, der vor fast vierzig Jahren geschrieben wurde. Er stammt von *Bert Brecht: Peinlicher Vorfall:*

> Als einer meiner höchsten Götter seinen 10000 Geburtstag beging
> Kam ich mit meinen Freunden und meinen Schülern, ihn zu feiern
> Und sie tanzeten und sangen vor ihm und sagten Geschriebenes auf.
> Die Stimmung war gerührt. Das Fest nahte seinem Ende.
> Da betrat der gefeierte Gott die Plattform, die den Künstlern gehört
> Und erklärte mit lauter Stimme
> Vor meinen schweissgebadeten Freunden und Schülern

Daß er soeben eine Erleuchtung erlitten habe und nunmehr
Religiös geworden sei und mit unziemlicher Hast
Setzte er sich herausfordernd einen mottenzerfressenen Pfaffenhut auf
Ging unzüchtig auf die Knie nieder und stimmte
Schamlos ein freches Kirchenlied an, so die irreligiösen Gefühle
Seiner Zuhörer verletzend, unter denen
Jugendliche waren.

Seit drei Tagen
Habe ich nicht gewagt, meinen Freunden und Schülern
Unter die Augen zu treten, so
Schäme ich mich.

(Ges. Werke, Bd. X, Frankf./M. 1967, S. 861 f.)

Ein Schlüsselgedicht, noch ganz unter dem Eindruck des Erlebten entstanden, gewiß einen Einzelfall behandelnd und doch für uns »Nachgeborene« symptomatisch für die Weise, wie Religion unter Schriftstellern wahrgenommen wurde und wird. Der »gefeierte Gott« ist Alfred Döblin, der Anlaß dessen 65. Geburtstag 1943, die Bühne die eines Kinos in Santa Monica, wo die Geburtstagsfeier im Kreise vieler exilierter deutscher Künstler stattfindet, Heinrich Mann ist einer der Festredner. Döblin habe eine Rede »gegen moralischen Relativismus und für feste Masse religiöser Art« gehalten, notiert Brecht noch am selben Tag in sein »Arbeitsjournal«. Und auch hier stempelt Brecht den zuvor so bewunderten Mann ganz zum Typus eines »Mitgefangenen, der den Folterungen erlegen ist und nun aussagt«. Einen Mann wie Döblin hätten ja auch »besonders harte Schläge niedergeworfen«.

Dieser Text ist bis heute in zweifacher Weise lehrreich:

1. Die Sprache, in die Brecht seine Verachtung für diesen Vorgang kleidet, ist symptomatisch für den Prozeß der *Säkularisierung religiöser Sprache,* der hier an sein Ende gekommen zu sein scheint. Parodie, Satire und eine ironische Um-

kehr der Perspektiven sind die Mittel stilistischer Selbstinszenierung. Denn religiöse, biblische Sprachspuren (»und sie tanzeten und sangen«) dienen zu nichts mehr als der ironischen Überhöhung des Gefeierten, dessen Entzauberung in Form einer Selbstenthüllung nur um so ernüchternder wirken muß. Religiöse Sprache ist also in diesem Text nur noch als Mittel parodistischer Verspottung (»ging unzüchtig auf die Knie nieder«) und satirischer Entlarvung (»mottenzerfressenen Pfaffenhut«) präsent: Eigenentlarvung von Religion durch religiöse Sprache. Die Worte »Erleuchtung« und »religiös« müssen in solchem Kontext den Charakter des Frivolen und Unanständigen bekommen. Eine Umkehr der Wertungen kündigt sich dort an, wo die eigene, irreligiöse Position den Rang dessen bekommt, was vordem Reservat des Religiösen war: Ausdruck von Gefühl und tiefer Scham. Das Ganze ein Vorgang, der für Brecht, den Meister in der Kunst der Tarnung und der selbstauferlegten Disziplin in der öffentlichen Affirmation »religiöser« Erfahrungen (»Erfahrungen«, nicht »Gefühle« wollte er in seiner Lyrik mitteilen) wohl deshalb so aufregend war, weil er wußte, wieviel er sich selber gerade in diesem Bereich verboten hatte. Man vergleiche nur die meditativen, das stete Scheitern, die Ungesichertheit der Existenz und die Dialektik von Macht und Ohnmacht artikulierenden Texte der »Svendborger Gedichte«, die alle ein »Hauch von Resignation und sehr zarter Müdigkeit« durchzieht (W. Jens), um zu ermessen, was Brecht sich über die Jahre der »Gefangenschaft« an sachlicher Strenge und sprachlicher Disziplin abgerungen hatte.
2. Der Brechtsche Text ist Niederschlag einer *fatalen Wirkungsgeschichte des Religiösen* im Raum der Literatur. Irrational und autoritätshörig zugleich, ist Religion hier als krude Ideologie durchschaut. Mit Döblin ist wieder einmal jemand »vor dem Kreuz zusammengebrochen« (W. Muschg), was den Schluß erzwingt: Religion ist Ausdruck von Schwäche, die aus der Lebensangst kommt. Wer religiös ist, ist mit seinen Lebenskrisen nicht fertig geworden, er hat kapituliert. Im »Arbeitsjournal« fällt denn auch im Zusammen-

hang mit Döblin das bittere Wort von der »angina pectoris«, der »großen Bekehrerin«.
Wer könnte als Theologe diese fatale Wirkungsgeschichte des Religiösen unbetroffen übersehen, die im Gedächtnis der Literatur gespeichert ist? Das Werk von *Döblin und Brecht* ist freilich für uns rezeptionsästhetisch nicht länger gegeneinander ausspielbar, sondern als jeweiliger großer Versuch der Versprachlichung und Versinnbildlichung der einen und selben Grundpolarität menschlicher Wirklichkeit zu verstehen, deren Ausdruck Religion ist. Denn weder führte Döblins Konversion zu der von Brecht unterstellten Wirklichkeitsblindheit in seinem Werk (ein Roman wie »November 1918« ist mit den Kategorien der Brechtschen Religionskritik auch nicht annähernd zu greifen), noch ist Brechts Lebensgeschichte selber frei von Konversionserfahrungen, hatte er doch – folgt man Walter Muschg – nach seiner »Konversion« zum Marxismus ab 1926 die »Quadratur des Zirkels« versucht: »das sakrale Drama eines unheiligen Zeitalters, das den Marxismus als alleinseligmachende Lehre zelebriert«, wobei Brecht auf seine Weise ebenso scheiterte wie Alfred Döblin. Doch gerade wo sie in ihrem Werk scheiterten beim *Versuch einer Synthese von Glaubensidentität und künstlerischer Formgebung,* sind sie für uns von widerständiger, uneingeholter Zeitgenossenschaft und unabgeschlossener Exemplarität. »Wieviel Pascal« (W. Jens) war nicht nur in Brecht, sondern auch in Döblin verborgen, wie sehr verkörperten beide auf ihre Weise eine schöpferische Verbindung von Mystik und Mathematik, Analyse und Meditation, rationaler Schärfe und melancholischer Betrachtung, die sich letztlich aller flachen Parteigängerei entzog und jeder ideologischen Verzweckung zuwider lief. Denn was Günter Grass über »seinen Lehrer« Döblin sagte, gilt analog auch für den Stückeschreiber nach der Heimkehr aus dem Exil: »Döblin lag nicht richtig ... Der progressiven Linken war er zu katholisch, den Katholiken zu anarchistisch, den Moralisten versagte er handfeste Thesen ... Unverdaulich ist er, auch unbekömmlich. Den Leser wird er ändern. Wer sich selbst genügt, sei vor Döblin gewarnt.«

Bop. Jesus

Exemplarisch wird im Werk von Brecht und Döblin das Problem von Freiheit und Gebundenheit, System und Subjektivität, Partei und Individuum, kurz: Literatur und Ideologie thematisiert. Nirgendwo wird deutlicher, wie sehr in Literatur (bei aller Parteilichkeit) Gegenbilder zur vorfindlichen Realität entworfen und Kontrapunkte gesetzt sind zum Einverständnis mit dem jeweiligen ideologischen Status quo. Will Theologie sich nicht zum Komplizen einer »Kultur der Teilnahmslosigkeit« (M. Walser) machen, müssen die hier entworfenen Bilder, die im Laboratorium der Literatur konzipierten fiktiven, reproduzierenden wie antizipierenden Stellvertreter-Figuren sich tiefer in ihr Gedächtnis eingraben. Sie müßten zu Bezugsfiguren des Denkens werden, zum Schatten des eigenen Bewußtseins. Literatur wäre als *unverfügbare Gegen-Macht* zu begreifen, die ihren eigenen Gesetzen gehorcht, ihre »eigene Vernunft« (H. Böll) hat, die aber gerade so – in Verfremdung religiöser Thematik – dem theologischen Rezipienten Wirklichkeitsgewinn und Zeitgenossenschaft vermittelt. Literatur hat mit den ihr spezifischen *Figuren* das Antlitz ihrer Zeit immer wieder erhellt und Betroffenheit hergestellt:

Sie will einem nicht aus dem Kopf, die stumme Katrin in der »Mutter Courage«, die wortlos tapfer handelt, während die Redefähigen wortreich ihre Angst in Gebeten ertränken. Die Diskrepanz von folgenlosem Gebet hier und verändernder Praxis dort ist erschreckend und spielt theologischer Reflexion die Frage nach dem Zusammenhang von Religion und Praxis noch einmal zurück.

Man wird sie nicht vergessen, die Figuren von Albert Camus, wenn man die Dialoge zwischen Pater Paneloux und Dr. Rieux über das Leiden unschuldiger Kinder oder zwischen Mersault, dem Fremden, und dem ihn im Gefängnis besuchenden Priester über den religiösen Trost angesichts des Todes gelesen hat. Man ist betroffen über soviel gelebter Synthese aus Absurditätsbewußtsein und humaner Tapferkeit, Scharfsinn und Gleichgültigkeit, Überlegenheit und Demut.

Wieviel an unverzichtbarem *Freiheitspathos* und »aufrechtem Gang« (E. Bloch) steht in den »Lästerungen« des subversiven Gnoms Oskar Matzerath, den Religion so »versüßt und vergiftet« hat, »daß ich dem Satan dankte, weil er in mir die Taufe überstanden hatte und mir ein Gegengift lieferte, das mich zwar lästernd, aber doch aufrecht über die Fliesen der Herz-Jesu-Kirche schreiten ließ«. Wieviel an *ekklesiogenen Neurosen* ist in einer Figur wie der des Böllschen Clowns gespiegelt und transzendiert, der in der Badewanne »gegen Melancholie und Kopfschmerzen« lauter Liturgisches singt und seinen »närrischen« Kampf gegen katholische Doktrinen und Funktionäre kämpft, mit nichts im Kopf als der Idee von der reinen Liebe und der selbstgespendeten Sakramentalität. Wie oft ist der Zusammenhang von Glaube und Wahnsinn, *Religion und Psychopathologie* in Literatur aufgedeckt worden: von Dürrenmatts »Wiedertäufer«-Stücken angefangen, über Bölls Weihnachtssatire bis zu Herburgers Studie vom Zerfall eines neurotisch-religiösen Bewußtseins (»Die Wohnung«): wie oft diente Religion der wahnhaften Kompensation verpfuschter Existenz.
Wieviel an verdinglichter Religiosität, *sprachsklerotischer Versteinerung,* verkümmerter Sprache und verkümmerter Menschlichkeit ist in der Figur der eigenen Mutter veranschaulicht, die Peter Handke in »Wunschloses Unglück« beschreibt. Wie oft findet sich im Spiegel der Literatur theologische Formelsprache »bis zur Kenntlichkeit« (E. Bloch) entstellt: die kompensatorische Funktion christlicher Rede vom *Kreuz,* die bei Peter Weiss (»Marat-Sade«) und bei Günter Grass (»Die Blechtrommel«) zur sozialkritischen Entlarvung führt, bei Günter Herburger (»Jesus in Osaka«) zur vom Herburgerschen »Jesus« selbst inszenierten Kreuzesverbrennung (»ich will kein blutiges Symbol mehr sein«), bei Stefan Heym zur Kritik an einer Dulder- und Schmerzensmann-Christologie (»Ahasver«).
Wieviel an prophetischem Protest steckt in den apokalyptischen Gerichtsreden eines Günter Eich (»Träume«), wieviel an desillusionierender Selbstaufklärung in den *apokalyptischen Szenerien* eines Dürrenmatt (»Weihnacht«, »Der Tun-

nel«), eines Kasack (»Die Stadt hinter dem Strom«), eines Hans Erich Nossack (»Bericht eines Überlebenden«, »Interview mit dem Tode«). Apokalypse freilich ohne die Versatzstücke expressionistischer Dämonisierung, sondern kafkaesk verfremdet, kaltnadelartig hingesetzt, kühl kalkuliert: die Luzidität des Schreckens ins Wort gebracht. Traum und Wirklichkeit vermischen sich in solchen Texten, die wie bei Kasack und Nossack vom Leben nach der Katastrophe berichten, »nach der Sintflut«. Sie gehören zur »Mythologie der entgötterten Welt«, beschreiben Jenseitswanderungen des nachchristlichen Menschen.
Bild und Gegenbild, Anspruch und Wirklichkeit, die Formeln und die Erfahrungen, das Allgemeine und das Subjektive: von solchen Konfrontationen her gewinnt Literatur ihre Unverwechselbarkeit auch für theologisches Denken. Ihr Denkstil ist der des Kontrastes, der kritischen Konfrontation, der antizipierenden Vorwegnahme. *Weihnachten:* Fest der Kommunikation und liebenden Gemeinschaftlichkeit? Statt dessen die Beschreibung von Sprachstörung, Kommunikationsverlust und Gemeinschaftsunfähigkeit in literarischen Texten von J. Bobrowski (»Unordnung bei Klapat«) bis Peter Härtling (»Nachgetragene Liebe«). Weihnachten: das Fest der Liebe und des Friedens? Groteske Gegenbilder dazu von Friedrich Dürrenmatt (»Weihnacht«) bis Günter Kunert (»Ein Gegenbild«), unübertroffener Höhepunkt die Konfrontation von Bethlehem und Stalingrad in Peter Huchels Gedicht »Dezember 1942«. *Ostern* – das Fest der Auferstehung und des Lebens? Kontrasterfahrungen beschrieben von Marie Luise Kaschnitz bis Ingeborg Drewitz:

»Als die Osterglocken läuteten
Hatten auf der Straße
Schon ein paar Autofahrer
Ihren Geist aufgegeben / Das große Schlachten
Wie wenn am Feiertag
Hatte begonnen«
(M. L. Kaschnitz: Am Feiertag)

»Vier freie Tage. Was reden sie
von Karfreitag und Kreuzigung
Und daß einer auferstanden ist.
Auf den Autobahnen staut der Verkehr«
(I. Drewitz: Ostern)

Solche Texte geben freilich nicht nur Zeugnis von der Ambivalenz menschlicher Wirklichkeit, sondern auch von der in aller Gebrochenheit durchscheinenden Vitalität und Unzerstörbarkeit religiöser Wunsch- und Hoffnungsbilder. Selbst in *Kunerts »Gegenbild«* zur Weihnachtsgeschichte (die Eltern haben das totgeborene Kind verscharrt) ist noch eine Ahnung davon spürbar, was die hier angekündigte Vision vom »Heil« hätte bedeuten können:

»So verließen sie Bethlehem und zogen nach Nazareth zurück, gemächlich und eher beruhigt, daß sich keines der Versprechen erfüllt hatte und sie, die kleinen Leute, nicht gezwungen waren, sich gegen den Lauf der Welt stellen zu müssen. Dann sollte lieber alles so weitergehen wie bisher, wie eh und je, und man selber existierte besser als kurzfristig belebter Staub und Schatten.«

In Huchels Bethlehem-Stalingrad-Poem ist das zerschossene Bethlehem gerade die unersetzliche erkenntniskritische Kontrastfolie zu Stalingrad, die verdeutlicht, was durch Stalingrad zerschossen und zerfetzt wurde. Das Gedicht ist nur dann richtig verstanden, wenn es nicht als Ausdruck geschichtlicher Fatalität und politischer Ohnmacht, sondern als Friedsches »Warngedicht« gelesen wird: die Zerbrechlichkeit von Bethlehem zeigend und davor warnend, Bethlehem als Hoffnungschiffre der Menschheit verkommen zu lassen. In den Ostergedichten von Marie Luise Kaschnitz und Ingeborg Drewitz ist die Oster-Botschaft durch die gesellschaftliche Wirklichkeit nicht widerlegt, sondern ist sie die kritische Unterbrechung banaler, alltäglicher Eindimensionalität, Ausdruck von Widerständigkeit, Unintegrierbarkeit und Uneingelöstheit.

Ambivalenz des Religiösen also im Prozeß der Deutung von Wirklichkeit und Erhellung von Wirklichkeit mit Hilfe paradigmatischer Leitfiguren: Es ist die Literatur, die der Theologie Eigenes in fremdem Gewande widerspiegelt, ohne selber religiöse Identifikationen anzubieten. Nicht weil sie religiös wären oder christlich, benutzen Autoren religiös-christliche Leitfiguren, sondern weil das, was sich in solchen Figuren, in religiösen Symbolen und Sprachbildern aufbewahrt hat, zum Ausdruck menschlicher Grunderfahrungen, zur Umschreibung humaner Grundsituationen und Verhaltensmuster dienen kann. Deshalb kann der Nazarener immer wieder zur manchmal offenen, manchmal geheimen Bezugsfigur menschlicher Selbsterhellung in Literatur werden. Ein Mann, an dem stellvertretend *Grundkonflikte* gespiegelt werden, unverzichtbar auf seine Weise wie andere große literarische Leitfiguren, archetypische Grund-Gestalten: Hamlet und Faust, Ödipus und Antigone, Ulysses und Hiob, Ahasver und Kassandra.

Der Nazarener hat freilich dort sein unverwechselbares Profil, wo der Grundkonflikt von *Freiheit und Vergewaltigung*, von Lebendigkeit und dogmatischer Erstarrung thematisiert wird:

> »dogmen machen ihn dingfest
> herrschaft legt ihn auf's kreuz
> begriffe nageln ihn fest
> kirchen hissen ihn hoch«
> *K. Marti: Immerwährende Kreuzigung*

Immer wieder – in der Nachfolge Dostojewskis – Jesus als Störfaktor und Unruhestifter (J. Reding: Krippenrede), immer wieder die Unterscheidung zwischen dem Jesuanischen und dem »Christischen« (H. Böll), dem Jesuanischen und dem »Prometheischen« (I. Drewitz), verbunden mit utopischen Selbstentwürfen vom »menschlicheren Menschen«: Zärtlichkeit und Galanterie, Sanftheit und Menschenfreundlichkeit als humane Wunschbilder, gespiegelt im »Menschgewordenen« bei Böll, bei I. Drewitz das Jesuanische als Widerstandskraft gegen das »prometheische Denken, das zur Selbstzerstörung führen kann«, bei Walter Jens die Lessingsche Unterscheidung zwischen christlicher Religion und Religion Christi.

Immer wieder wird in literarischen Texten, wenn sie auf Jesus Bezug nehmen, die Erfahrung beschrieben, daß der, der die menschliche Ganzheit verkörpert, »die Haut des Menschen bis zum äußersten ausfüllt« und doch sie nie gesprengt hat, »immer ärmer, immer schmutziger, immer dürftiger und bedürftiger« (P. Härtling) wird, daß gerade er, »der große Entwurf des Menschen«, auf Widerstand stößt, Haß auf sich zieht und von den Machthabern seiner Zeit beseitigt wird: *Schutzraum aller Verfolgten, Asyl aller Verfemten,* »Bettler, Bruder, Bruder« (M. L. Kaschnitz) aller, die die Menschwerdung noch vor sich haben. Heinar Kipphardts Dialog zwischen dem schizophrenen Dichter Alexander März und dessen Psychiater in seinem »März«-Roman steht dafür: »Wieso eigentlich Christus?«, fragt der Psychiater den die Rolle des »Ecce Homo«, des Gekreuzigten, spielenden Patienten und dieser antwortet: »Christus wäre recht. Ich, wäre ich Christus, wäre recht.« – »Was interessiert Sie an Christus?« – »Daß er wie ich von seinesgleichen ermordet wurde.« – »Sie? Warum?« – »Ich bin nichts wert, ich kann mich nicht einordnen.« Auch Wolfdietrich Schnurres Christus-Gedicht, die urchristliche Fischsymbolik aufgreifend, arbeitet mit diesem Grundkontrast: »Der die Milde / zu bringen gedachte: / Wer / verriet ihn den Netzen?«, nachzulesen im »Schattenfotograf«, wo das Ineinander von *Leiden und Verstummen* so ins Wort gebracht, ins Symbol erhoben wurde wie in zahlreichen lyrischen Texten von Nelly Sachs, die Christus im Symbol vom Fisch mit der »blutig gerissenen Kieme« deuten.

Immer wieder also, wenn von Jesus die Rede ist, die Grunderfahrung von Programmatik und Scheitern, Botschaft und Kreuz, *actio und passio,* immer wieder auch die selbstkritische, Praxis konkretisierende *Rückfrage nach dem, was er*

getan hätte: Hochhuths Held im »Stellvertreter«, der Jesuitenpater Riccardo Fontana, der mit den Juden stellvertretend für den Papst den Passionsweg in die Gaskammern und Verbrennungsöfen geht, kommt von dieser Frage ebensowenig los (»Hätte Christus sich entzogen?«) wie Luise Rinsers Franziskus redivivus in »Bruder Feuer« oder ihre Mirjam, die selbstbewußte, kritisch gewordene, suchende Schülerin und Gefährtin des Jehoschua aus Nazaret (»Mirjam«). Und dabei – bei allen Affinitäten und Identifikationen – *Distanz gewahrt* zu dieser Figur, die Scheu vor der direkten Benennung, dem unmittelbaren Zugriff, die Angst vor den großen Worten, der frommen Vergewaltigung: lieber »der Gekreuzigte« als der Heiland, lieber der »Mann mit dem Stacheldraht« (E. Fried) als der Gottessohn mit der Dornenkrone, lieber in der Nachfolge eines Otto Dix »Jesus mit der Gasmaske« als mit dem Heiligenschein (Walter Jens: »Wir sollten ihn heute wieder mit der Gasmaske malen«), lieber das Pro-nomen als das Nomen: »er« und »ihn« (»Ja, das muß das Abendmahl sein, als er schon wußte, daß er verraten wurde, ja, das muß der Soldat sein, als er schon wußte, daß er verraten wurde, ja, das muß der Soldat sein, der mit dem Speer stieß, als er schon am Kreuz hing ...«, *A. Seghers,* Das siebte Kreuz; »Ich habe geglaubt, ich hasse IHN« *I. Drewitz,* Judas; »Seine Barmherzigkeit ... Ihn sehen wir nicht« *G. Eich,* Festianus, Märtyrer). Da wird Sprachdisziplin gehalten, Zurückhaltung geübt bei Sinn-Deutungen: Im Angesicht von Auschwitz erhält das Kreuz ein »Doppelgesicht« und wird »deutbar fast«, wie es bei Ernst Meister heißt; für Eva Zeller ist es der Schrei des Menschen- und Gottverlassenen, in dem er uns am nächsten ist: »Wann / Wenn nicht um die neunte Stunde / als er schrie / sind wir ihm wie aus dem Gesicht geschnitten / Nur seinen Schrei nehmen wir ihm noch ab / Und verstärken ihn in aller Munde.«
Und immer wieder Stellvertreter-Figuren gesucht, *Verkleidungen Jesu in unserer Zeit,* »fictional transfigurations« (Th. Ziolkowski): der Nazarener als der Schattengeber, der unserer schattenlosen Gegenwart Plastizität und Kontur verschafft: Der namenlose Kriegsdienstverweigerer bei Bor-

chert (»Jesus macht nicht mehr mit«) bekommt ein unverwechselbares Gesicht in diesem Stück der Namen- und Gesichtslosen; Max Frisch stilisiert den Opfergang seines verratenen Helden Andri in »Andorra« und des Stummen Wang in der »Chinesischen Mauer« nach der jesuanischen Passionsgeschichte und gibt seinen Figuren damit stellvertretende Zeichenhaftigkeit, Exemplarität. Oskar Matzerath und Hans Schnier erhalten in ihrer gesellschaftlichen Außenseiter-Existenz Züge des machtlosen Nazareners; Hölderlin, Bühnenfigur bei Peter Weiss, ist eine Stellvertreter-Figur für den gescheiterten Kampf um Befreiung aus sozialer Entfremdung; der Judas bei Walter Jens durchbricht als der »Bruder« Jesu die Stereotypen negativer Stigmatisierung von Außenseiter-Existenzen und wird mit hineingenommen in den Befreiungsprozeß, der in Jesus exemplarisch verkörpert ist. Und so wie Brecht in seinem Gedicht auf den Tod von Carl von Ossietzky (»Auf den Tod eines Kämpfers für den Frieden«) die Wahrheit dieses Lebens und der hier verfochtenen Sache nicht vom Scheitern abhängig machte, so kann Stephan Hermlin in seiner Erzählung »Corneliusbrükke« der Exemplarität und stellvertretenden Zeichenhaftigkeit des Todes von Rosa Luxemburg und Karl Liebknecht dadurch Plastizität geben, daß er die Passionsgeschichte Jesu sprachlich-zitathaft einblendet und dem Geschehen als erkenntniskritische Kontrastfolie unterlegt. Die biblischen Sprachspuren verschaffen so dem flächenhaften, eindimensionalen Geschehensablauf den geschichtlichen Resonanzboden, die nötige Tiefenschärfe. Die erzählte Realität bekommt so zeichenhaften Verweischarakter »über sich hinaus« und gibt dem einmaligen Geschehen Platz in einem großen Prozeß geschichtlicher Offenheit, der auf die Einlösung geschichtlicher Versprechungen drängt. Hier überall ist die *Dialektik von Macht und Ohnmacht, Scheitern und Sieg, Gelingen und Versagen, Leben und Tod* in säkularem Gewande konkret geworden.

Eines scheint all diesen so verschiedenen Texten gemeinsam: Religiöse Tradition, christliches Erbe ist hier überall nicht bloß affirmativ präsent. Von einer irrationalen Weltflucht kann ebensowenig die Rede sein wie von einer ideologieverdächtigen Versöhntheit mit dem Status quo. Postmarxistisch, postnietzscheanisch, postfreudianisch, ja auch postchristlich kommt Religiöses, ja Christliches in literarischen Texten so zur Sprache, daß die Wirklichkeit in ihrer Unversöhntheit aufgedeckt wird. Marx, Nietzsche und Freud sind in ihrer Religionskritik präsent (es gibt keine platte Identifikation mehr mit Doktrinen und Moralismen, es gibt keine Unambivalenz religiöser Rede, es gibt kein Bild mehr ohne Gegenbild), und doch sind sie nicht mehr ausschließlicher Maßstab der Wahrheitsfindung. Die hier benutzten religiösen Symbole und Figuren scheinen religionskritisch resistenter geworden; dem artikulierten Hoffnungspotential scheint mit den Kategorien der klassischen Religionskritik nicht mehr so leicht beizukommen.
Ich will diese religionskritische Resistenz und damit die literarischen Möglichkeiten, postkritisch kritisch von Religion zu reden (in einem Akt der »zweiten Affirmation«) noch dadurch illustrieren, daß ich zwei Texte daraufhin befrage, wie hier die Wirklichkeit Gottes zur Sprache kommt.

1. Beispiel: Wunschbilder vom erfüllten Ich

Gut 40 Jahre nach Brechts berühmtem »Hauspostillen«-Schluß, der auf exemplarische Weise inhaltlich wie literarisch den Verführungscharakter religiöser Hoffnung auf ein Weiterleben nach dem Tode herausstellt (»Gegen Verführung«; Text S. 220f.), wagt hier eine Autorin von Rang, Marie Luise Kaschnitz, ein privates Bekenntnis in Form eines lyrischen Textes:

»Glauben Sie fragte man mich
An ein Leben nach dem Tode
Und ich antwortete: ja

Aber dann wußte ich
Keine Auskunft zu geben
Wie das aussehen sollte
Wie ich selber
Aussehen sollte
Dort«

nachzulesen in ihrem letzten Gedichtband »Kein Zauberspruch« (1972; Text S. 221 f.). Konkrete Verlusterfahrungen treiben religiöse Wunschbilder heraus: der Tod des geliebten Partners ist Anlaß für die Hoffnung auf Wiedervereinigung (»Und deine Hand / Wieder in meiner«), partikuläre Erfahrungen von geglücktem Leben mit dem Partner werden im Modus der Hoffnung universalisiert. Erhofft wird »dort«: »Nur Liebe / freigewordne / Niemals aufgezehrte / Mich überflutend«. Ein außerordentlich privates, persönliches Gedicht, an der Grenze von Intimität und Objektivation und doch allgemein verstehbar. Ein Text freilich, der nur dann nicht billig affirmativ vereinnahmt wird, wenn zwei Momente beachtet werden:
(1.) Brechts »Gegen Verführung« und der Kaschnitz-Text dürfen nicht gegeneinander ausgespielt werden, sondern müssen sich *gegenseitig korrigieren.* Das heißt: Nur das Bewußtsein von der Verführbarkeit durch die Wunschbilder, die auf Selbsttäuschung beruhen könnten, verhindert die krude Objektivation der Kaschnitzschen Symbolsprache. Die Bilder bleiben so, was sie sind: Projektionen ins Offene, verwegene Sprachfiguren, die sich auf nichts berufen können als die eigenen Erfahrungen und Hoffnungen. Und umgekehrt gilt: Nur im Eingeständnis des Vorhandenseins der Wunschbilder wird Wirklichkeit nicht reduziert, werden Gefühle nicht verdrängt. Kaschnitz' Text wagt Brecht dort weiterzudenken, wo Denkverbote Gefühle tabuisiert haben, und gibt dem Tod das zurück, was das einzig Gewisse ist an ihm: seine Offenheit, das Blochsche »Vielleicht«. Denn der Brechtsche Satz »Ihr sterbt mit allen Tieren / Und es kommt nichts nachher« setzt vorschnell als gegeben voraus, was gerade die Frage ist, wobei die Zeile »Es wird euch nicht genü-

gen / Wenn ihr es lassen müßt« als Aussage über das gelebte Leben das selbsteingeräumte Absprungbrett ist für die Frage nach einem »Mehr«.

(2.) Der private Charakter des Kaschnitzschen Textes macht eine Vereinnahmung zu Zwecken theologischer Selbstbestätigung unmöglich. Nicht die Gesichertheit eines Leben nach dem Tode, sondern die *Verwegenheit der Hoffnung* ist das Spezifikum des Textes, der in einer postfeuerbachschen Zeit mit der Tatsache Ernst macht, daß Menschen in religiöser Symbolsprache Erfahrungen ausdrücken, die zu ihnen gehören wie ihre Haut. Daß der Projektionsverdacht nicht zu einem Projektionstabu führen muß, macht dieser Text deutlich. Er wagt, Subjektivität ins Spiel zu bringen (religiös gesprochen: er wagt »Bekenntnis«) und legt damit seine Stärke und Schwäche bloß; er offenbart Verwegenheit, die aus der völligen Ungesichertheit menschlicher Subjektivität kommt. Religiöse Wunschbilder verbleiben so in einer unauflösbaren Spannung von möglicher Selbsttäuschung einerseits und möglicher Erfüllung andererseits und sind nur in dieser Spannung postkritisch kritisch in literarischen Texten verwendbar.

2. Beispiel: Religion als Erinnerung und Antizipation

Die Kaschnitzsche Wunschproblematik ist im Roman »Ahasver« (1981) des kritischen Marxisten jüdischer Provenienz *Stefan Heym* ganz und gar gesellschaftskritisch gewendet. Denn für Heym – jüdischen Messianismus und marxistischen Utopismus ganz auf der Linie von Blochs Hoffnungsphilosophie beerbend – sind in biblischen Bildern (»neuer Himmel – neue Erde«), biblischen Verheißungen (»Messias«) und biblischen Figuren (Jesus) kollektive Hoffnungsbilder der Menschheit von einem nichtentfremdeten Zustand von Welt und Menschheit aufbewahrt. Ahasver, der »Ewige Jude«, der verurteilt ist, rastlos unter den Menschen zu leben, und das menschliche Elend auf diese Weise kennenlernt, ist bei Heym ganz als Typus des politischen und metaphysischen Rebellen stilisiert, der die Veränderungshoffnung und die biblischen Verheißungen bei Christus und

Gott selbst einklagt. Ihm gelingt es, Jesus Christus selber zum Aufstand gegen die göttliche Weltordnung zu gewinnen (der Vater-Sohn-Konflikt verlagert in Gott), ja letztlich Gott selbst als Prinzip der Veränderung zu verstehen.
Der Schlußsatz des Buches beschreibt die unaustilgbare, nichtwiderlegbare Hoffnung auf einen gesellschaftlichen Zustand allumfassender Versöhnung: »Und da er und GOtt eines waren, ward auch ich eines mit GOtt, ein Wesen, ein großer Gedanke, ein Traum.« Die selbstgewählte Rückkehr zur mythologischen Bildersprache ist bei Heym ein »Mehr« an Expressivität, Tiefenschärfe und an Möglichkeiten, »Welt« und »Geschichte« parabolisch als »ganze« zu deuten. Kruder Realismus wird in diesem Vielebenenspiel durchstoßen, ja der Lächerlichkeit preisgegeben. Religion ist hier in ihrer Memoria-Funktion wie in ihrer Vorgriffsstruktur bejaht und wird so zur kritischen Selbstaufklärung des Menschen über den erreichten und erreichbaren Zustand kollektiver Aufhebung von Entfremdung.
Andere Beispiele wären anführbar: Paul Celans dunkle, sich vorschnellem Verständnis versagende Gedichttexte, in denen die Wirklichkeit Gottes, aussparend umschrieben, als sich entziehendes Geheimnis aufscheint (»Zürich, Zum Storchen«, »Psalm«); die Widerständigkeit jüdischen theologischen Denkens, der Wolfdietrich Schnurre distanziert und fasziniert zugleich im »Schattenfotografen« auf der Spur ist; Gott als Fluch und Bedrückung, als Zerrissenheit und Verhängnis, veranschaulicht in einer Pfarrerfigur bei Hartmut Lange im Roman »Die Selbstverbrennung«; Peter Handkes Arbeiten, in denen immer stärker ein mystischer Beziehungszusammenhang zwischen Ich und Welt thematisiert ist (»Langsame Heimkehr«): Überall erweist sich »religiöses Denken« resistenter gegen religionskritische Instrumentarien, die mit dem Ideologieverdacht arbeiten. Genährt wird dieses Denken von der Grunderfahrung, die Heinrich Böll auf die Formel bringt, »daß wir alle eigentlich wissen – auch wenn wir es nicht zugeben –, daß wir hier auf der Erde nicht zuhause sind. Daß wir also noch woanders hingehören und woanders herkommen.«

Genug der Materialanalyse. Ich wage zum Schluß einige synthetische Beobachtungen:

1 Literatur – soweit in ihr Religion thematisch wird – scheint mir Ausdruck eines geistesgeschichtlichen Konfliktes zu sein: zwischen der Entlarvung der Religion als Ideologie, barer Illusion, kurz: fataler Selbsttäuschung *und* Religion als Weise kritischer Selbstauslegung und Selbstaufklärung des Menschen in seiner Welt. Sie gibt diesen Konflikt ungelöst an die Theologie weiter, die literarische Texte nur dann nicht überspielt, wenn sie sich der Grundambivalenz religiöser Wirklichkeitsdeutung bewußt bleibt. Religiöse Wirklichkeitsdeutung ist – folgt man dem Denkstil der Literatur – nur in einem Akt *»zweiter Affirmation«* verantwortbar.

2 Eine nicht-ideologische Rede von Religion scheint in Texten deutschsprachiger Autoren aufspürbar zu sein. Religion ist dann nicht-ideologisch, wenn sie hellsichtig macht für die Brüche und Widersprüche der Welt, in der wir leben, wenn sie Unversöhntheiten aufdeckt, Menschen bewußter macht für die Bedingungen ihres Lebens, Erwartungen an Uneingelöstes artikuliert und Hoffnungsbilder beschreibt. Dem Illusionsvorwurf an die Religion ist in solchen Texten der *Desillusionscharakter* einer kritisch gewandelten Religion selber entgegengesetzt. Religion ist offenbar dann überlebensfähig, wenn sie zur Aufklärung des Menschen über sich selbst beiträgt, über seine Illusionen von sich selbst, aber auch seine Möglichkeiten und Hoffnungen.

3. Humane Grunderfahrungen sind in Literatur artikuliert und können mit Hilfe *archetypischer Leitfiguren* tiefenstrukturell gedeutet werden. Biblische Figuren bekommen dabei ihre unverwechselbare Funktion. Zu diesen Grunderfahrungen gehören: der Konflikt von Freiheit und Erstarrung, Botschaft und Kreuz, actio und passio; immer wieder auch die Dialektik von Macht und Ohnmacht, Scheitern und Sieg; die Ungesichertheit menschlicher Existenz; die Hoffnung auf definitive Erfüllung. Der theologische Rezipient bekommt ein verschärftes Bewußtsein davon, was an Gründen und Abgründen, an Hoffnungen und Scheitern von Hoffnungen,

an Verstörungen und Ängsten im Raum der Religion Ausdruck findet und gewinnt eine differenzierte Phänomenologie archetypischer Grundmuster menschlichen Handelns und Verhaltens. Biblische Figuren erhalten im Prozeß literarischer Verarbeitung trans-geschichtliche, zeitübergreifende anthropologische Bedeutung im Prozeß menschlicher Selbsterhellung.

4. Möglich scheint also der Nachweis strukturell gleicher Grundmodelle literarischer und theologischer Weise der Erfahrung von Wirklichkeit. Literarische und theologische Existenzdeutung können sich finden in einer *Koalition der Betroffenheit* angesichts der Ungesichertheit menschlicher Existenz. Das arbeitsteilige Verhältnis von Literaturwissenschaftler und Theologe bleibt so lange steril, wie beide nicht fähig sind, ihre vom Text ausgelöste Betroffenheit oder Unbetroffenheit zur Sprache zu bringen. Die Kommunikation zwischen Theologe und Literaturwissenschaftler sollte nicht auf den Austausch akademischen Sachwissens reduziert werden. Der beide verbindende literarische Text eröffnet ein Feld »herrschaftsfreier«, d. h. vorurteilsloser Kommunikation über die jeweiligen Bedingungen der Möglichkeit eigener Existenz.

5. Theologie und Literatur sind von ihren je verschiedenen Voraussetzungen her in einen *Wettstreit* verwiesen um die adäquatere Weise, Polarität und Ambivalenz menschlicher Grunderfahrungen zu deuten. Dabei gilt: So wie die Literatur für die Theologie nicht von vornherein »Evangelium« sein kann, so sind für Literaten theologische Versuche noch lange nicht »Wort Gottes«. Anders gesagt: Sosehr Theologie literarische Texte als Ausdruck kritischer Zeitgenossenschaft ernst nehmen kann, sosehr sie tiefenstrukturell gleiche Grundmuster in der Deutung von »Größe und Elend« des Menschen feststellen kann, sosehr sie Konvergenzen im Denk- und Sprach*stil* zu konstatieren vermag, so wenig kann sie – will sie ihr Spezifikum nicht schlechterdings preisgeben – auf *Rückfragen* nach den Bedingungen und Normen menschlichen Handelns und Verhaltens verzichten. Ein theologisches Gespräch mit Literatur müßte – ohne den exi-

stentiellen Ernst der Texte zu verraten – auf die Frage nach der Bedingung der Möglichkeit, nach der Begründbarkeit menschlicher Existenz vorstoßen: Warum arbeiten für Befreiung, obwohl das Scheitern dem Gelingen immer voraus zu sein scheint? Warum sich einsetzen für Gerechtigkeit und Frieden, obwohl die Realität solche Hoffnungen immer wieder zerfetzt? Wie sich gegen den Tod stemmen angesichts bedrückender Absurditätserfahrungen, wie Angst bewältigen, wenn die Ungesichertheit des Lebens nicht zu leugnen ist? Wie also Hoffnung begründen und weitertragen, wenn man mit dem Scheitern leben muß? Theologie nimmt dabei die im säkularen Gewand artikulierte Dialektik von Macht und Ohnmacht, Scheitern und Sieg als ihr vertraut wahr und kann doch nicht darauf verzichten, sie als genuin theologische, ja *christliche Dialektik* einzuklagen: der Dialektik von Gott und Mensch.

Konvergente Denkfiguren auch hier im Raum der Literatur: Heinrich Bölls Rede vom Menschgewordenen, Peter Härtlings Verweis auf die Auferstehung als »große, erlösende Fiktion«, Ingeborg Drewitz' Versuch, von der »Wechselbeziehung zwischen dem entworfenen und existierenden Gott« auszugehen, und nicht zuletzt die Jensschen Reflexionen zu der in Christus aufscheinenden »Identität von Macht und Ohnmacht als das menschlichste und zugleich dasjenige, was das Menschliche übersteigt«. Hier wird Theologie Literatur immer wieder herausfordern, mit ihren Mitteln das literarische Korrelat für die unausrottbare Grundgewißheit zu suchen, daß der im »Menschgewordenen« aufleuchtende Gott sich in der Alltäglichkeit, der Verborgenheit und Ausgestoßenheit zeigt. Theologisches Denken wird seinerseits immer wieder durch die kritische Konfrontation mit Literatur in eine schöpferische Legitimationskrise geraten und gezwungen sein, eine Kriteriologie dessen zu entfalten, was man den »Mehrwert« theologischer Erkenntnis nennen könnte: Tiefenschärfe in der Wahrnehmung und Deutung der Ambivalenz und strukturellen Offenheit menschlicher Existenz. Leitfigur eines von der Literatur her gewonnenen theologischen Denkstils könnte dabei jener »Lesende Klosterschüler« sein, der im Zentrum von Alfred Andersch' »Sansibar«-Roman steht. Theologie wird daran gemessen, ob ihr dies gelingt: »Kann man das? Ein junger Mönch sein und sich nicht von den Texten überwältigen lassen? Die Kutte nehmen und trotzdem frei bleiben? Nach den Regeln leben, ohne den Geist zu binden?«

1. B. Brecht:

Gegen Verführung

1
Laßt euch nicht verführen!
Es gibt keine Wiederkehr.
Der Tag steht in den Türen;
Ihr könnt schon Nachtwind spüren:
Es kommt kein Morgen mehr.

2
Laßt euch nicht betrügen!
Das Leben wenig ist.
Schlürft es in schnellen Zügen!
Es wird euch nicht genügen
Wenn ihr es lassen müßt!

3
Laßt euch nicht vertrösten!
Ihr habt nicht zu viel Zeit!
Laßt Moder den Erlösten!
Das Leben ist am größten:
Es steht nicht mehr bereit.

4
Laßt euch nicht verführen
Zu Fron und Ausgezehr!
Was kann euch Angst noch rühren?

Ihr sterbt mit allen Tieren
Und es kommt nichts nachher. (Ges. W., Bd. 8, S. 260)

2. *M. L. Kaschnitz:*

Ein Leben nach dem Tode

Glauben Sie fragte man mich
An ein Leben nach dem Tode
Und ich antwortete: ja
Aber dann wußte ich
Keine Auskunft zu geben
Wie das aussehen sollte
Wie ich selber
Aussehen sollte
Dort

Ich wußte nur eines
Keine Hierarchie
Von Heiligen auf goldnen Stühlen sitzend
Kein Niedersturz
Verdammter Seelen
Nur

Nur Liebe frei gewordne
Niemals aufgezehrte
Mich überflutend

Kein Schutzmantel starr aus Gold
Mit Edelsteinen besetzt
Ein spinnwebenleichtes Gewand
Ein Hauch
Mir um die Schultern
Liebkosung schöne Bewegung
Wie einst von tyrrhenischen Wellen
Wie von Worten die hin und her

Wortfetzen
Komm du komm

Schmerzweb mit Tränen besetzt
Berg-und-Tal-Fahrt
Und deine Hand
Wieder in meiner

So lagen wir lasest du vor
Schlief ich ein
Wachte auf
Schlief ein
Wache auf
Deine Stimme empfängt mich
Entläßt mich und immer
So fort

Mehr also, fragen die Frager
Erwarten Sie nicht nach dem Tode?
Und ich antworte
Weniger nicht.*

* aus: »Kein Zauberspruch. Gedichte«, Frankfurt/M 1972, S. 119f.

PAUL KONRAD KURZ

Theologie und Literatur: Kritische Anmerkungen

Gestatten Sie mir ein paar Vorbemerkungen zum akademischen, historischen und publizistischen Kontext des Symposions.

I.

Auf dem *Germanistentag in Berlin 1968* wurde die Literaturwissenschaft zu den übrigen wissenschaftlichen Disziplinen in Beziehung gesetzt, zu Historie, Naturwissenschaft, Soziologie, Psychologie usw., ausgenommen zu Theologie. Die berichterstattenden oder kommentierenden Feuilletons zwischen Hamburg, Frankfurt, München haben die Auslassung nicht erwähnt. Die aufklärerische Freiheit war damals offenbar nicht so frei, daß sie mit der Theologie sprechen konnte.

Der Sprecher hat im Dezember 1968 und im Januar 1969 in den »Frankfurter Heften« einen Aufsatz veröffentlicht unter dem Thema *»Zäune und Lager. Die Schriftsteller und die Christen«*. Er macht auf Gegensätze, Vorbehalte, Gruppendenken aufmerksam. Zäune wurden von der öffentlichen Literatur und von der kirchlich kontrollierten Theologie aufgestellt oder erhalten. Desinteresse am jeweils anderen, Gruppeninteressen an der jeweils eigenen Sache überwogen die Bereitschaft einzelner zum Gespräch. Ein solches Gespräch hat im März 1969 zwischen dem Sprecher und Günter Grass in der Katholischen Akademie in München stattgefunden (vgl. Über moderne Literatur 2, 302–335).

Im Juli 1971 fragte der Sprecher in einem längeren Aufsatz: *»Warum ist die christliche Literatur zu Ende?«* Er schrieb, gegen das eigene Milieu: Eine heutige von Christen gemachte oder in Richtung der Religion Christi geschriebene Literatur »muß eingeschriebenen Christen unbequem, rebellisch, emanzipatorisch sein. Die verständlichen und bewährten ›Plausibilitätsstrukturen‹ von gestern können in anderer Hinsicht auch ›Verblendungszusammenhänge‹ sein. Man wird neue Texte von Christen nicht mehr so leicht kirchlich integrieren können. Die Spannung zur amtlichen Kirche wird eine fast notwendige sein.« Nach beiden Richtungen adressiert: »Unsicherer, bescheidener, demokratischer, menschlicher geworden, könnten die kritisierten Christen von gestern die Kritiker der Gesellschaft morgen werden, ihr neu ihre Auslassungen, Verfestigungen, Tabus, ihren Zwang zu Konformismus und Mitläufertum zeigen« (Über moderne Literatur 3, 148).

Im Juli 1981 wagten – nach gewissen Veränderungen im öffentlichen kultur-ideologischen Klima – die Droste-Gesellschaft in Münster und die Eichendorff-Gesellschaft in Würzburg zusammen ein wissenschaftliches Colloquium über *»Literatur und Religion«* aus dem Bewußtsein heraus, »daß Literatur und Religion seit Jahrhunderten in einem produktiven Spannungsverhältnis zueinander stehen« und daß darüber neu nachzudenken ist. Die Referate setzten sich vor allem mit Autoren des 18. und 19. Jahrhunderts auseinander, griffen aber mit Brecht und Celan bis in unsere Jahrhundertmitte. Mit Blick auf Paul Celans Jerusalem-Gedichte stellte Otto Pöggeler die Frage »Poeta theologus?«. Die Referate sind unter dem Titel »Literatur und Religion« in diesem Frühjahr in Freiburg als Buch erschienen. Von den Beiträgern des Münsteraner Symposions ist in Tübingen keiner anwesend. Es bleibt also noch Platz für Gespräche.

Nach den stichwortartigen Notizen zum jüngeren historischen Kontext unserer Thematik einige Anmerkungen, Überlegungen, Fragen zu den Referaten von Karl-Josef Kuschel und Klaus Jeziorkowski.

II.

Der sogenannten *Christlichen Literatur* wird man m. E. nicht gerecht, wenn man sie als »bisher letzten Versuch einer Versöhnung« von Christentum und bürgerlicher Kultur apostrophiert, wie dies K. J. Kuschel getan hat. Léon Bloys Roman »Le désespéré«, Bernanos' »Tagebuch eines Landpfarrers«, Graham Greenes »The Power and the Glory«, Evelyn Waughs »Brideshead revisited«, Ignazio Silones »Abenteuer eines armen Christen«, Le Forts »Letzte am Schafott«, Reinhold Schneiders »Winter in Wien«, Brian Moores »Insel des Glaubens« – um nur einige Autoren und Werke zu nennen – lassen sich unter dem Stichwort der »Versöhnung« nicht subsumieren. In diesen Werken wird gekämpft, gelitten, wird kämpferisch und leidend geglaubt. Geradezu unversöhnt bleiben die großen Dissonanzen stehen. Es wird nicht gereimt, harmonisiert, ein »glückliches Ende« vorbereitet. Man muß den Ausgangspunkt dieser Autoren und Werke betrachten. Der heißt: persönlicher, leidenschaftlicher, nicht auszureißender Glaube, konfrontiert mit Widerstand, konfrontiert mit Welterfahrung. Ich sehe in diesen Werken *poetische Glaubensarbeit* am Werk. Diese Dichtungen kommen aus Erfahrungen und Vorstellungen, die der Glaube auszuhalten und produktiv weiterzutreiben hat.

Daß religiöse Texte etwas mit »Glauben« zu tun haben, habe ich aus den Referaten nicht gehört. *»Glaube«* ist nach theologischem Verständnis die Grundkraft religiösen Erkennens und Urteilens. Der Glaube enthält Ursprungs- und Zielvorstellungen. Er löst Impulse des Handelns aus. Ich sehe in Texten, welche die Gestalt des Jesus anvisieren, und in Texten, die in ihrer poetischen Gegenwart einen verschlossenen Horizont zugleich öffnen und transzendieren, den poetisch worthaft werdenden Glauben am Werk. Wie man Gedichte allgemein als »Werkzeuge der Freiheit« verstehen darf, so religiöse Gedichte im besonderen als *»Werkzeuge des Glaubens«,* Werkzeuge des tätig werdenden Glaubens und Epiphanien des ins Werk gesetzten Glaubens.

Es fehlen in diesem Gespräch die wissenschaftlichen *Theologen,* die in kirchlichem Auftrag arbeiten und also die Orthodoxie der Lehre mitverantworten oder mitzuverantworten haben. Der Sprecher hat in diesem Sinn nie theologisch gearbeitet, noch darf oder kann er sich als Theologe verstehen.

Einige *Konflikte zwischen Literatur und Theologie* entstehen erst dann, wenn von theologischer Seite die *Ansprüche der Orthodoxie* eingebracht werden. Die Theologen müßten z. B., wenn sie den zeitkritischen, befreienden und spielerischen Impuls des Romans »Jesus in Osaka« (von Günter Herburger) wahrgenommen haben, ihrerseits die ideologisch verengte Perspektive und die pop-vitalistisch verkürzte Utopie kritisieren. Sie müssen dem protestierend vom Kreuz herabsteigenden Osaka-Jesus den am Kreuz verendenden Golgotha-Jesus entgegenstellen. Sie müssen der naiven Blumenkinder-Hoffnung am Ende die Ungeheuerlichkeit der Auferstehungsbotschaft entgegenhalten. Erst dann käme das Gespräch zwischen der poetischen Utopie und der biblisch-christologischen Utopie in Gang.

Anders ausgedrückt, die literaturkundliche Seite wacht vor allem darüber, ob religiöse Texte das poesiekritische Bad und die ideologiekritische Nagelprobe bestehen. Die theologiekundliche Seite könnte den »häretischen Impuls« (im wörtlichen Sinn gr. »haireo« = ich nehme an mich, ich nehme [für mich] heraus; terminologisch im Sinn der Unorthodoxie) aufzeigen. Was bedeutet der »häretische Impuls« für die Literatur, für eine amtliche Lehre, für das Verhältnis beider zueinander? In welche Auseinandersetzung treibt er den einer Lehre verbundenen Leser? Wie steigert sich der Konflikt, wenn der literarische Sprecher und die amtlich sprechende Theologie politisch unterschiedliche Interessen vertreten? Ich erinnere aus der Vergangenheit an Rolf Hochhuths »Stellvertreter«-Drama.

Einige Anmerkungen zu den hier vorgezeigten Gedichten von Mörike *und* Morgenstern. Ich bedauere, daß *nicht Texte aus der jüngeren Vergangenheit oder unmittelbaren Gegenwart* ausgewählt wurden. Ein signifikantes Gedicht von Paul Celan, Nelly Sachs, Ingeborg Bachmann, Marie Luise Kaschnitz oder Hilde Domin – oder ein »Gebrauchsgedicht«

von der Art, in der Kurt Marti oder Dorothee Sölle schreiben. Mit Mörikes »Schöner Lampe« wurde ein auratisches, kanonisiertes, interpretatorisch risikoloses Gedicht ausgewählt, ein Gedicht außerhalb der Streitzone. Das Brechtsche Postulat der »Gebrauchslyrik«, der neuere Parlandoton, die Entlyrisierung und Vermischung der sprachlichen Töne im Gedicht, Zeitbezug und gesellschaftskritische Auseinandersetzung kamen auf diese Weise – übrigens auch im Morgenstern-Gedicht – nicht oder kaum zur Sprache. Die überwiegend textimmanente, zum Teil strukturelle Interpretation brachte die Spannung zwischen dem als getaufter und erzogener Christ ins Pastorenamt geratenen Mörike und dem poetisch-erotischen Mörike nicht in Sicht. Wie kommt es, und was bedeutet es, daß das spezifisch Christliche bei Mörike fast nur in Gelegenheitsgedichten oder Gedichten von poetisch minderem Rang Ausdruck findet? Wie verhalten sich da weltliche Poesie und christlicher Glaube?
In Morgensterns »Schicksal«-Gedicht (Text S. 189) aus dem 1916 veröffentlichten »Palma Kunkel«-Zyklus wäre m. E. der biographisch-poetische und der biographisch-religiöse Entwicklungsweg zu markieren, auch die »mystische« Trennung von oder die kritische Beziehung zur Zeitgeschichte darzustellen. Welche Beziehung des Menschen zur Obrigkeit konnotiert zum Beispiel das Wort »Hammel«, welches Verhalten zwischen Gehorsam und Protest, äußerer Ohnmacht und innerer Befreiung im Gedicht? Spricht hier bereits der Autor des »mystischen Tagebuchs«?
Schwierigkeiten empfinde ich gegenüber *aequivok* gebrauchten Ausdrücken gegen Ende des die ästhetische Struktur zeigenden Referats. Aequivok gebraucht werden m. E. so große religiöse Worte wie »Auferstehung«, »Erlösung und Versöhnung«, »selig«.
»Religiöse und literarische Texte«, wird gesagt, »sind Gebilde immerwährender Auferstehung«. Ja, aber Qualität und Basis der aus den poetischen Texten leuchtenden Auferstehung – konstituiert durch den poetischen Akt – sind von anderer Art als die neutestamentlich bezeugte, außerhalb des poetischen Akts konstituierte, allerdings literarisch mit-

geteilte Auferstehung des Jesus aus Nazareth. Desgleichen ist das »Selig scheint es in ihm selbst« in Mörikes Gedicht von anderer Qualität, Basis und Intention als das bei Matth. 1,21 berichtete Engelswort über den zukünftigen Messias »Er wird sein Volk selig machen von seinen Sünden«. Vergleichbares gilt vom Gebrauch der Worte »Erlöstsein und Versöhnung« im schönen Textgebilde und in der theologisch-christlichen Verkündigung. Der Unterschied zwischen »ästhetischer Struktur« und »faktischer Erlösung« wird zwar gegen Ende betont, geht aber, wenn ich richtig gehört habe, nicht in die interpretatorische Analyse ein.

Zur Erwähnung der jüngeren Bücher von Peter Handke. Hier müßte m. E. ein öffentlichkeitsbezogener Kontext hergestellt werden. Gerade die Bücher der »Langsamen Heimkehr« und der Salzburg-Roman haben einen literaturkritischen Streit über die Qualität und Aussagen seiner Texte ausgelöst. »Handke und der liebe Gott« hieß die bekannte abschätzige Kritik in der FAZ zum ersten Buch, der »Langsamen Heimkehr« (17. 11. 1979). Handke »behauptet, daß Sorger ein Bedürfnis nach Heil und Erlösung habe, ohne die Entwicklung, die dieses Bedürfnis ausgelöst hat, auch nur anzudeuten. Die Hinwendung zum Glauben wird verkündet, aber weder begründet noch sichtbar gemacht« (FAZ). Jürgen Lodemann, der Initiator und Leiter der literaturkritischen Empfehlungsliste aus Baden-Baden, meint, es sei nach zwei Publikumsbeschimpfungen durch Handke an der Zeit, diesem eine dritte Beschimpfung höchstselbst wegen »Schreib-Impotenz« zukommen zu lassen (Tintenfas 2, 1981).

Ist Handke als Autor schlechter geworden, weil und seit er sich religiösen Erfahrungen öffnet, sie mitteilt? Oder stoßen solche Erfahrungen auf Sprachschwierigkeiten besonderer Art, wenn sie mitgeteilt werden sollen? – Sind bei der Rezeption von Handke ähnlich wie, sagen wir, bei Brecht Standort des Lesers und Interessen der Öffentlichkeit parteilich am Werk? Ich meine, man muß bei der Betrachtung des jüngeren Werkes von Handke die Entwicklung der Person und den Zeitbezug der Aussage einbeziehen. Sprache und

»Botschaft« stehen in der Tat zur Diskussion. Das hat übrigens – in anderer Weise – auch für Hermann Hesse gegolten.

Bliebe am Schluß die vielleicht anstößige Frage: *Welche Theologie spricht mit welcher Literatur; welche Literatur mit welcher Theologie?* Die akademische Theologie mit der akademischen Literaturwissenschaft, ein postklassisches Aufklärungsbewußtsein hier mit einem postklassischen Aufklärungsbewußtsein dort? Wäre auch hierzulande eine Theologie der Armen denkbar, wie sie z. B. aus Südamerika zu uns herüberspricht, eine politische Theologie, die auf Veränderungen aus ist? Die Armen sind bekanntlich die biblischen Träger der Heilsverheißung. Wie sähe ein armer Jesus in einem reichen Land aus? In welche Schwierigkeiten geriete dann die akademische Betrachtung? – Um etwas kleiner, näher und niedriger zu fragen, was können Literaturwissenschaft und Theologie mit so bäuerlichen Dichtern anfangen wie Christian Wagner, Christine Lavant, Maria Menz? Was mit den poetischen Betern Jesse Thoor oder Kurt Heynicke? Passen sie in die öffentlich-literarische Landschaft zwischen Hamburg und Klagenfurt? Wo und wie setzt sich der mystische Impuls, der zum Beispiel Morgenstern oder den Dadaisten Hugo Ball weitergetrieben hat, heute ins Werk? Welche Sprachprobleme entstehen dabei, welche Probleme der Erkenntnis, der Form, der gesellschaftlichen Beziehung, der Rezeption? Das hier begonnene Gespräch müßte noch in sehr viel weitere, auch strittigere Zonen vordringen.

HANS KÜNG

Wie heute Gott denken?

Aus der theologischen Werkstatt

Die Auseinandersetzung mit der Literatur macht dem Theologen erneut bewußt, daß er von dem sprechen muß, was letztlich unaussprechlich bleibt. In noch ganz anderer Weise als der Literat macht der Theologe die Erfahrung, daß seine Sprache Grenzen hat: Das Sprechen vom Absoluten hat absolute Grenzen!

Die christliche Theologie unterschied sich von Anfang an sowohl von der mythisch-kultischen »Theologie« (das heißt Göttersage oder Götteransage) wie von der philosophischen »Theologie« (Gotteslehre) der Griechen: durch ihre Verwurzelung in der Geschichte, in einer sehr konkreten Geschichte des Volkes Israel und Jesu von Nazarets, des Christus, die sich in Geschichten erzählen ließ. Doch gerade in diesen Geschichten geht es um die entscheidenden Lebensfragen nach dem Woher und Wohin von Mensch und Welt, geht es um letzte-erste Sinngebungen und Maßstäbe, Werte und Normen und damit um die Frage nach der letzten-ersten Wirklichkeit überhaupt. Dies alles sind Fragen nicht der reinen Vernunft, aber auch nicht des reinen Fühlens, sondern eines vernünftigen Vertrauens. Für diese Fragen ist als Wissenschaft die Theologie verantwortlich: die Theologie als denkende Rede und Rechenschaft von Gott, »de divinitate ratio sive sermo«, wie der große Theologe und Literat Augustinus in »De civitate Dei« es ausdrückt.

Verantwortlich ist die Theologie freilich in der ihr eigenen Weise, nach einer eigenen, ihrem »Objekt« entsprechenden Methodik und Stil. Auch der Theologe kann erzählen, er kann biblische Geschichten erzählen von Gottes Handeln in der Geschichte von Mensch und Welt, von Jesus und seiner Sache. Insofern hat die Theologie immer auch einen »narrativen« Charakter und muß ihn haben. Denn eine Theologie oder Verkündigung (sei sie scholastisch oder neuscholastisch, existential oder politisch orientiert), die alle tradierten Geschichten möglichst in Begriffe, Ideen, Prinzipien, Systeme umwandelte, würde ihren eigenen Ursprung verleugnen und auch die Menschen nicht wahrhaft zu ergreifen vermögen, um sie in die Nachfolge zu führen.

Erzählende Darbietung und kritische Reflexion aber sind in der christlichen Theologie und Verkündigung zu verbinden. Theologie wird nie darauf verzichten können, neben allem Erzählen auch zu argumentieren, zu diskutieren und zu theoretisieren. Insofern hat die Theologie einen »argumentativen« Charakter. Als Theologen können wir uns nicht davon dispensieren, wenn wir von Gott verantwortlich reden wollen, Gott auch zu denken.

Die Faszination solchen theologischen Denkens soll in aller Kürze demonstriert werden an der Frage nach der Personalität oder Apersonalität Gottes, die auch für Literaten, die sich mit dem Religiösen kritisch auseinandersetzen, von erstrangiger Bedeutung ist. Dabei wähle ich mir gerade den schwierigsten Gesprächspartner, auf den heute freilich gerade Literaten oft rekurrieren: den Buddhismus. Gleichsam aus der theologischen Werkstatt möchte ich hier ein Probestück vorlegen, welches freilich nur im Kontext einer größeren Abhandlung über »Christentum und Weltreligionen« (unterdessen in Buchform publiziert) seinen richtigen Stellenwert erhält. Konkrete Herausforderung war dabei das Denken des vielleicht bedeutendsten buddhistischen Philosophen Nāgārjuna, der im Indien des zweiten Jahrhunderts nach Christus eine Vier-Schritte-Dialektik entwickelte, die noch heute bis hin zum japanischen Zen ihre grundlegende Bedeutung bewahrt hat.

Um die Komplexität der Sache durchsichtig zu machen, versuchen wir in einer Art negativem Gedankenexperiment durchzuspielen, welche Auswirkungen die vier dialektischen Schritte Nāgārjunas auf unsere Problematik haben: Bejahung – Verneinung – Bejahung und Verneinung – weder Bejahung noch Verneinung. Dabei sei freilich von vornherein zugestanden, daß unser Interpretationsversuch – anders als die sich schließlich dogmatisch-apophatisch auf die Negation fixierende Lehre Nāgārjunas – den wahrhaft »mittleren« Weg sucht zwischen naiv-konventioneller Bejahung und skeptisch-oszillierender Verneinung. Wie also sollen wir uns das Absolute denken, wenn wir, zwischen Affirmation und Negation, weder die Immanenz noch die Transzendenz des Absoluten aufgeben wollen?
Wir bestreiten *erstens*, daß das Absolute *personal* sei. Warum? Es wäre gar zu oberflächlich, das unendliche Eine zu einem Endlichen schrumpfen zu lassen: zu einer Art metaphysischer »Persönlichkeit«. Als ob das Ab-solute sich mit Hilfe eines klar umrissenen anthropomorphen Begriffs begreifen ließe, als ob es Person wäre, wie für westliches Denken der Mensch Person ist. Das Allumfassende und Allesdurchdringende würde ja so zum Objekt, »über« das der Mensch verfügte, das er »in Worte fassen« könnte. Nein, das Absolute, das für christliches und buddhistisches Denken das Urziel aller Wirklichkeit (Erlösung) ist und das von daher schon jetzt jede einzelne Existenz verborgen bestimmt, kann nicht eine einzelne Person unter anderen Personen sein, die als »Über-Mensch« oder »Über-Ich« vorzustellen wäre. Das Absolute ist überhaupt kein Unendliches oder gar Endliches *neben* oder *über* Endlichem.
Wenn wir aber solche Personenhaftigkeit des Absoluten bestreiten, behaupten wir dann nicht gleichzeitig dessen Apersonalität? Nein, wir bestreiten *zweitens*, daß das Absolute *apersonal* ist. Warum? Es wäre eine Herabsetzung, wollte man das Absolute zu einem neutralen »Prinzip« erklären. Als wäre das Absolute nur so etwas wie eine abstrakte

»Weltformel«, ein gefühlloses Weltgesetz oder eine naturhafte Weltkraft. Dem widersprechen vielleicht auch manche der in buddhistischen Schriften gebrauchten und eben zitierten poetischen Ausdrücke für die letzte Wirklichkeit. Nein, so müssen wir hinzufügen, wenn Menschen das Absolute zu denken versuchen, dann wird es schlechterdings nicht unter menschlichem Niveau vorstellbar sein, nicht unter-personal, nicht unpersönlich. Ein Absolutes ohne Geist, Freiheit, Freude, Seligkeit, Liebe wäre kein wahres Absolutes mehr.

Wenn wir aber beides bestreiten, das Absolute sei persönlich und sei unpersönlich, behaupten wir dann, es sei sowohl persönlich wie unpersönlich? Nein, wir bestreiten *drittens,* daß das Absolute *sowohl persönlich wie unpersönlich ist.* Warum? Weil das Absolute nicht zusammengesetzt ist, sondern ganz und gar einfach: kein Mixtum compositum aus personalen und apersonalen Elementen. Aus Person und Unperson kann nichts Sinnvolles entstehen. Als ob im Absoluten Form und Formlosigkeit, gleichsam quantifizierbar, addierbar wären. Nein, wenn wir das Absolute zu denken versuchen, dann nicht auf widersprüchliche Weise, als ob das Unpersonale einfach als personal und das Personale als apersonal bestimmt werden könnte.

Wenn wir so bestreiten, daß das Absolute sowohl persönlich wie unpersönlich sei, behaupten wir dann nicht, das Absolute sei weder persönlich noch unpersönlich? Nein, wir bestreiten *viertens,* daß das Absolute *weder persönlich noch unpersönlich sei.* Warum? Weil das Absolute zwar ganz und gar einfach, aber nicht inhaltslos ist. Als ob das Absolute als »Nichts« oder »Leere« im nihilistischen Sinn vorstellbar wäre. Nein, wenn Menschen das Absolute zu denken versuchen, kann dies nicht unter Absehung von Personalität und Apersonalität geschehen. Das Absolute umfaßt und sprengt doch beides zugleich. Was also?

Wer könnte übersehen, daß solche vierstufige negative Dialektik die Sprache an ihre Grenzen treibt und zu Paradoxen zwingt. Versucht wurde eine gefährliche Gratwanderung auf der Grenze von Anschaulichkeit und Unanschaulichkeit,

Sagbarkeit und Unsagbarkeit, Faßbarkeit und Unfaßbarkeit. Eine Rede vom Absoluten, die nicht auch Rede von der Grenze der Sagbarkeit des Absoluten ist, wird leicht zum Geschwätz. Rede vom Absoluten bleibt nur dann adäquat, wenn es sich im Bewußtsein der Dialektik von Zugriff und Entzug, Sprache und Sprachlosigkeit, Reden und Schweigen vollzieht: in äußerster Zurückhaltung vor dem, was nicht durch die selbstfabrizierten »Mysterien« der Theologen bestimmt, *sondern das Geheimnis dieser Wirklichkeit schlechthin ist.* Und in der Tat: wäre Schweigen vor dem Geheimnis nicht die durchaus angemessenere Grundhaltung? Ein Schweigen, das aus der Verneinung kommt, auf der der Osten so eindringlich insistiert und die nicht ständig durch Affirmation überspielt wird, wozu der Westen zweifellos neigt?

Gewiß, Sprache ist Grenze. Doch Sprache vermag auch Grenzen zu brechen. Sprache begrenzt, Sprache kann auch ent-grenzen, öffnen für das je größere Geheimnis. Und wenn diese unsere Begriffe »persönlich« und »unpersönlich« auch nicht ausreichen, um das Geheimnis des Absoluten zu umschreiben, so sind sie doch nicht völlig sachfremd, nicht sinnlos. Sie bezeichnen für die christliche Theologie unabdingbare Dimensionen, die wir zusammendenken sollten, aber kaum zusammendenken können. Ein Musterbeispiel für das, was Nicolaus Cusanus die »coincidentia oppositorum« genannt hat: das Ineinanderfallen der Gegensätze – gleichsam das Erkennungszeichen des Absoluten. Ob nicht von hier aus eine strukturelle Ähnlichkeit sichtbar wird zwischen jener »Leere«, die für Buddhisten alle Gegensätze übersteigt, und jenem »Pleroma«, jener unendlichen »Fülle«, die alle Gegensätze umgreift?

2. Vom Ineinanderfallen der Gegensätze

Für den – von japanischen Buddhisten nicht umsonst so oft zitierten – großen Humanisten *Nicolaus Cusanus,* der als Kardinallegat 1437 in Konstantinopel nähere Bekanntschaft

sowohl mit dem Islam wie mit der negativen (»apophatischen«) Theologie der Griechen, insbesondere des Pseudo-Dionysios, gemacht hatte, braucht es die »belehrte Unwissenheit«, die »docta ignorantia«, um Gott zu erkennen. Jegliche rein bejahende (affirmative) Theologie ohne verneinende (negative) Theologie macht aus Gott eine Kreatur unseres Verstandes, eine Projektion unserer Phantasie, ja, macht aus Gottesverehrung Götzendienst.
Nein, in Gott, dem Ursprung ohne Ursprung, fallen alle Gegensätze zusammen. Er ist die »coincidentia oppositorum«, er ist als Maximum auch das Minimum und überschreitet so Minimum und Maximum. »Vom Standpunkt der negativen Theologie«, sagt Nicolaus Cusanus, »findet sich in Gott nichts als Unendlichkeit. Ihr zufolge ist er darum weder in dieser noch in der künftigen Welt erkennbar, da jedes Geschöpf, welches das unendliche Licht nicht zu erfassen vermag, ihm gegenüber Finsternis ist. Er ist vielmehr nur sich selbst bekannt« (De docta ignorantia I, Kap. 26, 112f.). Das bedeutet nach ihm für die Rede von Gott, »daß in theologischen Aussagen Verneinungen wahr und positive Aussagen unzureichend sind. Ebenso sind die negativen Aussagen um so wahrer, je mehr sie Unvollkommenheiten vom schlechthin Vollkommenen abwehren« (ebd.). Die Grundgedanken dieses seines Früh- und Hauptwerkes »Von der belehrten Unwissenheit« (1440) hat Nicolaus Cusanus immer wieder neu durchgedacht und variiert, bis hin zu seinem Spätwerk, wo Gott höchst dialektisch in Identität und Differenz mit allen anderen als das »Nichtandere«, das »Non aliud« bestimmt wird und gerade so als »Mitte der Mitte, Ziel des Zieles, Bezeichnung der Bezeichnung, Sein des Seins und Nichtsein des Nichtseins« (Vom Nichtanderen, 87, These 5).
Wir können hier nicht weiter auf die Metaphysik des Cusanus eingehen, die bis heute Denkmaßstäbe gesetzt hat. Ein kurzer melancholischer Seitenblick auf den »Lauf der Geschichte« sei indessen gestattet: Seltsam zu denken, christliche Theologen hätten die eigene Tradition negativer Theologie nicht immer wortreich überspielt, sondern ernster ge-

nommen: Wieviel an Streit um Lehren, Dogmen, De-finitionen, Ab-grenzungen wären im Lauf der Jahrhunderte überflüssig gewesen! Wieviel an vertieftem Verständnis wäre schon zu Beginn der Entdeckungen neuer Kontinente und Völker den fremden Religionen gegenüber möglich gewesen. Und wie hätten wohl die Gespräche mit japanischen Buddhisten ausgesehen, wenn die ersten Jesuitenmissionare statt mit scholastischen Gottesbeweisen mit der hochreflektierten Gotteserfahrung des Nicolaus Cusanus operiert hätten, dessen Schriften sie hätten kennen können?
Unser Gedankenexperiment im Anschluß an Nāgārjuna hat mit Hilfe von Negationen Grenzpflöcke eingeschlagen und Warntafeln errichtet. Will man mehr sagen, will man näher bestimmen, was »coincidentia oppositorum« im Blick auf das Problem der Personalität und Apersonalität des Absoluten bedeutet, kann man – auf der angezeigten Grenze von Reden und Verstummen – nur noch mit Grenzbegriffen arbeiten, die das Absolute nicht begrenzen, noch es freilich im puren Schweigen belassen wollen. Ein solcher Grenzbegriff könnte, wenn man schon auf einen Terminus Gewicht legt, »überpersönlich« oder *»transpersonal«* sein, ein Begriff, der die Begriffe persönlich-unpersönlich umfaßt und doch sprengt und so im Unendlichen »aufhebt«.
Damit wäre eine denkerische, hermeneutische Grundstruktur benannt, wie in einem Dialog östliches und westliches, buddhistisches und christliches, theistisches und a-theistisches Denken über das Absolute, über Gott, sich gegenseitig durchdringen können. Das Absolute transpersonal zu denken: dies wäre die bleibende Herausforderung an das christlich-westliche Verständnis Gottes, gleichzeitig aber auch an das buddhistisch-östliche Verständnis des Absoluten. Dazu einige elementare gedankliche Grundlinien:

Nimmt der Westen die *Herausforderung des Ostens* ernst, wird dies seine Grundhaltung dem Absoluten gegenüber entscheidend bestimmen: mehr Respekt vor dem Unsagbaren, mehr fromme Scheu vor dem Geheimnis, kurz, mehr Ehrfurcht vor jenem Absoluten, das Christen, Juden und Muslime den einen wahren Gott nennen. Der Begriff der »Leere« wird dann auch christlich aufgenommen werden können: als Ausdruck für die »Ineffabilitas« der Gottheit, die »Unaussprechlichkeit« Gottes. Auch der Westen wird so immer zum Ausgangspunkt seines Denkens machen: Gott als das Absolute ist und bleibt der Unbegreifliche, der per definitionem Undefinierbare, das Geheimnis der Wirklichkeit schlechthin. Nein, auch vom *Sein* her läßt sich sein Wesen nicht voll erschließen: Gott ist nichts von dem, was ist. Er ist kein Seiendes, er ist allem transzendent. Das hat Folgen für unsere Aussage über Gott: Das menschliche Denken gerät hier in einen Bereich, wo positive Aussagen (z.B. »Gott ist gütig«) sich als unzulänglich erweisen. Ja, um wahr zu sein, bedürfen sie immer zugleich der Negation (»Gott ist nicht gütig« – auf menschlich-endliche Weise), um so schließlich ins Unendliche hinein übersetzt zu werden: »Gott ist unsagbar, unendlich gut, die Güte schlechthin.«

Wollte umgekehrt der Osten die *Herausforderung des Westens* ernst nehmen, so hätte er zu bedenken: Das Absolute übersteigt zwar alle Begriffe, Aussagen und Definitionen, ist aber doch nicht getrennt von Welt und Mensch, ist auch nach dem Verständnis des Ostens nicht außerhalb alles Seienden: Der Welt und dem Menschen innewohnend, bestimmt es ihr *Sein von innen.* Und von da könnte auch der Buddhist vielleicht akzeptieren, daß das Absolute, daß Gott, wie ihn Christen verstehen, aus der ontologischen Differenz zwischen Sein und Seiendem heraus gedacht werden muß. Das heißt: Gott ist, aber er ist kein Seiendes, er ist vielmehr das verborgene Geheimnis des Seins: kein Über-Sein, sondern das geheimnisvoll Einigende *in* allem Seienden, das Sein-Selbst als Grund und Ziel alles Seienden und allen Seins: allem imma-

nent und transzendent zugleich. Das bedeutet für unser Reden von Gott, daß gerade negative Aussagen (»Gott ist nicht endlich«) eminent Positives besagen können: »Gott ist unendlich.«
Wie also das Absolute adäquat zu denken versuchen? So jedenfalls, daß es Welt und Mensch zugleich übersteigt und durchdringt: unendlich fern und uns doch näher als wir uns selbst; nicht greifbar auch bei erfahrener Anwesenheit; anwesend selbst bei erfahrener Abwesenheit; affirmativ durch alle Negationen hindurch. Ein Absolutes, das der Welt innewohnt und doch nicht in ihr aufgeht; das sie umgreift und doch nicht mit ihr identisch ist: Transzendenz in Immanenz! Jede Gottesaussage hätte demnach die Dialektik von Negation und Affirmation zu durchschreiten. Jede Gotteserfahrung hätte die Ambivalenz von Nichtsein und Sein, dunkler Nacht und hellem Tag durchzustehen.
Daß von Gott oder dem Absoluten nur in übertragenen Begriffen, Bildern, Vorstellungen, in Chiffren und Symbolen geredet werden kann, christliche Tradition hat dies nie bestritten. Auch das, was mit dem Begriff der *»Transpersonalität«* Gottes angezielt ist, übersteigt alle Vorstellungen. Und doch gilt es, sich der damit gemeinten Sache zu stellen. Denn das Absolute ist nach Auffassung auch vieler Buddhisten nicht etwas, was indifferent wäre oder den Menschen indifferent ließe, sondern was Menschen in befreiender und beanspruchender Weise unbedingt angeht. Die Religionen prophetischen Ursprungs jedoch gehen an diesem Punkt einen entscheidenden Schritt weiter. Denn »Transpersonalität« des Absoluten besagt jüdisch-christlich-islamischen Zeugnissen zufolge – und dies kann nach allen kritischen Reflexionen sozusagen in »zweiter Naivität« (P. Ricoeur) aufgenommen werden –, daß Gott kein Neutrum ist, kein anonymes Es, sondern *Geist in schöpferischer Freiheit:* das Ineinanderfallen aller Gegensätze, die Uridentität von Gerechtigkeit und Liebe und so ein Gegenüber, das alle *zwischenmenschliche Personalität* umgreifend begründet. Das meint die Bibel: Ein echtes Gegenüber, das keine transzendente Krücke für den unsicheren Menschen ist, das den Menschen

nicht ständig kontrolliert und gängelt (eine von Buddhisten zu Recht kritisierte Verengung christlicher Gottesvorstellung), sondern das auf befreiende Weise menschenfreundlich, ja unbedingt verläßlich ist. Gott zugleich Ursprung, Halt und Ziel des Menschen.

Konkret: Wo andere nur unendliches Schweigen vernahmen, da berichten die jüdisch-christlich-islamischen Schriften vom Angesprochensein und der Inanspruchnahme des Volkes durch seinen Gott. Wo andere den echolosen Raum und die Leere erfuhren, durfte dieses Volk für sich und andere entdecken, daß das Absolute hörbar und anredbar ist, ein geheimnisvoll ansprechendes und ansprechbares *Du!* Dieser Gedanke, ja, diese Verheißung ist seither in allen Religionen semitischen Ursprungs unausrottbar, wenngleich sie im säkularen Westen oft vergessen und verraten wurde. Im Angesprochensein durch dieses Du vermag der Mensch seinerseits sein eigenes *Ich* in einer Würde zu erfahren, wie es im Osten kaum je gesehen wird, wie es aber auch kein westlicher säkularer Humanismus, keine fortschrittliche Technologie und auch keine kosmische Religiosität zu garantieren vermag.

Dies also ist gemeint, wenn Christen plädieren für einen *Gott*, der sich den Menschen als Partner erwählt und ihn durch seine Anrede zum Du gemacht hat, der ihn durch sein Wort zur Ant-wort herausgefordert hat, um ihn so in seine Ver-antwortung zu stellen; für einen *Menschen,* mit dessen Würde es unvereinbar ist, je als Futter für Bomben oder Experimente oder als Dünger für die Evolution mißbraucht zu werden.

Diskussionsbericht

Die Diskussion in der dritten Einheit beschränkte sich nicht auf die Hauptreferate (Kuschel, Jeziorkowski) und die Korreferate (Kurz, Küng). Fragen, die sich in den vorhergehenden Diskussionen gestellt hatten, wurden wieder aufgenommen und weitergeführt. Eine allgemeine »kritische Refle-

xion« (Gustafsson) über die Themenstellung des Symposions wies sowohl negativ auf Mängel in bisheriger Diskussion wie auch positiv auf Möglichkeiten hin, den versuchten Dialog zwischen Theologie und Literatur sinnvoll fortzusetzen. Die Kritik bezog sich auf allgemeine methodologische und inhaltliche Fragen wie auch auf die der Theologie und der Literaturwissenschaft gemeinsamen Frage nach dem jeweiligen Verhältnis von Methode und Inhalt.
Im folgenden werden einige Hauptpunkte der Diskussion wiedergegeben.

(1) Zu der »kritischen Reflexion« der Themenstellung gehöre notwendig eine kritische Überprüfung der Kriterien der Textauswahl. Die Beschränkung auf moderne deutsche Literatur bedeute einen »Materialmangel« (Gustafsson). Man hätte sich weder auf nur moderne deutsche Literatur noch auf nur deutsche Literatur zu beschränken. Ebenso wichtig sei in der Moderne z. B. die französische und die skandinavische Literatur wie auch die zeitgenössische jüdische Literatur. Für genuin interdisziplinäre Forschung müßte zunächst ein sehr reiches Material zur Verfügung stehen. Erst danach dürfe man beginnen, Grenzen zu ziehen.
Als »methodische Schwäche« in der Diskussion wurde die Gleichsetzung der Bedeutung einer Sache für das Verständnis eines literarischen Textes mit deren expliziter Anwesenheit im Text bemängelt. Zum Verständnis des U-topischen der Literatur gehöre u. a., daß etwas anwesend sein kann, ohne wichtig zu sein, und umgekehrt. Die Frage nach der Anwesenheit einer Sache im Text sei unter Umständen falsch gestellt. Sowenig wie aus der Abwesenheit Gottes seine Nichtexistenz gefolgert werden kann, genausowenig darf die theologische Relevanz eines literarischen Textes auf das explizit Theologische im Text reduziert werden. Die Abwesenheit explizit theologischen Materials darf nicht »dogmatisch« verurteilt werden; es müßte vielmehr »dialektisch« verstanden werden (Gustafsson).
Wo reine Inhaltsbetrachtung getrieben wird, bestehe die Gefahr, daß Literatur theologisch eingemeindet werde (Jezior-

kowski). Auf die besondere Berücksichtigung der strukturellen und formalen Elemente eines Textes darf nicht verzichtet werden. In einer Zeit, in der »Sprache« und »Aussage« überhaupt problematisch geworden sind, gilt es bei der Deutung eines literarischen Textes die methodologischen Voraussetzungen immer mitzureflektieren. Man müßte sich zunächst auf »nüchterne strukturelle Arbeit« konzentrieren, ehe man einige kleine Schritte hin zur »Aussage« und »Wahrheit« unternehmen kann (Ziolkowski).
Die Literatur dürfe auf keinen Fall – wie zum Teil in der Diskussion – als »Steinbruch« benutzt werden. Vielmehr müsse die Frage nach dem Rang eines literarischen Werks immer als eine primäre Frage gestellt werden (Killy).

(2) Das Sprechen über Gott sei vor allem in der unmittelbaren Nachkriegsgeneration von einer eigentümlichen Dialektik bestimmt, die wiederum selbst bei jedem heutigen Versuch, »religiöse Literatur« zu definieren, ein bestimmendes Moment sein müßte. Religiöse Literatur sei nicht nur Literatur, in der nur positive, »affirmative« religiöse Aussagen vorkommen. Das sokratische Wort G. Eichs: »Sprich, damit ich dich sehe« diene in abgewandelter Form heute als erster Schritt zur möglichen Definition religiöser Literatur: »Ich spreche, damit ich dich sehe« (Härtling). Gerade die Erfahrung der Abwesenheit Gottes prägte in der Nachkriegsgeneration den Dialog zwischen Literatur und Theologie. Camus' »Sisyphus« sei ein Beispiel eines nichtchristlichen Buches, das »aus tiefstem Glauben geschrieben« wurde. Die konstante Vergeblichkeit des Tuns von Camus' Sisyphus weise eben auf den Sinn unseres Tuns (Härtling).
Theologie und Literatur lernen am meisten voneinander dort, wo Widerstand geleistet und Gegensätze gewagt werden (Jens). Nötig wäre eine »kluge und freundliche Feindschaft« (Rennert). Die Erlösungsbedürftigkeit des Menschen sei viel deutlicher im »ungläubigen« Text Camus' als in vielen »affirmativen« Texten (Jens). Sisyphus' Versöhntheit mit dem eigenen Scheitern, die nicht affirmativ ideologisch ausgenutzt wird, enthalte eine strukturelle Ähnlichkeit

mit der Kreuzestheologie (Kuschel). Widerstand zu leisten sei in diesem Zusammenhang jedoch nicht nur Sache der Literatur. Allzuoft fehle der selbstkritische Widerstand innerhalb der Theologie selbst, der sich heute z. B. in der feministischen Theologie und in der Befreiungstheologie zu zeigen beginnt (Marti).

(3) Im Hinblick auf die verschiedenartige Relevanz sowohl der »gläubigen« als auch der »ungläubigen« Literatur für die Theologie stellte sich die nicht wenig problematische Frage nach dem Verhältnis von biblischen und nichtbiblischen bzw. literarischen Texten am Beispiel des Religionsunterrichts.
Seit etwa 1970 verstehe sich der Religionsunterricht vorwiegend als »Kontextunterricht«. Der primäre Kontext sei der Kontext der Schüler selbst, das »Feld des Lebens«. Nach der Würzburger Synode im Jahre 1975 erreiche der Religionsunterricht auch dann sein Ziel, wenn Nichtgläubige ihren eigenen Standpunkt besser reflektieren können. Dabei werden biblische und nichtbiblische Texte tendenziell gleichrangig behandelt.
Mindestens seit Bultmann gebe es weder eine spezifische Hermeneutik noch eine spezifische Ästhetik für die Behandlung theologischer Texte. Zudem: die hermeneutische Voraussetzung des Religionunterrichts sei heute nicht mehr der Glaube der Schüler, sondern eher ihr Nicht-Glaube. In der gegebenen Situation gehe es nicht darum, z. B. »literarische« Form und »theologische« Aussage als Alternative aufzufassen, sondern sie im Hinblick auf die Sinndimension sachgemäß zu integrieren (Nipkow).
Es stellte sich dann die problematische Frage, ob nicht die gleichrangige Behandlung von biblischen und literarischen Texten – »Bibel und Biermann« – zur Vernachlässigung der jeweils eigenen Tradition führe. Haben nicht Christen eine »ästhetisch spezifische Ausdrucksweise«, die dadurch potentiell verleugnet werde? Ende das nicht mit einer allzu raschen und gefährlichen Kongruenz? (Jens)
Darauf wurde der Sinn der gleichrangigen Behandlung von biblischen und nichtbiblischen Texten im Religionsunter-

richt verdeutlicht. Es handele sich nicht um eine »billige Kongruenz« oder eine falsche Harmonie, sondern vielmehr um eine Verdeutlichung von Differenzen und eine fruchtbare Auseinandersetzung. Eine spezifisch christliche Ausdrucksweise sei indessen als formales Kriterium eher zu verneinen. Zwischen der Form der Klage z. B. in einem Gedicht von Kaschnitz und der Form der Klage in den alttestamentlichen Psalmen gebe es keinen Unterschied.
Hinter der gleichrangigen Behandlung von biblischen und literarischen Texten habe man nicht ein falsches Anpassungsmanöver zu sehen. Dies sei vielmehr Ausdruck eines Versuches der Kirche, ihre theologische Pflicht zu erfüllen, nämlich: sich der Welt zu öffnen (Nipkow).

(4) Die in der Diskussion angesprochenen Probleme führten zum Versuch, das Thema des Symposions entsprechend neu zu formulieren.
Einige Probleme in der Diskussion seien auf das »und« in dem Tagungsthema zurückzuführen. Auf der kategorial gleichen Ebene seien nicht Theologie und Literatur, sondern eher Theologie und Literaturwissenschaft. Möglicherweise sei der Begriff (christliche) Theologie für den angestrebten Dialog auch zu eng. Man verfehle einen Großteil der modernen Literatur, wenn man sich auf nur christliche Gläubigkeit beschränkt. Frömmigkeit artikuliere sich zwar immer ästhetisch, aber nicht nur christliche Frömmigkeit. Die Diskussion müßte notwendig sowohl die nichtchristliche wie auch die nicht-mehr-christliche Gläubigkeit einbeziehen (Barner). Dabei hätte man zugleich die »sprachbildende Kraft des Säkularisierungsprozesses« im besonderen zu untersuchen (Kuschel, Schöne). Es wäre zu überlegen, ob nicht »Religionswissenschaft und Literaturwissenschaft« das Thema am adäquatesten ausdrücken (Barner, Küng).
Vor allem im Rückblick auf die Diskussion der zweiten Arbeitseinheit wurde »Unbehagen« beim Stichwort »Mythos« geäußert. In künftiger Diskussion müßte das – kritische – Verhältnis der christlichen Religion zum Mythos deutlicher herausgestellt werden (Baumann).

Die Bibel sei für die christliche Religion nicht im selben Sinne ein heiliges Buch wie z. B. der Koran für die islamische Religion. Die Bibel sei ein profanes Buch. Die christliche Religion sei – wieviel Kult auch immer daraus gemacht wird – grundsätzlich keine kultische Religion. Der christliche Glaube sei in die Geschichte hineingestellt und müsse sich an die Geschichte halten. Die Aufgabe der Theologie sei es nicht, neu zu mythologisieren. Ihre Pflicht sei vielmehr, zu entmythologisieren. Die Theologie müsse immer nach neuen Bildern und Symbolen Ausschau halten und gleichzeitig diese Bilder immer neu entlarven (Baumann).

(5) Was die Relevanz des Dialogs zwischen »Theologie und Literatur« betrifft, sei zuletzt ein Punkt der Diskussion erwähnt, der nicht weiterverfolgt wurde. Die Relevanz eines solchen Dialogs reiche letztlich über Theologie und Literatur hinaus in die Politik. In ihr hätte sich der Aufforderungscharakter zu realisieren, der beiden Bereichen immanent ist (Glossner).

(R. Ammicht-Quinn, Th. P. Quinn)

Podiumsdiskussion: Ist »Gott« heute literarisch darstellbar?

Redigiert von Dipl.-Theol. Ulrich Kern

Vorsitz:
Dr. Karl-Josef Kuschel
(Theologe und Literaturwissenschaftler, Tübingen)

Podium:
Dr. Ingeborg Drewitz
(Schriftstellerin, Berlin)
Prof. *Hubertus Halbfas*
(Religionspädagoge, Reutlingen)
Prof. *Adolf Muschg*
(Literaturwissenschaftler und Schriftsteller, Zürich)
Prof. *Jürgen Schröder*
(Literaturwissenschaftler, Tübingen)
Dr. Heinz Zahrnt
(Theologe und Publizist, Kiel)
Eva Zeller
(Schriftstellerin, Heidelberg)

KUSCHEL: Meine Damen und Herren, Walter Jens war in seiner Eröffnungsrede fast so etwas wie ein Spielverderber, als er zur Ausgangsfrage unserer Diskussion bündig erklärte: »Gott ist für Literatur nicht darstellbar!« Aber er problematisierte seine Schlußfolgerung auch, sprach von einer »analogia crucis«, von der »Niedrigkeitsform«, in der – möglicherweise – das Unendliche gespiegelt werden könnte. Somit ist uns doch noch genügend aufgegeben, dem wir nachdenken können: als Wissenschaftler, als Schriftsteller.
Wir sollten so vorgehen, daß jeder Teilnehmer zunächst einmal seine Interessen einbringt, seine Position kurz umreißt:

HALBFAS: Grundaxiom dieses Symposions war, daß Literatur auf die Welt angewiesen bleibt, in der das Kreuz steht. Aussagen über ein nicht-realitätsvermitteltes, sondern durch den Glauben gesetztes Absolutes seien der Literatur versagt, »Gott« bleibt undarstellbar, so hieß es. Das gelte für die bildende Kunst, und das gelte auch für die Literatur.
Der allen monotheistischen Religionen eigene Vorbehalt gegen eine Darstellung Gottes im Bild: er gilt in diesen Religionen natürlich nicht für die Sprache. Auch wenn Gott vor jeder visuellen Verdinglichung geschützt werden muß, so kann und muß doch immerfort in den Religionen von ihm gesprochen werden. Ihre heiligen Schriften tun es: narrativ oder hymnisch, klagend oder singend, anthropomorph oder auch via negationis.
Nun ist uns bewußt geworden, daß diese alten Traditionen nicht unbeschadet ihre immerwährende Repetition erfahren haben. Vielen bleiben sie im Halse stecken, und viele können mit Martin Walser in seinem Roman »Halbzeit« (1960) sagen: »Ich kann mich nicht mehr so verrenken. Ich habe Gott mit diesen Formeln geerbt, jetzt verliere ich ihn durch diese Formeln.«
Die Geschichte dieses Verlustes hat unsere Generation in der Spätphase miterlebt: Gott wurde hilflos, weinerlich, ein gebrechlicher alter Mann (so in Wolfgang Borcherts Stück »Draußen vor der Tür«). Er wurde angesichts der kranken, leidenden Welt zum Ärgernis, so daß es besser erscheint, es

gäbe ihn nicht, als daß es ihn gibt (Camus). Er starb schließlich unbeachtet, unbetrauert, nur trübe Schalheit zurücklassend (so in einer frühen Geschichte von Wolfdietrich Schnurre, betitelt: »Das Begräbnis«). Alle diese Autoren sondierten ihre – unsere – Gegenwart als Summe gestorbener Vergangenheiten. Das Wort »Gott« galt nicht länger als gedeckt: eine leere Münze.
Seitdem wird die Vokabel »Gott« tunlichst gemieden; sie begegnet allenfalls im Konjunktiv, in Zitaten, Redewendungen, auch in befremdlichen Prägungen, die dann gerade den verschlissenen Umgang mit dem Wort »Gott« bekunden sollen.
Direkt und narrativ wird von Gott nur in solchen Texten gesprochen, die ihn bewußt nicht ernst nehmen. Insgesamt, scheint mir, sind Theologen wenig bereit, sich um diesen literarischen Befund zu kümmern. Das Verstummen ringsum hemmt sie nicht.
Das Verhältnis von Theologie und Literatur ist auf weite Strecken ein Nicht-Verhältnis, das nur einige Hobbyisten pflegen. Und doch liegt für uns Theologen nur hier die Chance zu einer neuen Gesundung der theologischen Rede. Denn wohl allein im Umgang mit Literatur kann eine Sensibilisierung erworben werden, die fähig macht, auch unter verschlissenen Begriffen und Formeln zunächst zu leiden – um dann später vielleicht eine neue Feinfühligkeit zu gewinnen. Denn das Verstummen, das Schweigen, das Leiden kann nicht das einzige sein, was uns Theologen bleibt: das Wort, das Symbol, das Geheimnis »Gott« ist – und das wäre meine These – auch heute darstellbar: lebendig und konkret!
Selbstverständlich nicht in objektivierenden Aussagen – aber von mir her, aus meiner Betroffenheit, Angst, aus meiner Not und Einsamkeit, aus Zweifel, Protest, Klage: aber auch aus der Offenheit für vieles, was Freude macht und zu leben hilft.

MUSCHG: Ich bin in großer Verlegenheit bei diesem Thema, und ich meine, ich müsse es an einer ganz anderen Ecke

anfangen. Es gibt im Zen-Buddhismus eine Geschichte, wo ein Meister gefragt wird, wer »Buddha« sei. Der sagt sofort: »Zwei Pfund Flachs«, denn er ist gerade beim Flachszählen. Mir scheint, unsere Art, nach Gott zu fragen, würde – wieder in der Sprache des Zen-Buddhismus – bedeuten, einen Fisch zu fragen, was Wasser sei. Er schwimmt im Wasser! Ich glaube, wir kommen um die *Frage nach der Existenz des Religiösen* gar nicht herum. Allerdings habe ich besondere Wahrnehmungsschwierigkeiten, sobald diese Dinge beim Namen genannt werden. Ich begegne dem Bekenntniszwang in meiner Arbeit und in meinem Leben immer weniger gern. Es mag ein bißchen seltsam klingen, aber mir ist in den letzten zehn Jahren, als die Einsicht in unsere Mitverantwortung der Umwelt gegenüber wuchs, die Bedeutung von Goethes naturwissenschaftlichen Schriften aufgegangen, die auf der Idee einer Verwandtschaft der Geschöpfe basieren. Und wenn der Satz aus dem Evangelium: »Was Ihr einem dieser Geringsten meiner Brüder tut, das habt Ihr mir getan« für mich einen aktuellen Sinn hat, dann den, daß ich die Wahrnehmung eines gefallenen Blattes oder eines braun gewordenen Zweiges auf mich beziehe und auf die gemeinsame Schöpfung, in der wir miteinander verbunden sind und worin das, was wir »Gott« nennen oder »das Ganze« oder »der Sinn des Lebens«, auf dem Spiel steht.
Ich glaube allerdings immer weniger, daß die Antworten aus einer vorgegebenen Lehre kommen können. Ich glaube vielmehr, wir müssen unendlich viel selber dazutun: gesellschaftlich, aber auch persönlich. Wenn es gelingt, den Reizüberfluß, die Wahrnehmungsüberschwemmung einzudämmen, dann können wir wieder sehen. Und dies finde ich bei Goethe bestätigt.
Ich habe manchmal das Gefühl, daß unsere theologischen Fragestellungen schlechte Umgangsformen mit uns selber sind; daß wir den Namen Gottes als Defizitgarantie für alles mögliche beanspruchen, wo wir noch nicht einmal versucht haben, uns auch nur auf den Weg zu einer Verbesserung zu machen. Diese Art »Gott« ist mir verdächtig geworden, und natürlich ist mir auch das Reden über diesen »Gott« ver-

dächtig geworden: dort, wo ich wirklich an mir selber arbeite, kann ich es nicht gebrauchen.
Anders ist es mit dem Eindruck, den *Christus* als Mensch auf mich macht. Ich erlebe diesen Einfluß beispielsweise in der Bereitschaft, als Leser Überraschungen, Infragestellungen gelten zu lassen und sie zu genießen, wahrzunehmen. Ich erlebe ihn in der Bereitschaft, mich in meiner Arbeit in Widersprüche zu verwickeln, das Unerwartete geschehen zu lassen.
Für mich ist Christus als *die* antikirchliche, antiinstitutionelle menschliche Existenz schlechthin auch für die künstlerische Arbeit und für die sozialen Kontakte unentbehrlich. Und die Bereitschaft zum überraschenden Verhalten, von der ich im Evangelium lese, möchte ich, mehr als es mir heute möglich ist, auch zur Maxime meines Lebens machen.
Mir scheint auch, die ganze Frage nach dem Verhältnis von Religion und Literatur ist ein Scheinproblem. Wahrscheinlich haben es Autoren früherer Jahrhunderte leichter gehabt, die ihren Christus und ihre Passion gegen die Orthodoxie und gegen das Dogma verteidigen konnten und dafür Verfolgung riskierten.
Es gibt in unserem Thema etwas Anbiederndes, das mich als Schriftsteller beschämt: die kleinmütige Fragestellung! Entweder vermag ich wahrzunehmen, was wir Gott nennen, was mir überall begegnet und zu begegnen bereit ist – dann brauche ich ihn nicht in ein Kunstwerk einzuschließen. Oder es begegnet mir ein eindeutiger Glaubensanspruch – dann kann ich zu streiten beginnen. Nein, ich möchte mich dieser Fragestellung nicht unterwerfen.
Ich glaube, daß Sinn und Sinnlichkeit berechtigte Pforten der Wahrnehmung des Religiösen sind. Wir werden unser ganzes Wahrnehmungsbedürfnis nötig haben, um als Zivilisation zu überleben. Die Spielangebote, die in der Literatur stecken – ob wir sie jetzt religiös oder anders nennen –, haben durchaus etwas Bindendes, etwas Verpflichtendes; auch wenn man kein einziges vollständig übernehmen kann.
Ich möchte mit einem sehr nüchternen Wort Goethes schlie-

ßen. Es tönt hausbacken, aber ich glaube, es ist ein außerordentlich umwerfender Satz: »Treuer Dienste tägliche Bewahrung, sonst bedarf es keiner Offenbarung!«

DREWITZ: Ich möchte zunächst von den Lebensumständen sprechen, in die ich hineingeboren bin.
In meiner Familie gab es das Wort »Gott« überhaupt nicht. Meine erste religiöse Schockerfahrung hatte ich zu Schulbeginn in der Religionsstunde. Vor Ostern wurde dort die Karfreitagsgeschichte erzählt, und diesen Moment kann ich nicht vergessen. Die Geschichte traf mich als etwas, das ich nicht begreifen konnte, sie hat mich zu Tränen gerührt.
Das war nun nicht etwa die Offenbarung Gottes, aber es war die Entdeckung desjenigen Menschen, der sich für andere bedingungslos draufgibt. Von da an habe ich mich mühsam zu den Geschichten des Neuen und später auch des Alten Testamentes vorgetastet.
Es war für mich die Entdeckung einer Bilder- und Gleichniswelt, die an die Grenzen des Reflektorischen vorstieß. Ich tat mich ziemlich schwer mit der Bergpredigt, auch mit ihren Widersprüchen. Aber ich fand damals, daß dies eigentlich mit mir zu tun hat – und doch nicht mir mir: Denn wie sollte ich *so* leben, wie sollte ich *so* schreiben können? Ich nannte diesen Gott, der sich mir da entdeckte, den »Reizwort-Gott«.
Ein weiteres: Als ich neulich meine Notizbücher aus der Kriegs- und Vorkriegszeit durchblätterte, tauchte in ihnen immer wieder die Frage nach dem Sinn auf; kein Wort von Gott, keines von Jesus. Der Schock, daß ein einziger Mensch wie Hitler an die Stelle von etwas getreten war, das ich nicht benennen konnte, und so viele Menschen verführen sollte, hat mein späteres Nachdenken und Arbeiten immer wieder aufgerührt.
Ich habe dann meine Nächsten ohne Gott sterben sehen. Ich sah diesen unerlösten Rest, der jenseits ihrer Angst übrigblieb, und versuchte, diese Erfahrung in mir selbst Fuß fassen zu lassen. Sie hat mich aufmerksam gemacht auf die Menschen, die ohne Gott leben, für die Gott keine Vokabel

mehr ist. Die oft auch verdrängen, daß dieses Leben mehr ist als die Hetzerei nach Konsumgütern und Geltung. Meine Sehnsucht nach einem Angelpunkt jenseits des eigenen Lebens ist sehr groß. Aus dieser existentiellen Erfahrung, die mich von Jugend an gestoßen hat, Verantwortung zu suchen, ist mein ständiger Antrieb nach Orientierung gekommen, meine ständige Auseinandersetzung mit dem, den ich nicht benenne.

Auch schreibend kann ich Gott nicht benennen. Ich bin kein Lyriker. Ich verteile meine eigene Erfahrung, meine Unsicherheit auf viele Personen, die für mich auf der Suche sind. Die Menschen, die ich darstelle, sind Teile meiner selbst. Es sind Menschen, die keine Gewißheit gefunden haben, keine Geborgenheit in einer Kirche, einer Gemeinschaft, einer Theologie. Es sind Menschen, die irren, die tasten und die an Grenzen stoßen, wo sie nicht weiterwissen.

Davon versuche ich zu schreiben. Und immer, wenn ich gefragt werde, warum ich keinen Trost gebe in meinen Büchern, keinen Hinweis, antworte ich: Meine Hinweise sind diese Menschen an der Grenze.

KUSCHEL: Herr Zahrnt, gestatten Sie mir die etwas provozierende Frage: War für Sie Literatur je wesentlich für Ihre »Sache mit Gott«?

ZAHRNT: Die uns gestellte Frage heißt ja, ob »Gott« in Literatur darstellbar ist, und von Berufs wegen habe ich es mit einem großen Literaturdenkmal zu tun, welches man die Bibel nennt. In dieser Bibel erzählen Menschen als einzelne, als Stammesverband, als Gruppe von ihren Erfahrungen mit Gott. Die Bibel ist also ein großes menschliches Erinnerungsbuch an Gott. Trotz eines strikten Bilderverbots wird darin in lauter prallen Bildern von Gott erzählt. Es kann also keine Rede davon sein, daß wir den Namen Gottes überhaupt nicht gebrauchen sollen!

Gefragt, wie ich persönlich mich nun zum Verhältnis zwischen Literaten und Theologen stelle, stimme ich zunächst einmal Walter Jens zu, der in seiner Eröffnungsrede vom

»Graben zwischen Theologie und Literatur« gesprochen hat. Es gibt überall verschiedene Zugänge zur Wirklichkeit; der Literat hat einen anderen Zugang zur Wirklichkeit als der Theologe, der Historiker oder der Naturwissenschaftler, und es ist Aufgabe des christlichen Glaubens, darüber zu wachen, daß die verschiedenen Zugänge zur Wirklichkeit offenbleiben. Hier hat christlicher Glaube einzustehen für sauberes Denken!

Das zunächst; zugleich aber finde ich mich als Theologe mit den Literaten in drei Punkten solidarisch:

1. Ich leihe mir bei den Literaten »verdichtete« Erfahrung von Wirklichkeit.
2. Ich merke darauf – Frau Drewitz hat es gerade wieder deutlich gemacht –, daß es bei den Dichtern und Schriftstellern um eine letzte, unbedingte Erfahrung von Sinn geht.
3. Ich möchte gerne mit den Literaten zusammen einstehen für ein verbindliches Leben.

Als Theologe geht es mir darum, von der Erfahrung der Wirklichkeit Gottes in der Wirklichkeit dieser Welt zu erzählen. Und da ist für mich die Begegnung mit Jesus von Nazareth entscheidend geworden. Ich glaube Jesus aus Nazareth seinen Gott! Ich glaube, daß wahr ist, was er über Gott sagt, weil es sich in meinem Leben bewahrheitet hat. Und das möchte ich in der Wirklichkeit des Lebens entfalten.

Und dann kann es natürlich geschehen, daß ein anderer zu mir kommt und sagt: »Ich erfahre dasselbe wie Sie, aber ich sage nicht Gott dazu.« Das regt mich dann nicht so sehr auf. Vielmehr regt mich auf die Gleichgültigkeit, die uns heute weithin erfaßt hat. Und ich sehne mich manchmal nach einem leidenschaftlichen Atheismus! Denn wer wirklich ernsthaft die Nicht-Erfahrung Gottes gemacht hat und darunter leidet, der hat immerhin *eine* Erfahrung mit Gott gemacht. Wie ja auch eine unerfüllt bleibende Liebe immer auch eine Erfahrung mit der Liebe ist ...

Vielleicht ist Theologie darum so schwach geworden, weil es keine kräftigen Atheisten mehr gibt. Das bedeutet ja noch nicht, daß ein Theologe bedenkenlos von Gott erzählen soll.

Zur Theologie gehört schon, daß sie sauber reflektiert, was Menschen mit Gott erfahren haben – denn wer sich ein Herz gefaßt hat, braucht deshalb ja noch nicht auf den Kopf gefallen zu sein!

KUSCHEL: Herr Zahrnt, Sie haben eigentlich das bestätigt, was Walter Jens im Verlauf unserer gemeinsamen Arbeit sagte: Theologie und Literatur finden sich beide als ein einziger, großer Versuch der Entbanalisierung des Lebens.

SCHRÖDER: Ich füchte, ich muß die sich ankündigende Harmonisierung ein bißchen stören ...
Schon die Ausgangsfrage gefällt mir gar nicht. Sie ist ja so naiv gestellt, daß sie nicht einmal vom Teufel stammen könnte. Auch, daß sie Gott in Anführungszeichen setzt, wie die Springer-Presse das mit der DDR hält, macht mir diese Frage nicht besser. Und ganz unmöglich finde ich es, daß in diesem Satz Gott als Subjekt auftaucht und nicht die Literatur.
Ich glaube nämlich nicht, daß ein Weg von Gott in die Literatur führt, möglicherweise aber führt ein Weg aus der Literatur in religiöse Bezirke. Aber sei's drum ...
Gottfried Benn hat einmal gesagt: »Gott ist ein schlechtes Stilprinzip, er erweicht den Ausdruck.« Man kann dieses Prinzip aber auch auf die Literaturwissenschaftler, Literaturkritiker und Theologen übertragen und sagen: Gott ist auch ein schlechtes Interpretationsprinzip. Wer ihn sucht, wird ihn – meiner Erfahrung nach – nicht finden, wer um ihn anklopft, dem wird sicherlich nicht aufgetan. In der Literaturwissenschaft ist er eigentlich immer nur ohne Absicht, wider Willen, manchmal widerwillig anzutreffen. Wo sich Literatur und Theologie gegenseitig am nächsten kommen, gerade da müssen ihre Sprachen am verschiedensten sein. Wir müssen erst unsere verschiedenen Sprachen lernen. Und da habe ich den Eindruck, daß im Moment die Sprachdefizite der Theologen etwas größer sind als die der Literaten.

ZELLER: Ich stelle mir seit meinen literarischen Anfängen die Frage, wie der einzelne Autor zu seinem Stoff kommt. Das Verhältnis zwischen Autor und Stoff ist offenbar ein erotisches. Es gibt ja Stoffe die Fülle, sie liegen (fast) auf der Straße. Warum interessiert mich der eine Stoff und der andere nicht? Ich möchte überspitzt formulieren: Nicht Autoren suchen sich ihre Stoffe, ein Stoff ist hinter seinem Autor her. Ein Schriftsteller, der, wie ich das versuche, auch geistliche Literatur schreibt, weiß, wie schwierig dies ist angesichts der großen Tradition gerade im deutschsprachigen Raum. Was soll ich denn nach Paul Gerhardt, Joachim Neander und Goethe nun auch noch dazu sagen? Aber dann holt mich ein Stoff ein, geht mir nicht mehr aus dem Weg, und ich muß mir an ihm die Zähne ausbeißen: trotz der eben zitierten Warnung Benns.
Ich weiß auch, daß die Diskrepanz zwischen dem »Stoff« Gott und der Form besonders groß ist – sollte doch die Form die Konsequenz des Stoffes sein. Und dann darf der Biß nicht fehlen! Das ist ja oft so bedauerlich an der »religiösen« Literatur, daß Gott verniedlicht, verharmlost wird, entschärft und verunklart. Nehmen wir die Person Jesu von Nazareth: Das Außerordentliche seiner Menschwerdung ist für mich die Tatsache, daß er Macht entmachtet und das mächtigste Geschöpf, den Menschen, am Machtmißbrauch gehindert hat. Und wo von diesem Jesus harmlos gesprochen wird, idyllisch, da muß er in Schutz genommen werden.
Augustin hat in einer Predigt gesagt: »Wenn das Wort wächst, dann mindern sich die Wörter.« Dieses Spannungsverhältnis zwischen dem Wort, das wächst, und den Wörtern, die dennoch darauf antworten wollen, ist ungeheuer groß. Ich will hier nicht auf eine angestrengte Unterscheidung zwischen christlicher und nicht-christlicher Literatur hinaus; ich bin der festen Überzeugung, daß es eine an Menge und Substanz große Literatur gibt, in der Gott als Vokabel und Stoff gar nicht vorkommt, als Ferment aber stets vorhanden ist.
Und ein Letztes: Es hat ja Zeiten gegeben, die haben von Gott geredet. Carl Spitzweg etwa, kurz vor seinem Tod:

»Oft denke ich an den Tod, den herben,
Und wie am End' ich's ausmach':
Ganz sanft im Schlafe möcht' ich sterben –
Und tot sein, wenn ich aufwach'!«

So schlicht hat ein Mensch des vorigen Jahrhunderts Auferstehungshoffnung ausdrücken können, eine Einfalt, die uns verlorengegangen ist. Wir kennen »die Gründe der Seinsverfinsterung« (Heidegger). Tadeusz Różewicz hat einmal von der »Lyrik der gewürgten Kehle« gesprochen und Marie Luise Kaschnitz in einem Gedicht von dem »Wort, das sich zusammenzieht in meinem Essigmund«. Peter Huchel schrieb morgens nach einem Verhör im Gefängnis die Zeile nieder: »Nicht imstande, den blutigen Dunst noch Morgenröte zu nennen« ...
Eine Vokabel, die schön und hoffnungsvoll ist, wie »Morgenröte« – sie wird zum »blutigen Dunst«!
Dieser Sprechwechsel, dieser Perspektivenwechsel angesichts des Grauens in der Welt, er tritt heute auch beim Reden von Gott ein.

KUSCHEL: Ich fände es sehr erhellend, wenn Sie in der nächsten Runde konkrete Beispiele benennen könnten, in denen es – Ihrer Ansicht nach – *gelungen* ist, Gott darzustellen. Auch wäre es gut, wenn Sie einige Kriterien Ihrer Auswahl anführten.

MUSCHG: Es gibt ein Stück, das sich fast schon zu gut für unseren Zweck eignet: »Warten auf Godot«. Ich erinnere mich, daß ich Beckett in Berlin einmal bei der Inszenierung zugesehen habe. Er richtete sich vehement gegen jede Koketterie mit einer »tieferen Bedeutung«: Er wollte nicht mehr und nicht weniger als eine Serie gelungener Clownnummern.
Je genauer das Stück in den Überzeugungen seiner Ästhetik ausgestellt wird, desto »evangelischer« wird es, auch ärgerlicher. Und viel unbequemer, als wenn jeder Oberlehrer in uns selbst sagen kann: »Aha, da wird auf Gott gewartet!«

Es ist geradezu die Pflicht des Schriftstellers – Herr Schröder hat davon gesprochen –, gegenzuhalten, wenn ihn die Versuchung zu einer »bedeutungsschweren Allegorie« überkommen will. Jakob Böhme ist erleuchtet worden beim Anblick eines Glanzlichts auf einem Kupferkessel. Die Aufgabe des Literaten ist es, so glaube ich, auf der Seite des Kupferkessels zu stehen und dem Leser die Erleuchtung zu überlassen.
Das scheint mir auch eine Frage des demokratischen Anstandes in unserem Gewerbe zu sein, der Nichtunterschätzung unseres Partners, des Lesers. Und es ist eine Frage des ganz persönlichen ästhetischen Anstandes eines Schriftstellers. Wenn sich der Tiefsinn nicht herstellt durch die Art der Komposition, durch die innere Glaubwürdigkeit der Figuren, dann kann ich ihn auch durch die Berufung auf Gott nicht beifügen. Ich muß es so hart sagen: Gott ist keine bessere und keine schlechtere Metapher in der Literatur als jede andere auch: er ist Material. Wenn er etwas mehr wird, dann ist das ein Vorgang, den ich als Autor nicht kalkulieren kann.
Ein vollkommen gelungenes Beispiel christlicher Literatur will ich noch anfügen. Es hat ein paar Nachteile: Weder ist es Literatur, noch sind Christen beteiligt. Die Reporterin Peggy Parnass hat es niedergeschrieben. Sie berichtet, wie sie im Gerichtssaal hinter einer alten Frau saß, die nach vierzig Jahren auf den Prozeß über ihre Kriegsverbrechen im KZ wartete. Sie beschreibt die schweren Hände der Frau, ihr Gesicht, die Unfähigkeit, aus sich herauszugehen, ihre Gefangenschaft in diesem Gerichtssaal und beschreibt dann, wie sie, die Reporterin, deren Eltern im Konzentrationslager umgekommen sind, plötzlich weinen mußte: aus Erbarmen mit dieser Frau und aus Solidarität mit ihr gegenüber dem Richter ...
Das ist eine der wenigen christlichen Geschichten, die ich erzählen kann.
Ich möchte auch noch etwas erwähnen, das mir auf dem Herzen liegt. Vielleicht darf ich das als Schweizer tun, ohne des Eigenlobs verdächtig zu sein?

Es gibt in der Bundesrepublik wahrscheinlich keine andere gesellschaftlich relevante Gruppe, die unter persönlichen Opfern so viel beigetragen hat zur Verbreitung echt evangelischer Ärgernisse wie die der Schriftsteller. Wenn ich daran denke, welches Geschrei Böll geantwortet hat, als er es gewagt hatte, für die Baader-Meinhof-Leute ein Wort wie »Gnade« zu fordern, ein Wort aus der Mitte des Evangeliums ...

Wenn ich daran denke, wie auf Grass reagiert wird, wenn er die Verfassung geltend macht gegen den Dienst an den Pershing-Raketen ... Dies sind nun prominente Schriftsteller; wie viele der weniger Bekannten riskieren mit solchem Engagement ihre Existenz! Die Literaten, die sich in ihren Werken so sehr scheuen, den Namen Gottes zu gebrauchen, scheuen sich sehr viel weniger, öffentlich eine evangelische Haltung zu zeigen.

SCHRÖDER: Ich möchte ein Beispiel anführen, in dem sich ein Schriftsteller sehr weit vorwagt: es ist eine Passage aus Botho Strauß' »Trilogie des Wiedersehens«.

In einem georgischen Dorf in Sowjetrußland lebt ein alter Maler, der als verspöttelter Außenseiter Bilder gegen Brot und Milch tauscht. Als die Leute merken, welch hohe Preise sich für seine Arbeiten erzielen lassen, geben sie ihm keine Ruhe mehr, schließen ihn sogar ein, daß er male. So auch einmal drei Tage vor Ostern – doch im Festtagstrubel vergessen sie ihn. Als sie sich seiner erinnern, nach ihm sehen, ist das Bild fertig: Er hat den Ostertag gemalt, so wie ihn die Bauern im Wirtshausgarten gefeiert hatten. Die Dorfbewohner lassen den Alten frei, er geht nach Hause in seinen Verschlag und legt sich nieder, zu sterben.

Und jetzt wörtlich:

»Da kommt ein Offizieller in einer Kutsche aus der Stadt herbeigefahren. Er öffnet den Verschlag und fragt den Maler: Was machst du da auf dem Boden? Der Maler sagt: Ich sterbe. Der Offizielle sagt: Heute ist Ostern. Christus ist auferstanden. Komm mit. Wir wollen feiern. Der Maler muß fürs erste das Sterben verschieben. Er muß wieder aufste-

hen, in die Kutsche steigen und mit dem Offiziellen davonfahren. Zum Osterfest ...«
Sie hören, wie hier die Analogie des Künstlers mit Christus geradezu erzwungen wird.

Dies ist ein artistisches Lehrstück darüber, mittels indirekter struktureller Methoden in den religiösen Bereich so weit wie möglich vorzudringen, ohne die Autonomie der Literatur preiszugeben.

DREWITZ: Ich denke bei der Fragestellung an Alfred Anderschs letzte Erzählung »Der Vater eines Mörders«. Hier ist von Gott überhaupt keine Rede; auch nicht von Vorwürfen, Anklagen oder Anfragen.
Der alte Himmler, Direktor eines Münchner Gymnasiums und Vater Heinrich Himmlers, ist noch ganz eingebunden in bürgerliche Wohlanständigkeit, zu der auch die Aureole des Kirchlichen gehört. Die Erzählung beschreibt, wie dieser Himmler während einer Schulstunde mit beispiellosem Zynismus und psychologischem Terror zwei Schüler fertigmacht. Sie lehrt den Leser vieles, auch, welche Schatten eine nur noch als Versatzstück des Gesellschaftssystems vorhandene Theologie werfen kann.

ZELLER: Mir fällt eine kurze Erzählung Kafkas ein: »Ein Hungerkünstler«. Ein Mann stellt einen Rekord im Hungern auf und soll nun wieder essen – aber er weigert sich. Die Erzählung schließt sinngemäß mit dem Satz: Er könne nicht die Speise finden, die ihm schmecke. Wie hat Kafka das gemeint? Wie ist diese Erzählung zur Zeit ihrer Entstehung verstanden worden? Ich weiß es nicht, halte sie aber für eine eminent geistliche.
Und ein zweites: Vor etwa 30 Jahren hat der Publizist Heinz Linnerz vierzig Autoren in der Bundesrepublik um Antwort auf die Frage gebeten: »Gibt es eine christliche Literatur?«. Der Tenor der Antworten war eindeutig: Es gibt natürlich keinen christlichen Rhythmus und keine christliche Agogik. Christliche Literatur muß sich auch dieselben, eher noch schärferen Kriterien gefallen lassen wie jede andere Litera-

tur. Aber Autoren, die sich als Christen verstehen, müßten in ihrem Werk als solche auch erkennbar sein.

ZAHRNT: Ob mir ein literarischer Text als christlich begegnet oder nicht, hängt wohl auch vom jeweiligen Resonanzboden ab. Während des Kirchenkampfes im sogenannten Dritten Reich hat für uns in der Bekennenden Kirche die damalige »christliche Literatur« eine Rolle gespielt. Wenn man heute die Texte wieder liest, ist man erschrocken ob ihrer mangelnden Qualität: Der Resonanzboden damals war ein anderer als heute.
Das gilt natürlich auch für die Begegnung mit der Gegenwartsliteratur. Auch ein Text, der gar nicht christlich gemeint ist, kann auf einen Christen so wirken, als sei er es. Das ist mir so gegangen mit der Erzählung »Die Angst des Tormanns beim Elfmeter« von Peter Handke: Was das bedeutet, eingepreßt zu sein in die Leistungsgesellschaft, nicht mehr atmen zu können – und was es sein könnte, »allein aus Gnade« zu leben . . .
Aber ich möchte Herrn Muschg und Herrn Schröder eine Frage stellen: Nehmen wir einmal an, ein Schriftsteller von Qualität hat das Pech, Christ zu werden. Er bleibt Schriftsteller von Qualität. Darf er in seinem Werk dann unverschlüsselt von Gott reden oder nicht?

MUSCHG: Frisch sagt: »Erlaubt ist, was gelingt.« Wer bin ich, zu wissen, ob er das darf oder nicht? Ich kenne allerdings, Herr Zahrnt, nur wenige Autoren, die sich auf Ihre Frage einließen, und ich würde sagen, es wäre ein starker Verdacht gegen ihre Qualität, wenn sie es täten. Qualität ist nichts Feststehendes, man kann sie – unter anderem – durch die Verwirklichung eines solchen Vorsatzes ganz leicht verscherzen.

SCHRÖDER: Eine spekulative Antwort auf Ihre Frage, Herr Zahrnt: Meinem Eindruck nach wird ein Theologe, der ein Schriftsteller von hohen Graden wird, unfehlbar auch ein besserer Theologe werden!

KUSCHEL: Wobei wir hier in Tübingen ja etwas Hemmungen mit dem Wort »unfehlbar« haben, Herr Schröder ...

SCHRÖDER: Heinrich Böll hat jahrzehntelang vorgelebt, daß die Einheit von Christ und Schriftsteller möglich ist. Er war ja auch lange ein Rufer in der Wüste, der schon in den fünfziger Jahren eine »Theologie der Kunstformen« gefordert hat. Vielleicht kann man sich einmal gemeinsam an diese Aufgabe heranmachen und so ein Wörterbuch schaffen, durch das die beiden Sprachen übersetzbar werden?

HALBFAS: Ich möchte die Frage nach dem Verhältnis von Theologie und Literatur doch noch einmal aufnehmen. Auch ich neige dazu, Herrn Muschg auf dem Weg eigener Erfahrung zu folgen: Der blinkende Kupferkessel als Erfahrung, hinter der mir Sinn plötzlich aufgehen mag, das ist gut. Aber als Theologen können wir uns nicht auf diese Linie zurückziehen!

Im Buddhismus heißt es: »Wenn Du den Buddha triffst, töte den Buddha!« Das bedeutet: »Verlaß Dich nicht auf eine Autorität, rezitiere nicht die Formel, rekapituliere nicht die Lehre: beginne, authentisch zu leben, sprich aus Deiner eigenen Erfahrung.«

Es ist ein treffendes Wort; aber wir können dieses Wort nicht einfach zur Maxime christlichen Sprechens werden lassen. Denn wie will man ein kirchliches Fest feiern, wie ist Liturgie möglich, wie sollte Gemeinde existieren, wenn sich nicht diejenigen, die reden müssen, zunächst einmal auf das überlieferte Wort beziehen? Auf ein peut-être kann man kein Fest gründen, kann man kein Osterlied singen!

Insofern ist die Situation des Theologen in einer ganz anderen Weise gegeben als die des Schriftstellers, der für sich spricht und nur für sich. Der Theologe muß zunächst einmal das ihm aufgetragene Wort sagen. Darum auch lassen sich die Positionen des Theologen und die des Literaten nicht einfach verrechnen. Auch hat der Theologe mehr vom Autor zu lernen als umgekehrt. Er muß lernen, so sensibel zu werden, daß ihm jeder abgenutzte Ausdruck weh tut. Er muß lernen, im Aussparen das Wesentliche zu sagen, es zu umschreiben, zwischen den Zeilen zu sprechen: »Weißt Du nicht, daß man drei Tage lang seinen Mund ausspülen muß, wenn man das Wort ›Buddha‹ ausgesprochen hat?«

ZAHRNT: Herr Halbfas, ich kann Ihnen voll zustimmen. Aber sollen wir Theologen die einzigen sein, die in der Welt von Gott reden? Das schaffen wir nicht! Und eines habe ich allmählich gelernt: Wir sollen und dürfen als Theologen nur das sagen, was durch unsere eigene Erfahrung gedeckt ist!

KUSCHEL: Frau Drewitz, ich möchte Sie gerne noch einmal ansprechen auf das, was Sie zu Beginn gesagt haben. Sie sprachen von dem »Angelpunkt«, den jeder Mensch in den Krisen der Zeit bräuchte, und Sie sprachen davon, daß Sie »schreibend Gott nicht benennen könnten«. Dies ist wohl eine Grunddiskrepanz, die wir jetzt gemeinsam festgestellt haben: das Mißverhältnis zwischen literarischer Sprache und theologisch-religiöser Sprache.
Ist mein Eindruck zutreffend, daß Sie sich als Schriftstellerin versagen, was Sie als Christin auszusprechen bereit sind?

DREWITZ: Es ist ja eine eigentümliche Erfahrung, die wir Schreibenden machen, daß wir oft als Beichtväter und Beichtmütter angesprochen werden, daß uns unendlich viele Nöte zugetragen werden, auf die wir keine Antwort geben können außer der, die mit unseren Erfahrungen abgedeckt ist.
Die Gewißheit des Angelpunktes habe ich nicht – weder als Person noch in den Figuren meiner Bücher. Ich glaube, das Suchen selbst ist schon ein Weg. Ein ehrlicher Weg, der den Sprung über das Wissen vom Sterben wagt.
Es ist ein eigentümliches Erlebnis, wenn sich im Widerstehen aller öffentlichen Angriffe mit einem Mal eine Verbindung ergibt zu denen, die sich ihres Christ-seins gewiß sein dürfen. Dieses Ketzer-sein gegen die Zerstörung, gleich, wo auch immer, ist ein Potential, welches uns verbindet – ob wir uns an den geoffenbarten Gott halten können oder ob wir

noch nach einer Antwort auf unser so ziellos-offenes Leben suchen.

KUSCHEL: Meine Damen und Herren, wir haben sicher kein Streitgespräch geführt. Wir haben Annährungen versucht, Sensibilisierungen für das Sprechen von Gott. Was mich überrascht und betroffen hat am heutigen Abend, war die Mischung aus konfessorischer Beschreibung von Eigenerfahrungen und sehr eindrucksvoller Illustration.
Dafür danke ich Ihnen sehr herzlich.

WALTER JENS

Die bleibenden Aufgaben

Drei Tage lang haben wir versucht, im kleinen und im großen Kreis die zwischen Literatur und Theologie bestehende *concordia discors* zu definieren; drei Tage lang wurde die Frage erörtert, in welchem Spannungsverhältnis religiöse und nicht-religiöse Interpretation des Glaubens zueinander stünden – des christlichen Glaubens (Jüdisches immer mitbedacht), auf den wir uns, um nicht ins Akademisch-Beliebige zu verfallen, wohlweislich beschränkt haben.
Es war ein Werkstattgespräch zwischen praktizierenden Literaten, Literaturwissenschaftlern und Theologen: ein Dialog, der, die Kenntnis von Schlüsselwerken wie Hans-Eckehard Bahrs »Poiesis« und Dorothee Sölles »Realisation« voraussetzend, zu analysieren hatte, worin sich dogmatisch-stringente Beschreibung des Absoluten: die Direktansprache der Glaubensessentialien von jener indirekten, vermittelten, auf die Welt, das »Kreuz« und das »Fleisch« angewiesenen Beschreibung unterscheidet, mit deren Hilfe die Literatur, dem Relativen und Vorläufigen verpflichtet, den – möglichen – Überschuß des Absoluten, das sich vom Endlichen in Frage gestellt sieht, darzustellen versucht.
Dabei wurde sehr bald deutlich, daß klare Grenzziehung der einen wie der anderen Disziplin mehr als rasche Versöhnung und jene allzu schnelle Vermittlung nützt, die noch demjenigen selbstverständlich war, Paul Tillich, der in der Frage »Wie kann Theologie kulturell vermittelt werden?« die entschiedenste Vorarbeit geleistet hat. (Unmöglich, heute, wie Tillich es tat, Picassos »Guernica« als protestantisches Gemälde kat'exochen zu bezeichnen.)
Doch allen unabdingbaren Grenzziehungen zum Trotz: Es trat auch die Angewiesenheit zweier Disziplinen aufeinander

ins Blickfeld, denen es, hüben wie drüben, um die Sinnfrage, die Eigenart menschlicher Existenz, die Endlichkeit, Weltlichkeit und deren Transzendierung geht. Literatur und Theologie: verbunden in gemeinsamer Absage an banalisierende, versöhnende, harmonisierende, verschleiernde, idyllisierende Weltauslegungen: beide mit den ihnen eigenen Mitteln erhellend, wie jene Theologie aussehen könnte, die das Absolute welthaft vermittelt.
Um den Dialog zwischen zwei auf existenzielle Auslegungskünste verpflichteten Künsten, der ars poetica und der ars theologica, ging es, die einander die Fragen der Fragen stellten: Wie kann einer glauben nach Auschwitz? Wie existiert man im Angesicht des drohenden weltweiten Holocaust? Was tun die Theologen, wo es gilt, sich, angesichts von Genoziden, der Theodizee-Frage zu stellen? Was sagen die Schriftsteller zu dem Vorwurf, sie kümmerten sich zuviel um ihre kleine private Unsterblichkeit – die längst absurd gewordene – und täten zuwenig, um sicherzustellen, daß überhaupt noch gelesen werden kann?
»Du, Seelsorger, wo ist Dein Gott, wenn nach der selbstinszenierten Vernichtung der Welt niemand mehr da ist, der die Worte hören kann: ›Ich bin, der ich bin.‹?« »Und du, Schriftsteller, was trägst Du, als Christ, dazu bei, in Deinem Werk die Unvereinbarkeit zwischen der Religion Christi und einer christlichen Religion darzustellen, die sich im Bund mit der Macht, den Waffen, dem Tod endgültig ad absurdum zu führen beginnt?«
Fragen am Ende eines Symposions, das im Zeichen von zwieträchtiger Eintracht angesichts jener totalen Bedrohung stand, die eine härtere Sprache, ein konsequenteres Ins-Wort-und-Bild-Setzen der jesuanischen Friedensbotschaft und ein entschiedeneres Bedenken des »Großinquisitor«-Gleichnisses verlangt: Wie viel größer ist heute die Kluft zwischen Christentum und amtskirchlich in unheilige Machtbündnisse geführter Christenheit als zu Dostojewskis oder Kierkegaards Zeit.
Und damit genug. Der Kongreß ist beendet, die Fragen sind gestellt, die Akten geöffnet.

Anhang

1. Programm

Trägerschaft
Institut für ökumenische Forschung
(Universität Tübingen)
Seminar für Allgemeine Rhetorik
(Universität Tübingen)

Förderung
Fritz Thyssen Stiftung
Wissenschaftsministerium des Landes Baden-Württemberg
Universitätsbund Tübingen

Tagungsleitung

Direktoren:
Prof. Dr. Walter Jens
Prof. Dr. Hans Küng

Programm-Koordination:
Dr. Karl-Josef Kuschel
Dr. Anne Jensen

Mitarbeiterstab:
Wiss. Ass. Peter Weit
Dr. Urs Baumann
Dipl.-Theol. Ulrich Kern
Dipl.-Theol. Karl-Heinz Rauch

Sekretariat:
Annegret Dinkel
Eleonore Henn

Tagungsablauf

7. Mai 1984:

Exkursion auf den Spuren des Pfarrers und Poeten Eduard Mörike (Cleversulzbach) zum Deutschen Literaturarchiv in Marbach (mit Prof. Bernhard Zeller, Marbach)

Eröffnungsrede:
Walter Jens, Tübingen

8. Mai 1984:

1. Arbeitseinheit: Theologie und Literatur: literarisch-ästhetische Probleme (Texte und Diskussion)
Peter Härtling, Mörfelden-Walldorf
Günter de Bruyn, Berlin (DDR)
Gertrud Fussenegger, Leonding-Linz (A)
Kurt Marti, Bern (CH)

2. Arbeitseinheit: Theologie und Literatur: literaturwissenschaftliche Probleme (Methoden und Analysen)

Vorsitz:
Walter Jens, Tübingen

Referenten:
Walther Killy, Wolfenbüttel
Theodore Ziolkowski, Princeton (USA)

Korreferenten:
Wilfried Barner, Tübingen
Dietmar Mieth, Tübingen

Öffentliche Podiumsdiskussion: Theologie und Literatur:
Ist »Gott« heute literarisch darstellbar?

Vorsitz:
Karl-Josef Kuschel, Tübingen

Podium:
Ingeborg Drewitz, Berlin (West)
Hubertus Halbfas, Reutlingen
Adolf Muschg, Zürich (CH)
Jürgen Schröder, Tübingen
Heinz Zahrnt, Kiel
Eva Zeller, Stuttgart

9. Mai 1984

5. *Arbeitseinheit:* Theologie und Literatur: Theologische Probleme (Themen und Konsequenzen)

Vorsitz:
Albrecht Schöne, Göttingen

Referenten:
Klaus Jeziorkowski, Frankfurt
Karl-Josef Kuschel, Tübingen

Korreferenten:
Hans Küng, Tübingen
Paul Konrad Kurz, München

Öffentliche Autorenlesungen

2. Personen

Literatur:
Günter de Bruyn, Berlin (DDR)
Ingeborg Drewitz, Berlin (West)

Werner Dürrson, Riedlingen
Heinz Flügel, Tutzing
Barbara Frischmuth, Wien (A)
Walter Helmut Fritz, Karlsruhe
Gertrud Fussenegger, Leonding-Linz (A)
Lars Gustafsson, Uppsala (S)
Peter Härtling, Mörfelden-Walldorf
Arnim Juhre, Hamburg
Kurt Marti, Bern (CH)
Adolf Muschg, Zürich (CH)
Josef Reding, Dortmund
Jürgen Rennert, Berlin (DDR)
Luise Rinser, Rom (I)
Wilhelm Kaspar Willms, Heinsberg
Eva Zeller, Stuttgart

Theologie:
Wolfgang Bartholomäus, Tübingen
Norbert Greinacher, Tübingen
Eberhard Jüngel, Tübingen
Walter Kasper, Tübingen
Hans Küng, Tübingen
Jürgen Moltmann, Tübingen
Karl Ernst Nipkow, Tübingen
Martin Penzoldt, Tübingen
Friedrich Schorlemmer, Wittenberg (DDR)
Kurt Studhalter, Zürich (CH)
Martin Uhle-Wettler, Berlin (DDR)
Heinz Zahrnt, Kiel

Literaturwissenschaft:
Wilfried Barner, Tübingen
Walter Jens, Tübingen
Klaus Jeziorkowski, Frankfurt
Helmuth Kiesel, Tübingen
Walther Killy, Wolfenbüttel
Hans-Heinz Krummacher, Mainz
Albrecht Schöne, Göttingen
Jürgen Schröder, Tübingen
Walter Sparn, Wolfenbüttel
Theodore Ziolkowski, Princeton (USA)

Theologie und Literatur:
Wolfgang Fietkau, Berlin (West)
Gotthard Fuchs, Frankfurt/Wiesbaden
Hubertus Halbfas, Reutlingen
Josef Imbach, Rom (I)
Michael Krämer, Bad Rothenfelde
Paul Konrad Kurz, München
Karl-Josef Kuschel, Tübingen
Dietmar Mieth, Tübingen
Henning Schröer, Bonn
Johannes Thiele, Zürich

Publizistik:
Harry Buckwitz, Meilen (CH)
Herbert Glossner, Hamburg
Heinz Josef Herbort, Hamburg
Robert Leicht, München
Renate Schostack, Frankfurt
Klara Studhalter-Obermüller, Zürich (CH)
Helmut Weigel, Stuttgart
Friedrich Weigend-Abendroth, Stuttgart

3. Pressereaktionen

Südwest Presse. Schwäbisches Tagblatt vom 8./10. und 11. Mai 1984
Reutlinger General-Anzeiger vom 8. und 15. Mai 1984
Stuttgarter Zeitung vom 12. Mai 1984 (Friedrich Weigend)
Die Welt vom 12. Mai 1984 (Ulrich Schacht)
Süddeutsche Zeitung vom 16. Mai 1984 (Robert Leicht)
Vaterland (Luzern/CH) vom 16. Mai 1984 (Josef Imbach)
Frankfurter Allgemeine Zeitung vom 17. Mai 1984 (Renate Schostack)
Deutsches Allgemeines Sonntagsblatt vom 20. Mai 1984 (Herbert Glossner und Arnim Juhre)
Die Weltwoche (Zürich/CH) vom 24. Mai 1984 (Klara Obermüller)

Publik-Forum vom 25. Mai 1984 (Hartmut Meesmann)
Die Zeit vom 8. Juni 1984 (Heinz Josef Herbort)
Neue Zürcher Zeitung vom 8. Juni 1984 (Kuno Raeber)
Orientierung vom 15. Juni 1984 (Klara Obermüller)
Christ in der Gegenwart vom 1. Juli 1984 (Manfred Plate)
Evangelische Kommentare vom Juli 1984 (Jürgen Schröder)
Tübinger Universitätszeitung Nr. 16, Sommersemester 1984 (Karl-Josef Kuschel)
Buch-Magazin (GEP) vom Herbst 1984 (Klaus Jeziorkowski)